中国古代兵器与文学

CHINESE ANCIENT WEAPONS AND LITERATURE

程建虎 于孟晨 王 凌 著

西安出版社
西安曲江出版传媒股份有限公司

图书在版编目（CIP）数据

中国古代兵器与文学 / 程建虎，于孟晨， 王凌著．－－西安：西安出版社，2017.11（2022.6重印）

（中国兵器文化研究丛书）

ISBN 978-7-5541-2557-1

Ⅰ.①中… Ⅱ.①程…②于…③王… Ⅲ.①兵器（考古）－研究－中国 Ⅳ.①K875.84

中国版本图书馆CIP数据核字(2017)第263521号

中国兵器文化研究丛书
Zhongguo Bingqi Wenhua Yanjiu Congshu

中国古代兵器与文学
Zhongguo Gudai Bingqi Yu Wenxue

著　　者：	程建虎　于孟晨　王　凌
策划统筹：	史鹏钊
责任编辑：	张增兰　范婷婷　崔　楠
责任校对：	张爱林　陈　辉　张忝甜
装帧设计：	纸尚图文设计
责任印制：	宋丽娟
出　　版：	西安出版社
	（西安市长安北路56号）
电　　话：	(029)85253740
发　　行：	西安曲江出版传媒股份有限公司
	（西安曲江新区雁南五路1868号影视演艺大厦14层）
印　　刷：	三河市嵩川印刷有限公司
开　　本：	787mm×1092mm　1/16
印　　张：	14.75
字　　数：	215千
版　　次：	2017年11月第1版
	2022年6月第2次印刷
书　　号：	ISBN 978-7-5541-2557-1
定　　价：	48.00元

△ 读者购书、书店添货或发现印装质量问题，请与本公司营销部联系、调换。
电话：(029) 68206213　68206222（传真）

《中国兵器文化研究丛书》编委会

主　　任：于孟晨

委　　员：冯希哲　刘　卜　刘　磊　李红岩　孙雅芬

　　　　　张　群　程建虎　彭渝丽　雷晓青　敬晓庆

主　　编：于孟晨

执行主编：冯希哲　李红岩

总序

<small>中国兵器文化研究丛书</small>

20世纪六七十年代,我时常骑着自行车从灞桥到城里听课或者办事,要路过现在的金花北路,至今清楚地记得那里有个大学,门口挂着的木牌子上写的是西安工业学院。

我没有上过大学,所以一直对这所大学心有神往,心里头默默地想,要是自己哪一天能进到这个大学该是多好的事情。大概是九十年代,西安工业学院办了个作家培训班,请我做过报告,有幸第一次进到了这个学校,但是一直与之无有深入的交集,也就常为无缘成为其中一员而深感遗憾。直到2005年,西安工业学院有意成立以我的名字命名的当代文学研究中心,聘请我做客座教授,才圆了我的一个梦,我终于成为了其中的一员。

现在西安工业大学的前身就是西安工业学院,虽然是一所以研究兵器为主的工科学校,却有着近六十年的人文积淀,享誉书坛的"关中四老"中的刘自椟和陈泽秦两位老先生就曾任教于这里一直到终老。陈忠实当代文学研究中心成立以后,在校方的大力支持下,尤其是国平和希哲的具体组织努力下,学校的文学研究方面取得了不少成果,给这个学校带来了新的品质和内涵,实在是可喜的事情。我虽然挂着中心主任的头衔,但是实在没有多少精力顾得上过问,只是遇到大的文学研讨活动、校庆等事情的时候露个面,说说文学方面的感受,或者以尽作为西安工业大学一员应尽的责任和义务。倘若时间和精力允许的话,我时或会给爱好文学的学生讲讲课,也因此常常深受感动,竟然有那么多的工科学生喜欢着文学。最让我记忆深刻的是学生曾专门办过我的作品研讨会,一个个稚嫩的面孔,一个个新颖的见解,吸引我从头听到尾。我当时很是吃惊,《白鹿原》的故事和历史场景已经距离他们很远了,或者说几乎是隔陌的，但他们认真地读作品，又发表着不同的见解，的确让我感慨万千，真正体悟到"文学依然神圣"的内在必然性，也着实为文学事业的未来希望而高兴！

前些日子，研究中心的负责人给我说，学校新成立的中国兵器文化研究中心组织青年学者和博士们编撰了一套《中国兵器文化研究丛书》，包括《中国古代兵器图鉴》《中国兵器文化概要》《<武经总要>注》等，作为第一辑的成果集体推出，要我写个序。近些年，精气神大不如前，眼力也不好使，我已不应允作序一类的事，为表达歉意，常用题写书名代替。但是这次我得写点话，终究我是西安工业大学的一员，我深为这些年轻人非凡的才华和渊博的学识而敬佩，也为学校能从文化层面来总结我们历史的传统而欢舞，能把器转化为道，又从道中传承民族精粹是多么富有意义的事情，无论放置在急功近利普泛的当下，还是展眼中国历史脉源的承继，或者对学生的浸染，都是功德无量的大事一桩！可惜的是，我涉猎有限，知之寥寥，加之身体欠佳，读书稿无有精力支撑，实在不敢为序，只能借助文字鼓励他们，也向读者朋友推介他们的大作，因为他们值得信任，他们是我的同事。

说起兵器，实际上自人类产生以来，为了生存需要就已经产生，那个时候估计多是用木头改造或者用石头打磨出来的。后来随着社会发展和科技进步，慢慢先有青铜的，后有钢铁的，到后来还有了火药，一步一步走过来。距离我家不远的秦始皇兵马俑就展列着不少的出土兵器。在参观一些出土遗物时，总会多多少少有一些兵器。令人惊奇的是，一些古时候的兵器至今还在劳动生产中应用，比如《白鹿原》里，杀死田小娥的鹿三用的梭镖，实际上是过去农村人常用来抵御野兽侵袭的，现在野兽少了，用这些家什的也就稀罕了。《白鹿原》里头写冷先生进城给亲戚看了病去三意社看戏，看的是宋得民的《滚钉板》，那个滚钉板想来在古代也是在战场上使用的，如今却出现在舞台上。

  总之，如同茶米油盐，兵器的存在与制造也是人类必不可少的，只不过一个为了生活，一个为了安全，性质不同，目标应该是确切的一致——为了安全地生存。因之兵器里渗透了太多人的大聪明大智慧。在我看来，研究兵器文化与研制兵器一样重要。没有文化的民族是可怕的，缺少文化的民族也是不经折腾的。但愿这些年轻人的学术理想能为中华民族文化的复壮贡献自己的绵薄之力，我愿为他们的事业鼓与呼！

陈忠实
2015年5月27日

目录

001　绪　论　兵器意象的文学书写

　003　　第一节　文学作品中的兵器分类

　009　　第二节　文学作品中兵器描写的特点

　015　　第三节　兵器在文学作品中所承担的主要功能

021　第一章　文学大宗与兵器渊薮：
　　　　　　　诗歌中的兵器

　023　　第一节　《诗经》中的兵器概述

　036　　第二节　魏晋南北朝诗歌中的兵器

　049　　第三节　诗中的盛世　兵中的王者
　　　　　　　　——唐诗与剑

065　第二章　辞赋与中国兵器文化

067　　第一节　辞赋家与兵器

069　　第二节　先唐辞赋中兵器的分类和特点

079　　第三节　先唐辞赋中兵器的文学内涵与

　　　　　　　文学功能

082　　第四节　先唐辞赋与兵器文化小析

　　　　　　　——以张衡《二京赋》为样本

087　第三章　战争写实与英雄想象：
　　　　　　宋词中的兵器

089　　第一节　宋词中的兵器概述

096　　第二节　战争写实：宋词中的战争书写

102　　第三节　英雄想象：宋词中的文学虚构

109 第四章 诸侯力政与百家论辩：诸子散文中的兵器

- 111　第一节　《论语》中的兵器
- 115　第二节　《墨子》中的兵器
- 121　第三节　《韩非子》中的兵器

127 第五章 中国古代文言小说中的兵器

- 129　第一节　《搜神记》中的兵器
- 140　第二节　唐传奇中的兵器
- 150　第三节　《聊斋志异》中的兵器

169 第六章 白话小说中的兵器

- 171　第一节　《三国演义》中的兵器

176   第二节 《三侠五义》中的兵器

181   第三节 《水浒传》中的兵器

187 第七章   戏曲与兵器

189   第一节 忠义与勇猛的化身：

　　　　　　《单刀会》中的兵器文化

198   第二节 论《宝剑记》改刀为剑之

　　　　　　因由及剑的三重功能

211   第三节 《尉迟恭单鞭夺槊》中的

　　　　　　"鞭""槊"文化

217 参考文献

221 后　记

绪论

兵器意象的文学书写

"兵，械也，从廾持斤，并力之皃。"[1]段玉裁注曰："械者，器之总名，器曰兵，用器之人亦曰兵。"兵器即武器，狭义上指直接用于杀伤敌人有生力量和破坏敌方作战设施的器械、装置，广义上则泛指进行斗争的工具。[2]战争是人类生活中的重要事件，《左传》有云："国之大事，在祀与戎。"[3]《孙子兵法》亦云："兵者，国之大事，死生之地，存亡之道，不可不察也。"[4]战争改变人类生活，兵器在其中扮演重要角色。中华武备历史悠久，自古名刃辈出，轩辕、赤霄、泰阿（又名太阿）、干将、莫邪、鱼肠、承影等剑器在历史、文学作品中一直以真实而又神秘的形象存在。我国兵器的制造早在石器时代即已开始，至铁兵出现，戈、矛、弓、矢等十八般兵器陆续全面登场，共同谱写中华历史与文化的精彩篇章。不断丰富的兵器种类不仅反映了古代社会军事水平的发展，更是人类生产力水平不断提高的见证。而从《吴越春秋》中用于"飞土逐肉"的竹制弹弓，到《诗经·小戎》中的华丽战车，再到《水浒传》中杀伤力巨大的火炮，兵器其实从一开始就与文学结下了不解之缘。

---

[1] 许慎《说文解字》，上海古籍出版社1988年版，第104页。
[2] 中国社科院语言研究所词典编辑室编《现代汉语词典》，商务印书馆1981年版，第1207页。
[3]《左传·成公十三年》，中华书局2009年版，第861页。
[4]《孙子兵法》，上海古籍出版社2006年版，第2页。

第一节　文学作品中的兵器分类

虽然兵器在人类社会出现的最初目的是参与战争，但随着它自身的发展以及社会的变化，其功能也由单一走向多元。1976年殷墟发现了商王后妇好墓，其随葬的一件大钺长39.5厘米，刃宽37.5厘米，重达9千克，钺上饰有双虎扑噬人头纹，还有"妇好"二字铭文。学者们一致认为此钺并非实战兵器，而是妇好统帅权威的象征物。[①]再如秦汉时期"带剑"已经结合冠礼成为古人成年的标志。《史记·秦始皇本纪》记载，嬴政虽然13岁已即秦王位，但直到22岁"冠，带剑"之后方才亲政，可见剑已作为个人威仪的象征进入日常生活。《隋书·礼仪志》曾记载关于官员佩剑的规定，其谓"一品，玉具剑，佩山玄玉。二品，金装剑，佩水苍玉。三品及开国子男，五等散品名号侯虽四、五品，并银装剑，佩水苍玉，侍中已下，通直郎已上，陪位则象剑。带直剑者，入宗庙及升殿，若在仗内，皆解剑。一品及散郡公，开国公侯伯，皆双佩。二品、三品及开国子男，五等散品号侯，皆只佩。绶亦如之"。杜佑《通典》也记载剑在唐代可视为权贵等级的标志，不同品级的官员佩带不同规格的剑。这说明进入日常生活的特殊兵器已被打上封建等级的烙印。

文学作品是现实生活的忠实反映，兵器也因此在文学作品中呈现不同的精彩。唐贾至《早朝大明宫呈两省僚友》诗中有"剑佩声随玉墀步，衣冠身惹御炉香"之句，形象生动地描绘了百官佩剑上朝的场景；卢照邻《结客少年场行》中的"玉剑浮云骑，金鞭明月弓"则描画了宝剑、金鞭的精美；李白《古风》中的"宝剑双蛟龙，雪花照芙蓉。精光射天地，雷腾不可冲。一去别金匣，飞沉失相从"，则为我们呈现了一把雕刻有蛟龙图案，散发

[①] 马兰主编《考古未解之谜》，天津人民出版社2015年版，第327页。

精光的宝剑;"醉里挑灯看剑,梦回吹角联营",灯下的宝剑将辛弃疾带回阔别已久的沙场,也将读者带至萧瑟悲壮的意境之中;"想刀明似雪,纵横脱鞘,箭飞如雨,霹雳鸣弓","见秋原如掌,枪刀突出,星驰铁骑,阵势纵横",刀箭纵横、铁骑奔驰,战场的壮观之景寄寓的是刘过北伐抗金、早日统一的决心……随着文学自身的发展,现实兵器的种类已不能满足文学描写的需要,文学家们于是通过自己的想象力,创造出丰富多彩的超现实兵器,如《封神演义》中姜子牙的打神鞭、邓婵玉的五光石,《西洋记》中金碧峰的宝贝钵盂,李百川《绿野仙踪》中火龙真人的雷火珠,俞万春《荡寇志》中的飞天神雷等。现代文学作品中富于神力的兵器也不在少数,还珠楼主的蜀山系列作品表现尤为突出,《蜀山剑侠传》中长眉真人的紫郢剑、破坏力极大的邪教阴雷、魔梭都是威力巨大的神奇武器;金庸、古龙等人的武侠系列中藏有惊天玄机的倚天剑、屠龙刀,神秘狠毒的暗器孔雀翎、情人剑、离别钩、暴雨梨花针等也多属此类。光是这些让人眼花缭乱的名号就足以吸引读者眼球,再加上作者绘声绘色的夸张性描画,往往能带给读者无穷的艺术享受。概括起来,作为文学描写对象的兵器大致可分为如下几类:

(一)常规兵器

作为现实生活的直接反映,这类兵器在文学作品中极为普遍,诗、词、曲、赋、散文、小说俱有其身影,《三国演义》中诸葛亮向曹操"借"来的10万支箭,《水浒传》中鲁智深的禅杖、杨志的朴刀,《隋唐演义》中秦琼的金锏,《宝剑记》中林冲的宝剑,《尉迟恭单鞭夺槊》中的水磨鞭等皆属此类。有的作品将兵器作为直接描写对象进行表现,如《诗经·秦风·小戎》对战车的描写:

小戎俴收,五楘梁辀。游环胁驱,阴靷鋈续。文茵畅毂,驾我骐馵。言念君子,温其如玉。在其板屋,乱我心曲。

四牡孔阜,六辔在手。骐骝是中,騧骊是骖。龙盾之合,鋈以觼軜。言念君子,温其在邑。方何为期?胡然我念之!

俴驷孔群，厹矛鋈錞。蒙伐有苑，虎韔镂膺。交韔二弓，竹闭绲縢。言念君子，载寝载兴。厌厌良人，秩秩德音。

战车轻小车厢浅，五根皮条缠车辕。游环胁驱马背拴，拉扯皮带穿铜环。华丽的战车列阵，心爱的丈夫执鞭驾车，整装待发。兵强马壮、兵器精良，一幅精美的秦国兵阵图跃然纸上。年轻的妻子虽心有不舍，但并不见其悲苦伤怀之情，与一般战争题材作品的萧索悲伤意境不同，可知秦人尚武并非虚言。

曹植在其《宝刀赋》中曾对父亲所赠宝刀展开描绘："三年乃就，以龙、虎、熊、马、雀为识。""扇景风以激气，飞光鉴于天庭。爰告祠于太一，乃感梦而通灵。然后砺以五方之石，凿以中黄之壤；规圆景以定环，摅神思而造象。垂华纷之葳蕤，流翠采之滉瀁。故其利：陆斩犀革，水断龙角；轻击浮截，刃不瀸流。"宝刀的铸造者是像乌获和欧冶一样的高手，他们扬扇激风，使飞光照耀天庭；然后向神灵祷告，神灵则托一灵梦，令其在五方之石上磨砺，在中黄之土中出光。宝刀的锻造过程真可谓惊心动魄，也正因此，造出的宝刀不仅纹饰华丽、造型精美，而且锋利无比。

除了作为战场厮杀的工具被描写之外，兵器也经常作为重要人物的随身之物在文学作品中得到表现，《史记·吴太伯世家》记录季札与徐国国君的友谊：

季札之初使，北过徐君。徐君好季札剑，口弗敢言。季札心知之，为使上国，未献。还至徐，徐君已死，于是乃解其宝剑，系之徐君冢树而去。从者曰："徐君已死，尚谁予乎？"季子曰："不然。始吾心已许之，岂以死倍吾心哉！

君子之交，其淡如水，相识相知之意并不为世俗的死生所限，季子挂剑之举反映了其对待朋友的真诚，剑不再是仅仅用于战场厮杀的冰冷武器，而是象征着惺惺相惜的生死友谊的特殊意象。有学者指出，剑的神秘内蕴和人格化意旨使其成为中国文学悼祭主题中经常出现的一个意象话语，"尤其是悼友怀旧之作里，剑所表达的伤悼挚友、笃于友谊的情怀，比起琴，似乎还多几分不负朋友之义的执着，以及友谊生死不渝的信念"[1]，"剑之为物，在中国社会之意识形态中，自古迄今具有一种不可解脱之潜能力，此中虽由古时传统迷信所推演，而古剑艺术之成就，固有其优点……"[2]谢灵运《庐陵王墓下作》中有"解剑竟何及，抚坟徒自伤"之句，王维《哭祖六自虚》中的"不期先挂剑，长恐后施鞭"，李白《自溧水道哭王炎》中的"悲来欲脱剑，挂向何枝好"等，都将季札挂剑典故运用其中以抒发对亡友的悼念之情，可见其影响。

（二）具有异能的兵器

这是文学家们在兵器的常规特点上加入个人想象，为其赋予某种灵性，并对其威力进行极度夸张而来的产物。这类兵器在神话传说及小说作品中出现尤多，如孙悟空的金箍棒、哪吒的斩妖剑和砍妖刀、姜子牙的打神鞭、龙吉公主的二龙剑、杨五郎的降龙棒等。

虽然神异兵器反映的是作者不羁的文学想象，但这种想象也绝非简单的天马行空，仍然具有充分的现实基础。比如古代风、雷、电、雨等自然现象多被神化，所谓"雷曰天鼓，神曰雷公"，皆是古人想象神主其事之意，故此，笔记小说中多有"天雷除妖"的记载。不过，据有的学者研究，雷火真正被炼成成熟的兵器，在小说中当首推清初李百川《绿野仙踪》。小说第10回描写火龙真人所炼的"雷火珠"："圆若彩球，红如烈火，大小与弹丸相似；托在掌中，旋转不已。……此宝不但山海岛洞妖魔经当不起，即八部正神、普天列宿被他打中，亦必重伤。用时随手掷去，便烟火齐发，响同霹雳；以手招之即回，真仙家至宝也。"其特征如同微型导弹。不过，明清时人虽然对于火炮津津乐道，却一直罕有具体实战中的威效描写，直到俞万春小说《荡寇志》的出现，才把真正意义上的火炮描绘引入小说世界。小说第116回写慧娘自述"飞天神雷"："里面空心，藏毒烟神火，

---

[1] 王立《剑意象母题与中国古代悼祭文学》，载《中文自学指导》1998年第2期，第30—33页。
[2] 周纬《中国兵器史稿》，百花文艺出版社2006年版，第67页。

又包三十六个小雷子。小雷子内，又藏火药铅弹。用螺旋将药线盘到里面。雷子落处，四面进打，雷轰霆击，不问人马，皆成齑粉。媳妇看那奔雷车上的西洋楼，上开一穴，有桌面大小，乃是老大破绽。他虽是用盖门封住，我兵放神雷时，只消擂鼓呐喊，那厮必然开盖门观望。我这雷子已是从天而降，从盖门打入车肚里，管教他土崩瓦解。"慧娘"会勾股算术，算那雷子落处，远近尺寸，不爽分毫"，可见对火器之道非常精通。而作者也已经认识到火炮的射程和准确度才是杀伤力大小的关键，这昭示了时代进步和外来先进科技意识对小说审美营构的渗透，小说关注的重点不再是神魔小说中撒豆成兵的奇门法术，而是先进武器的制造原理及其特殊威力。《荡寇志》的作者俞万春对军事科技、器械发明甚感兴趣，对古代兵器素有研究，曾作《火器论》《骑射论》等；鸦片战争中英军的坚船利炮也对他多有冲击，加之其栖居广东之时又广泛接触西洋器物，因此在小说中力图引进先进兵器的概念，确实让人耳目一新。火龙真人"雷火珠"的构思启发了民国时期还珠楼主的无穷想象，于是在其蜀山系列小说中"人造雷火"之宝就层出不穷。[1]《鹿鼎记》等当代小说中，神武大炮、火枪、霹雳雷火弹等火器更是大量存在，虽然故事具有特定历史背景，但作者对兵器先进程度的描写显然受了现代科技的影响。

（三）辅助兵器

这里指本身没有进攻和防守功能，但是对进攻和防守活动具有辅助作用的特殊事物，如各路神仙、妖怪的法宝（如太上老君的幌金绳、铁扇公主的芭蕉扇等）或法术（如隐身法、缩地法、定身法等）。这些虽然完全出于文学和宗教的奇特想象，但在古代小说中也时有表现。

法宝。本质上也就是宝贝兵器，但其功能比一般兵器更为丰富（除了防守和攻击之外，往往还具有其他神奇的作用），其外形常与一般兵器不同，

---

[1] 参见刘卫英、金亚东《战争科技描写与反战意识来源——〈荡寇志〉、原子弹到〈蜀山剑侠传〉》，载《广东技术师范学院学报》2015年第5期。

大多数情况下与普通物品无异，只有派上战场尤其是遭遇相克之物时才表现出杀伤力。魏晋时期葛洪的《抱朴子》就有用明镜和铜剑识破犬精和鹿精的故事，宝镜除了具有镜子的一般作用之外，开始出现武器的功能；唐王度《古镜记》中描写的宝镜据说是黄帝法满月之数所铸，其来历极其神秘；明清神魔小说中，神道手中的千里镜、明光镜和宝光镜等威力更甚，不仅可以射出万道光芒，还能攻破敌人的阵法，而持镜者一般都为高等级的神仙。《封神演义》中赤精子的阴阳镜"半边红半边白，把白的一晃，便是死路"，可见其威力。《女仙外史》中唐赛儿师傅鲍母所有的后羿射日时第九个金乌坠地所化的赤乌镜、《三宝太监西洋记》里的轩辕镜等也属此类。《封神演义》中阐、截二教之间的多次斗争都表现为法宝之间的较量：太乙真人用九龙神火罩收了石矶的八卦云光帕，又烧死孙良，大破化血阵；菡芝仙有风袋，打开后放黑风，"能吹天地暗，善刮宇宙昏；裂山崩山倒，人逢命不存"，后被定风珠所破；火灵圣母有金霞冠，广成子就用扫霞衣破之；潼关守将陈桐有火龙标暗器，"出手生烟，百发百中"，清虚道德真君就派徒弟黄天化用花篮将其收去……诸如此类，不可遍举。

法术。《西游记》等具有宗教色彩的神魔小说对法术的描写较为集中，孙悟空的七十二般变化、猪八戒的三十六般变化、如来佛祖的六字真言、唐僧的紧箍咒、红孩儿的三昧真火等都具有巨大威力，关键时刻可将对手制伏。法术的实施一般都有固定程式，如需捻诀、念咒等。《初刻拍案惊奇》卷四"程元玉店肆代偿钱　十一娘云冈纵谭侠"中，主人公十一娘在谈到用"剑术"诛杀为非作歹的贪官污吏时说道："凡此之辈，杀之之道非一：重者或径取其首领及其妻子，不必说了；次者或入其咽，断其喉，或伤其心腹，其家但知为暴死，不知其故；又或用术慑其魂，使他颠蹶狂谬，失志而死；或用术迷其家，使他丑秽迭出，愤郁而死；其有时未到的，但假托神异梦寐，使他惊惧而已。"由此可知这种"剑术"威力之大。这篇小说还提到一个香丸女子借书生之手诛杀恶少的故事：香丸女子给书生一个香丸，让他在炉中点燃，看香烟去哪里，就跟去哪里。书生照着做了，"只见香烟袅袅，行处有光，墙壁不碍。每到一处，遇一恶少年，烟绕颈三匝，头已自落,其家不知不觉"。事后,香烟自己飘回炉中,香丸自行飞去。其神秘如此!以上两例还向我们透露了另一信息:古代文学作品中女性与男子搏斗时常借助邪术与暗器,这恐怕是古人考虑女性体力不如男性,为其所做的特殊安排,当然也不排除男性作者对女性的某种潜在歧视。[1]

小说作品中涉及宗教的法术常与其相应法器(如道人多用木剑、拂尘、符箓之类,而佛家多用钵盂、禅杖等)同时出现。如《金瓶梅》中李瓶儿病危之时,遇死去的花子虚前来索命,西门庆请来潘道士为其作法,那道士"运双睛,努力以慧通神目一视,仗剑手内,掐指步罡念念有词,早知其意"(第62回)。此处的剑与法术配合使用,能达到沟通三界的目的。《聊斋志异·画皮》中的道士则以拂蝇(即拂尘)授王生以驱恶鬼;后与恶鬼直接搏斗,又"以木剑枭其首",并"出一葫芦,拔其塞置烟中(浓烟为恶鬼死后所化),飕飕然如口吸气,瞬间烟尽"。拂尘、木剑和葫芦在此成为道士制伏鬼怪的主要武器。

第二节　文学作品中兵器描写的特点

通过以上介绍可知,文学作品中的兵器有一部分是现实生活的直接反映,但更大一部分却是加入了作者想象的超现实存在。除了拥有现实兵器的所有个性,文学作品中的兵器更具神秘化、具象化和人格化等特点。

(一)神秘化

来历神秘。文学作品中的兵器有的制作材料罕见,有的制作方式特别,为了突显兵器的神秘与珍贵,作者总会用各种方法渲染其身世来历。据《史记·黄帝本纪》记载,"帝采首山之铜铸剑,以天文古字铭之",这大概

---

[1] 参见刘卫英《宝贝兵器与明清小说人物形象塑造》,载《辽东学院学报》2006年第3期,第47—55页。

就是黄帝所持轩辕剑的来历。《洞冥记》又记："黄帝采首山之铜,铸之雄已飞去,雌者犹存,帝恐人得此刀,欲销之,刀自手中化为鹊,赤色飞去云中。"这化鹊飞走的雌剑就是后来的鸣鸿刀。《史记》的记载重在对上古兵器的材料来源进行说明,而《洞冥记》的描述则加入了丰富的想象,使得鸣鸿刀的来历充满神秘气息。《封神演义》《西游记》等神魔小说为了突显宝贝兵器的威力,更是对其来历进行极富想象的浪漫描绘。如闻太师的雌雄双鞭是由两条蛟龙化之,按阴阳分二气,不过后来为姜子牙的打神鞭打折一根。孙悟空的金箍棒来自东海龙宫,"棒是九转镔铁炼,老君亲手炉中煅。禹王求得号神珍,四海八河为定验"(《西游记》第75回)。猪八戒的九齿钉钯虽然外形粗俗,但也是太上老君以神冰铁亲自打造的,专为玉帝镇丹阙之用,八戒为天蓬元帅时由玉帝钦赐予他。沙僧的降妖杖"本是月里梭罗派。吴刚伐下一枝来,鲁班制造工夫盖。里边一条金趁心,外边万道珠丝玠。名称宝杖善降妖,永镇灵霄能伏怪。只因官拜大将军,玉皇赐我随身带"(《西游记》第22回)。来历的神奇增加了这些宝贝兵器本身的玄幻色彩,为其威力的展现提供了铺垫,同时也迎合了读者猎奇的阅读期待。

造型奇特。造型奇特意味着兵器的功能奇特,作者在作品中常会对特殊兵器的外形给予重点刻画,使读者过目不忘。《封神演义》中魔家四兄弟之一魔礼红有法宝混元伞,"伞皆明珠穿成,有祖母绿、祖母碧、夜明珠、辟尘珠、辟火珠、辟水珠、消凉珠、九曲珠、定颜珠、定风珠,还有珍珠穿成'装载乾坤'四字,这把伞不敢撑,撑开时天昏地暗,日月无光,转一转乾坤晃动"。从名称上看,此物当呈伞状,为名贵珠宝造成,华美异常,又综合了辟尘、辟火等各项异能,攻击和防御功能都非常强大,一上阵就收走了乾坤圈和打神鞭,后杨戬投西岐,变作花狐貂才偷走此物。《水浒传》中扈三娘曾用其暗器"红锦金钩索套"生擒呼延灼副将彭玘和关胜的副将郝思文,可见威力之大。索套本是十八般武器中的一种常见兵器,造型甚为简单,不过是绳索前设一圆形环,用活结自由滑动,遭遇敌手时甩出,自头套下,捆住对手双臂,使其丧失战斗力。不过,扈三娘为防止敌人被套之后挣脱，别出心裁地给索套上设计了24个金钩，使得这件兵器造型精巧无比。另外，索套的使用与刀、枪、剑、戟等硬器不同，需掌握技巧，将两臂之力运入其械方能制敌。据说锦绳索套为"器中之尤靰者，较诸靰鞭流星锤为更难"，可见扈三娘技艺之精；同时红锦索套的鲜艳色彩也呼应了一丈青美女英雄的身份，给读者留下深刻印象。金庸等当代作家的小说中，武林高手所使用的兵器更是愈出愈奇，金轮法王的金轮、血刀老祖的血刀、小龙女的银丝手套、五毒教的金蛇剑、黄蓉的软猬甲等，仅从其名称即可想见其造型之奇特与神秘。

重量夸张。文学作品为了表现武器持有者的神力，往往会强调具体兵器的重量，而且多用夸张之笔。唐罗隐《登夏州城楼》有诗句"好脱儒冠从校尉，一枝长戟六钧弓"，吴融亦有"云生无色笔，月吐六钧弓"之句，《说文》解释一钧为30斤，按此则以上两首诗中的弓重量达到了180斤，显系夸张之词。又温庭筠《奉天西佛寺》云："宗臣欲舞千钧剑，追骑犹观七宝鞭。"千钧之剑的重量当然也与现实生活距离甚远。《三国演义》中关羽所用青龙偃月刀重82斤，长1.2丈，也绝非寻常的作战兵器。事实上，三国时代并不可能出现小说中那样的青龙偃月刀，而且根据《三国志》的记载，还有学者对关羽究竟使刀还是使剑提出了质疑。[①]《水浒传》中鲁智深的武器为62斤重的水磨禅杖，也非常人所能驾驭。

威力巨大。《聂隐娘》中聂隐娘开始练剑时，手中的剑长2尺，剑术长进之后，其剑缩短为5寸。剑侠平时或将宝剑纳入口中，或藏入指甲，或置入袖中，或变为小丸子随身携带，需要使用之时张口一吐，或伸手一指，或随手一抛，即可放出剑光而杀向敌人。剑光闪过，剑既失去踪迹，敌人已身首异处，神剑威力之奇可见一斑。《中国兵器史稿》曾介绍清代一种神秘武器——乾坤圈，原名"阴阳刺轮"，系元代蒙古军之遗器遗制，能于数丈外袭人，割其面目、颈项而毙之。[②]这种武器不仅在常规战争中使

[①]《三国志》载："曹公使张辽及关羽为先锋击之，羽望见良麾盖，策马刺良于万众之中，斩其首还。"如果是刀，似用劈、砍等词更为合适。

[②] 周纬《中国兵器史稿》，百花文艺出版社2006年版，第189页。

用，还被改造成民间具有近距离袭击功能的有力暗器。其外形呈环状，边缘部分非常锋利，与通常以刺、砍劈手法杀伤对手的方式有较大差别，因其能快速旋转，比起一般的投掷式、弹射式兵器，敌方更难以躲闪避开。使用者一般对其进行组合运用，以创造出令敌人猝不及防的优势；此外，这种武器体积小巧，便于随身携带，能较快出手，也符合暗器功能的需要。这种神秘武器被文学作品吸收，还加入了幻术想象，使其功能更加出神入化，如《说唐三传》第 80 回提到的连环圈，净山道人一使用此圈便将秦红打落马下，又一连打伤伍雄、雄霸等人。此圈还有剧毒，中圈者"闭眼合口，面无血色，伤处四边发紫"，可见其阴毒。小说第 81 回道人自称："贫道这连环圈乃毒药炼成，受日月之精华，打在身上，不消七日必死。"该小说第 85 回还叙及女将盛兰英的"仙圈"，既能瞬间变大，用毕还能自动收回。第 84 回，作者交代了这一宝贝兵器的来历以及女主人公因此而得到的别名："（她）乃金刀圣母徒弟。有两件宝贝，小小圈儿带在手上，名为'四肢酥'。"[①]明末清初通俗小说中大量提及的雍正常用之暗器血滴子，不知是否也与这种乾坤圈存在某种渊源。

除了杀敌的威力神奇之外，有的武器还具有某种神奇的特异功能，如唐代王度《古镜记》中描述的铜剑：

> 友人薛侠者，获一铜剑，长四尺。剑连于靶；靶盘龙凤之状，左文如火焰，右文如水波，光彩灼烁，非常物也。侠持过度，曰："此剑侠常试之，每月十五日，天地清朗，置之暗室，自然有光，傍照数丈。侠持之有日月矣。明公好奇爱古，如饥如渴，愿与君今夕一试。"度喜甚。其夜，果遇天地清霁。密闭一室，无复脱隙，与侠同宿。度亦出宝镜，置于座侧，俄而镜上吐光，明照一室，相视如昼。剑横其侧，无复光彩。侠大惊，曰："请内镜于匣。"度从其言，然后剑乃吐光，不过一二尺耳。侠抚剑叹曰："天下神物，已有相伏之理也。"是后每至月望，则出镜于暗室，光尝照数丈。若月影入室，则无光也。岂太阳太阴之耀，不可敌也乎？

[①] 参见王立《金庸小说中的奇异兵器来源及其异国风光》，载《贵州社会科学》2010 年第 12 期。

这把铜剑造型奇特、纹饰优美，能在月圆之夜发出白昼一样的光亮，已属神奇，更玄妙的是它竟与宝镜相克。宝镜在场之时，剑则不能发光，将镜纳于匣之后，剑吐光也不过一二尺，不复此前光彩。作者此处虽然主要是为了突显宝镜的神奇，但剑的灵异之状也于此可见一斑。

（二）具象化

虽然古代文学作品中的兵器大多具有造型怪异、功能神奇的特点，但作者一般会对其外形特征、具体功能等进行详细描写，固定的兵器类型往往有相同或大致相似的特点，某些宝贝兵器甚至同时还是世俗的日用器具，这在神魔题材的小说类作品中表现尤多。《西游记》中猪八戒使用的九齿上宝沁金钉钯与农业生产中的钉耙类似，而猪八戒在高老庄时也确实将它作为生产工具使用。拥有巨大神力的宝贝兵器却仅有世俗农具的外形，其间的反差指引我们走进农业古国朴素的实物崇拜。陈文新先生曾指出："作者显然没有把他（八戒）写成像悟空一样的英雄，从而赋予很多理想的色彩，而是另辟蹊径，把他写成极具喜剧性质的'普通人物'。……八戒的招牌兵器是九齿钉钯，据说是太上老君亲自锻炼、玉帝赠送给八戒的。……不管九齿钉钯的威力多么大，也不管它的来历多么辉煌，它在外表上总使人联想到农民种庄稼的钯子。悟空就曾问过八戒：'你这钯可是与高老家做园工筑地种菜！'（《西游记》第19回）银角大王见到猪八戒也说道：'这和尚是半路出家的。'因为'你会使这钯，一定是在人家园圃中筑地，把他这钯偷将来也'（《西游记》第32回）。可见，种菜时拿着钯子是正常的，但如果把钯子当作武器使用未免显得蠢笨。这是作者煞费苦心以求达到的效果，作者就是要把八戒的一切与他的'呆'和'夯'联系在一起，从而增添这个人物身上的喜剧性色彩。试想，猪八戒拿着钯子上战场总比拿着刀剑冲杀更具有戏谑意味吧！"[①]

《西游记》中观音菩萨收服鲤鱼精的鱼篮、毗蓝婆菩萨制伏蜈蚣精的

---

① 陈文新《传统小说与小说传统》，武汉大学出版社2005年版，第211—212页。

绣花针、金角大王的宝瓶、玉兔精的捣药杵,《聊斋志异·画皮》中道人的拂尘,《封神演义》中高兰英的太阳神针、云霄娘娘的金蛟剪、碧霄娘娘的混元金斗、黄天化用来收暗器的花篮儿等,也多是古代先民实物崇拜的具象化表现。当然也有学者看到,古代神魔小说中的某些宝物(如宝瓶类,具体包括瓶、罐、袋状各种宝贝),既有现实功用(世俗的盛物容器),同时又具备退兵抵敌的神力,这种想象极有可能受到了佛、道二教的双重影响。"其基于原始葫芦崇拜,受到佛教瓶罐崇拜的影响,又得力于道教仙乡洞穴传说、物怪精灵信仰强化,经由佛经故事幻术与仙道文化实用性等融合的多种整合效应,最后成为明清神魔小说多发性的重要意象,构成种种艺术机杼,从而为神魔小说神奇新颖的艺术想象力及其相关文本表现起到了不可或缺的审美功能。"[①]《水浒传》中九尾龟陶宗旺"庄家田户出身,惯使一把铁锹,有的是气力,亦能使枪抡刀",铁锹为日常生产工具,以此为随身兵器,在现实主义的文学作品中当不多见。

(三)人格化

文学作品中的重要兵器多择主而存,其本身就被赋予极强的人格化色彩。比如古人爱剑,认为剑是一种有灵气的、有意识的兵器,只有有德者才值得拥有,奸佞小人即便一时拥有最终也会失去。因此在小说作品中,宝剑总是由正派剑侠所持。《聊斋志异·侠女》叙述侠女用剑诛杀轻佻无礼的狐狸精,侠女只将短剑望空一掷,即让狐狸精死于非命,可见短剑能够自动识别敌我和寻找目标。《聂小倩》故事中,燕赤霞的除妖剑即使被藏于箧内亦可自动辨识妖怪,一俟夜叉出现,即"裂箧而出,耀若匹练,触折窗上石棂,欻然一射,即遽敛入,宛如电灭"。剑器完全不需主人驱使,具有独立的正义性。即便盛剑的革囊也能令鬼物心惊胆战,因它能自行将鬼物抓住并化为清水。五代徐铉《稽神录》"郑就"条载:"寿春屠者郑就,

---

① 刘卫英《古代神魔小说中的宝瓶崇拜及其佛道渊源》,载《东北师大学报》2008年第1期。

家至贫，尝梦一人，自称廉颇，谓就曰：'可于里东掘地，取吾宝剑，当令汝富，然不得改旧业。'就如其言，果获之，逾年遂富。后泄其事，于是失剑。"廉颇之剑在此不再具有攻击杀伤力，但灵性仍存，不仅能使人致富，而且能伴随其秘密的泄露而消失。《晋书·张华传》载豫章丰城出土龙泉、太阿宝剑，一把为张华所得，一把为雷焕所得，"华诛，失剑所在。焕卒，子华为州从事，持剑行经延平津，剑忽于腰间跃出堕水，使人没水取之，不见剑，但见两龙各长数丈，蟠萦有文章，没者惧而反。须臾光彩照水，波浪惊沸，于是失剑"。不仅来历神秘，其消失也充满神秘的悲情色彩。

古人对剑的崇拜由来已久，从西周初期的"虎贲之士说剑"、春秋战国时代剑文化的勃兴、秦汉间人们对剑的崇敬，到太史公司马迁将"论剑"提高到"与道同符"的高度："非信廉仁勇不能传兵论剑，与道同符，内可以治身，外可以应变，君子比德焉。"太史公认为"论剑"是一门"内可以治身，外可以应变"的大学问，其所指已远远超出了剑的临战击刺之效，而是在讲剑所代表的人文精神，讲剑特殊的文化内涵和社会教化功能。古代文人往往书剑并举，以剑比德，将剑人格化，为自己心爱的宝剑赐以美名，如"轻吕"（周武王剑）、"干将"、"莫邪"等；[1]陆游的诗句"负琴腰剑成三友"，也是直接将剑与琴人格化为品性高洁的知己来加以吟咏，古人之爱剑，由此可见一斑。

第三节　兵器在文学作品中所承担的主要功能

文学作品中的兵器除了被当作客观描写对象之外，往往还承担着特定的抒情、叙事以及塑造人物等功能，具体表现在以下几个方面：

---

[1] 参见刘秀峰编《刀剑与中国传统文化》，浙江工商大学出版社2016年版，第8页。

（一）抒情

以某种特殊兵器寄寓作者建功立业、征服四方的情怀，在古诗创作中比较常见，屈原《九歌·国殇》中就有"操吴戈兮被犀甲，车错毂兮短兵接"之句，楚辞《九思·哀岁》中也有"投剑兮脱冕，龙屈兮蜿蟺"等句。戈、剑、刀、钩、鞭、矢、枪、槊等兵器在古代文学作品中都被赋予一定的抒情意蕴。在形形色色的冷兵器之中，剑具有薄而双刃、美观优雅、柔中有刚等特点，被尊为"百器之君"，最受文人雅士的青睐，因而在文学作品中，剑意象多用来象征个体智慧和社会正义。《全唐诗》48900多首诗中，涉及剑的有600多首。李白15岁时在峨眉山学剑，曾自称"我家青干剑，操割有余闻"，"剑非万人敌，文窃四海声"，可见其对剑的喜爱，更可见其踌躇满志欲成大事的理想。后政治梦想破灭，离开长安时，李白又写下"停杯投箸不能食，拔剑四顾心茫然"（《行路难》）的诗句，虽经历挫折，却不甘沉沦，诗人摆脱困境的决心与努力奋进的斗志透过象征力量与勇气的剑意象得以表现。"愿将腰下剑，直为斩楼兰"（李白），"平生怀仗剑，慷慨即投笔"（刘希夷），"手奋三尺剑，西灭无道秦"（王珪），"拔剑欲与龙虎斗"（杜甫），"一剑曾当百万师"（王维）等也都通过剑意象抒发了诗人们不惧困苦、报效祖国的慷慨之情。

《周礼·保氏》记载周朝贵族教育六艺"礼、乐、射、御、书、数"，其中"射"指射箭，"御"指驾车，杀敌卫国的实际操练和修身养性的体育锻炼同为个人修养必不可少的内容。既然射和御如此被重视，文学作品中自然少不了弓箭和战车的身影。《诗经》305篇中有35篇涉及兵器描写，其中就以弓箭、战车等为主。比如《诗经·秦风·小戎》就专门描绘了华丽的战车。东周是我国古代战车发展的繁盛时期，帝王出征的御驾即为戎车，后来因为有了专职将军代替君王出征，戎车才成为将军作战的指挥所。秦人尚武，男子除了拥有谦谦君子之风，更要孔武有力。作品中的小戎不仅实指战车，也是一个国家力量的象征。在今天出土的先秦古墓中，我们仍可以看到四马铜战车的原始面貌，当然还有各式各样的陶土战车。不同规格的战车反映墓主的不同等级，此时战车的主要功能就不是沙场杀敌了，而是具有礼乐教化的作用。《小雅·彤弓》篇吟咏的红漆雕弓则是周天子对诸侯的一种特殊赏赐。史载，天子将弓矢等物赏赐有功诸侯是西周到春秋时代的一种礼仪制度，代表的是天子的信任，对于受赐者而言则是莫大荣耀。《三国演义》中，曹操以献帝金鈚箭射鹿而引呼万岁，此时的金鈚箭已非单纯的射猎武器，更是天子威仪的象征。正因如此，曹操此举也就成为他篡汉的罪证之一。在《大雅·行苇》中，弓箭甚至成为宴会中投壶游戏的工具。投壶来源于射礼，其强调礼仪、娱乐而非格斗，此时的弓箭已经完全脱离战争的初衷而演化为宣扬礼乐、教化万民的工具。

刀在古代文学作品中也是常常出现的意象，据统计，《全宋词》中涉及刀的共有160篇，其中金刀出现17次，大刀出现6次，牛刀出现7次，霜刀出现7次，宝刀出现7次。陆游就有"黄金错刀白玉装，夜穿窗扉出光芒"（《金错刀行》）之句，借宝刀寄寓难以实现的报国之志。唐诗中刀出现的次数也不少，李白有"城头铁鼓声犹震，匣里金刀血未干"之句，战士激昂振奋的飒爽英姿跃然纸上。"刀光照寒月，阵色明如昼"（崔国辅《从军行》），刀光、寒月、边关、敌阵，诗人通过这些特殊意象，把我们带进遥远的古战场，杀敌、思家的种种复杂况味在诗人营造的意境中慢慢呈现，抒情意味十足。

（二）叙事

将兵器作为叙述的对象，讲述围绕它发生的曲折故事，是小说、戏曲等叙事文学中常见的题材。据《吴越春秋》所载，先秦时期著名的铸剑大师干将铸剑，铁汁不下，其妻莫邪投向炉中，铁汁即刻流出。铸成的雌剑和雄剑分别被取名为"莫邪""干将"。干将将雄剑献给了吴王，而自己把雌剑珍藏了起来。雌剑因为思念雄剑，所以常常悲鸣。楚王杀害干将，后来干将的儿子为父报仇。《吴越春秋》叙述越王曾向一位精通剑术的越国女子请教剑道的故事，越女给越王讲述完毕之后还当场进行了精彩表演。《列子·汤问》篇中有一则关于来丹借剑为父报仇的故事。来丹的父亲被黑卵杀害，来丹指望依靠剑术和神兵利器来为父亲报仇雪恨。他听说孔周珍藏有殷帝的宝剑，因此前去求剑，虽借得孔周的"宵练"剑，无奈仍不能将仇人杀死，最后叹息着离开。这些作品均以剑为中心讲述离奇曲折的精彩故事，特定兵器在此作为叙事要素起到线索作用。《西游记》第88回"禅到玉华施法会，心猿木母授门人"中，三个小王子分别拜孙悟空、猪八戒、沙和尚为师，学习武艺，"次日请行者三人将金箍棒、九齿钯、降妖杖都取出来放在蓬厂之间，看样造作，遂此昼夜不收"。这几样宝贝兵器被妖精发现并偷走，接下来的情节便围绕孙悟空一行如何夺回兵器展开。这个故事中金箍棒、九齿钯、降妖杖也承担着叙事线索的功能。《战国策·燕策三》记载"图穷匕见"的故事：荆轲奉燕太子丹的命令去刺杀秦王，借着向秦王献上燕国地图的理由，把匕首藏在了地图中。当秦王展开地图，荆轲顺势拿起匕首向秦王刺去，然而刺杀失败，荆轲也悲壮地死去。这段故事中的匕首起到了推动故事情节发展的作用，藏匕首、持匕首刺杀、行动失败，故事的高潮部分以匕首为叙事线索。《史记·吴太伯世家》中的"鱼肠剑"故事也与此类似。《三国演义》中曹操以献七宝刀为由试图刺杀董卓，事败而逃；吕布通过辕门射戟来调停刘备和纪灵之间的冲突；《水浒传》中杨志因卖刀遭遇泼皮牛二，才有了后面的北京斗武；吴用使时迁偷走徐宁的雁翎甲，才将其赚上梁山入伙；《醒世恒言·勘皮靴单证二郎神》中，潘道士为捉拿冒充二郎神的孙庙祝，先使养娘将其防身武器弹弓偷走，才最终将其制伏……在这些故事中，兵器也都作为叙事线索成为扭转情节的关键。

此外，围绕宝贝兵器，古代小说中还出现了一些固定的叙事模式，比如神授宝物、英雄寻宝夺宝、英雄遇难获宝脱困、失宝归位等。

（三）人物塑造

唐卢纶曾作《塞下曲六首》，其二取材于《史记·李将军列传》，谓："林暗草惊风，将军夜引弓。平明寻白羽，没在石棱中。"将军深夜射"虎"，次日才发现箭羽没石，人物神射如此。射石而没既突显人物神勇，也强调人物观察力的敏锐，力量与精准作为擅用弓者的重要素养，在这位将军身上得到了集中体现；而这种形象气质，在使用斧头的李逵或程咬金身上显然难以表现。繁钦《征天山赋》盛赞曹操东征乌桓的胜利，"左骈雄戟，右攒干将"是对曹操部队的描写，意谓左边是并列的三刃戟，右边是簇举着的利剑。对兵器进行特写，不仅反映作战队的气质，更是对曹操踌躇满志、所向披靡的英雄形象的丰富和补充。李白有诗咏女休复仇之事，谓"西门秦氏女，秀色如琼花。手挥白杨刀，清昼杀仇家。罗袖洒赤血，英声凌紫霞……"与小说作品中女性多用轻巧狠毒的暗器不同，女休的复仇武器是男子常用的大刀，虽然诗作未正面表现主人公的用刀技法，但却从整体上为我们呈现了一个飒爽英姿的豪放侠女形象。

通过人物所持兵器而透露人物性格特点，是古典小说在塑造英雄人物时的常见做法。《说唐》中，齐国远的兵器是纸糊金锤和纸糊长枪，其质地为纸，造型为锤，暗示其情感粗糙、性格粗犷；纸锤中装满辣椒和石膏粉，则暗示了他平日任性妄为的行事作风。《水浒传》中，鲁智深的兵器为水磨禅杖，长五尺，通体铁制，两头有刃，一头为新月牙形，月弯处有四个小孔，分穿四个铁环；另一头形如倒挂之钟，长约七寸，尾端两侧各凿一孔，穿有铁环，柄粗寸余。禅杖的外形特点呼应了鲁智深的外貌特征（身长八尺，腰阔十围，长得面阔而大、鼻直口方，腮边一部络腮胡须），透露了他行侠仗义、行事粗犷的性格，甚至也暗示了其禅心佛性。《三国演义》没有为丹凤眼、卧蚕眉、绿袍长髯的关公安排短剑、匕首或板斧、禅杖之类的武器，而是特意挑选重达82斤且饰有龙纹的青龙偃月刀，也是将兵器的外形特征以及文化意蕴（龙信仰）与人物个性特征紧密结合。李福清先生曾指出："众所周知，各民族史诗作品中，对壮士的武器和他的坐骑的描写通常都占有很重要的位置"，"史诗英雄一般都配上独具特色的武器"[①]。有的学者更将这些特殊的武器总结为特定类型——"相关配备"，林保淳

[①] ［俄］李福清著、尹锡康等译《三国演义与民间文学传统》，上海古籍出版社1997年版，第82—83页。

先生指出:"所谓'相关配备',指的是经常伴随于'人物'出现,几近于足以成为人物象征的相关物件,如一提及孙悟空、关云长,则'金箍棒'与'青龙偃月刀'必然同时出现;后者虽是武器,但已成为前者的象征,高明的作家通常不会轻易放过此二者间的联系,孙悟空被定义为心猿,而'金箍棒'可长可短,伸缩如意,与'心'之倏忽变化相当,正为显例。"[1]

英雄手中的兵器不仅象征了人物性格,也与人物命运起伏紧密相关。《三国演义》中吕布被困,是手下趁其喝醉盗其画戟,才将其制伏。在《西游记》中,金箍棒威力巨大,与孙悟空上天入地、随意任性的叛逆性情一致。但在金箍棒被独角兕大王的金刚琢套走之后,孙悟空的性情发生了微妙变化,第51回上天查询独角兕大王的出处时,对待天界众仙就少了之前的趾高气扬,多了一些谦卑随和。金箍棒是悟空行事的极大依仗,失去兵器,英雄也会变得气短。

总的说来,古人在诗词曲赋等文学形式中运用兵器意象,多取其象征之意来抒发某种特殊情怀。"带长剑兮挟秦弓,首身离兮心不惩"(屈原《九歌·国殇》),佩长剑,臂夹秦弓,即便身首异处也无所畏惧,剑、弓所蕴含的坚定、勇敢正是屈原爱国之心的写照。"车辚辚,马萧萧,行人弓箭各在腰"(杜甫《兵车行》),"诏发官兵取乱臣,将军弓箭不离身"(张籍《寄宋景》),乱世之中,冰冷的武器意象代表的不仅是杀敌报国,也暗示了离别和萧索。而在史传、小说等叙事类作品中,兵器意象则多承担结构线索或人物塑造等功能。武松打虎时的哨棒、关羽过关斩将时的青龙偃月刀、孙悟空斩妖除魔时的金箍棒等皆具此意。兵器因参与战争而改变人类生活,人类却运用想象创造了它在文学作品中的特殊存在形式。文学作品中的兵器虽是在现实兵器基础之上产生,却在更大程度上体现了文学的浪漫与想象。

---

[1] 林保淳《古典小说中的类型人物》,台北里仁书局2003年版,第13页。

第一章

文学大宗与兵器渊薮：诗歌中的兵器

漫长的中国文明史中，兵器发展的历史相当悠久，最早可以上溯至石器时代与青铜时代，此后随着战争形势与科技文明的发展，兵器的种类与式样也更新换代、层出不穷。古代吟咏兵器的诗歌，有的反映战争，有的表现武艺高强，有的抒写英雄气概，有的显示人物个性，内容丰富，风格多样。兵器的特点和诗人的情怀，在古代诗歌中均有充分的反映。以诗歌的形式吟咏杀伐的兵器，是中国古代文化中一个非常值得关注的现象。

第一节 《诗经》中的兵器概述

　　神话传说从盘古开天辟地开始，女娲抟土造人赋予这个民族和这片土地以渊源。上古的明君从尧到舜再到禹，然后"家天下"拉开了序幕，历经了600年的夏王朝被商汤所灭，这个时候在西岐有一支姬姓部族认后稷为始祖，开始慢慢发展，逐渐崛起。公元前1046年，周武王在牧野一战中歼灭了商军的主力，一举推翻了在中原雄踞600年的商王朝，凤鸣岐山，周王朝建立，《诗经》的故事从这里开始。周天子远在京城深宫之中，抬头只能望得见头顶上四四方方的天，看不到除此之外的景象。为了了解百姓的情况，周朝设立了采诗之官，每年春暖花开的时候，他们就摇着木铎深入民间，收集民间歌谣，站在田垄上听农夫们的，站在河岸边听渔夫们的……采诗官将收集来的能够反映人民欢乐疾苦的作品带回皇宫整理后，交给太师谱曲，完成后演唱给周天子听，作为周天子施政的参考。这些没有记录姓名的从民间收集来的作品占据了《诗经》的多数部分，构成了《诗经》的主体。周幽王烽火戏诸侯，天子给诸位大臣开了个不小的玩笑，结果惹得诸臣恼羞成怒，北方犬戎攻破镐京，幽王落了个孤立无援的境地。此后周平王迁都洛邑，之前受民受疆土的诸侯纷纷割据一方，混乱交战，这个时期史称"春秋"。

　　《诗经》带有北方特有的气息：漠北的战场，将士的铁衣，一触即发的战争，泛着寒光的兵器……

秦风·小戎

　　小戎俴收，五楘梁辀。游环胁驱，阴靷鋈续。文茵畅毂，驾我骐馵。言念君子，温其如玉。在其板屋，乱我心曲。

　　四牡孔阜，六辔在手。骐駵是中，騧骊是骖。龙盾之合，鋈以觼軜。言念君子，温其在邑。方何为期？胡然我念之！

俴驷孔群，厹矛鋈錞。蒙伐有苑，虎韔镂膺。交韔二弓，竹闭绲縢。言念君子，载寝载兴。厌厌良人，秩秩德音。

兵车上带着极浅的车厢，皮革交错缠绕在车辕上。固定皮带的环扣都是白铜镶镀，座驾上铺着虎皮制成的坐垫，四匹蹄子雪白的战马驾车前行。战车上还载着龙纹盾牌和羽纹盾牌以及刻着花纹的虎皮弓囊中交错而放的两张弓。驾驶这华丽战车的是秦地一位如玉的公子，妻子说他温良文静，礼让谦和。割据一方的诸侯连年征战，边塞外族人侵，安宁几日之后又得重新出发奔赴战场。昏暗的烛光下年轻的妻子为即将上阵杀敌的丈夫收拾背囊。出征那天，灰蒙蒙的天气为原本就伤感肃穆的气氛多添了几分悲凉。站在送行队伍里的妻子努力保持着微笑，减少远行丈夫的担心。战争使得夫妻分离甚至有可能从此诀别，可是妻子的表现很好，纵然也是难舍难分，心心念念，却没有那般悲痛伤怀。

秦国尚武，男儿志在四方，上阵杀敌，保家卫国，即使马革裹尸还也没有什么遗憾。此刻的君子不单单是青青子衿、拱手而立、谦和恭敬的儒雅公子，还是手持戈矛指挥千军万马的英勇悍将。在秦人看来，君子不但在儒在雅还在武，要有谦谦儒雅的礼仪，还要有挥斥方遒、横刀立马的勇武。

"言念君子，温其如玉"，形容她的丈夫秉性犹如美玉一般温润。这是一首妻子怀念征夫的诗。秦军出征时，家人、妻子必去送行。事后，她回想起丈夫出征时的壮观场面，进而联想到丈夫离家后的情景、两人在一起的甜蜜时光，内心不只是期许丈夫早日归乡，也希望丈夫能够奋勇杀敌凯旋而回。

这首诗体现了"秦风"的特点。在秦国，尚武成风，男儿从军参战，为国效力，尤其是商鞅变法后加大对军功的奖励。正像此诗赞美秦师如何强大，装备如何精良，阵容如何壮观，秦国上下崇尚军事，炫耀武力，正是"秦风"一大特点。秦国尚武，方能纵横捭阖，一扫六国。

春秋时期，周天子的统治逐渐失去了往日的威严，大大小小的诸侯国开始拥有自己的武装力量，战车的数量成为衡量一个诸侯国武装力量强弱的标准。东周是战车发展的高峰时期，那时的战车一般由四马、一车、三人组成，殷周时期，较大规模的战争有400乘左右参战，而到了战国时期，同样作为诸侯国的秦、齐等国都有上千上万乘战车，从而奠定了其霸主地位。战车对于当时的国家、当时的战争的重要性不可言喻，拥有战车多少也表现出一个国家的综合实力。就好像现在的GDP，国富民强，才能更好发展装备，厉兵秣马。不过，随着时间的推移、历史的前进、军事技术的发展，长戟兵器与骑兵出现，战车在战场的作用也越来越微乎其微，大规模的骑兵作战取代战车成为冷兵器时代的决定性因素。

《诗经》中对兵器的描述篇章不是太多，战车算是这寥寥几篇中直接出现最多的战争兵器。春秋时期的制度是井田制和征兵制，也是历史上最注重战车的时代，以1000乘战车为一军，天子六军，大国三军，中国二军，小国一军。

1964年在山东省发掘的东周殉马坑，全部殉马当在600匹上下，属世界罕见。600多匹马可装备150多辆战车，相当于一个小诸侯国的全部军力，可见齐国作为春秋五霸之首绝非浪得虚名。

帝王出征的御驾称为戎车，后代有了专职将军代替君王出征，戎车也随之变成了将军的指挥所，所以《小戎》中的战车尽显帝王尊贵气象，除去战争作用之外，已成为君王乃至一个国家的权力象征。而普遍意义上的战车又是什么样的呢？《诗经·小雅·车攻》中有这样的句子："我车既攻，我马既同。四牡庞庞，驾言徂东"，"驾彼四牡，四牡奕奕……四黄既驾，两骖不猗"。

除上文中提到的《小戎》，《小雅·采薇》中亦有："彼尔维何？维常之华。彼路斯何？君子之车。戎车既驾，四牡业业。岂敢定居？一月三捷。驾彼四牡，四牡骙骙。君子所依，小人所腓。四牡翼翼，象弭鱼服。岂不日戒？狁孔棘！"棠梨花开，一月之中多次交战，时刻警惕，不敢有丝毫的怠惰，更不必说可以安然地住下了。四匹训练有素、高大强壮的战马拉着的战车已然架起，将军们站在战车内，士兵们用它作掩护，将士们背起用象骨装饰的弓和用鲨鱼皮制成的箭囊，整装待发，随时准备战斗。《大雅·江汉》中写道："江汉浮浮，武夫滔滔，匪安匪游，淮夷来求。既出我车，既设我旟，匪安匪舒，淮夷来铺。"江水滔滔不绝地奔腾，出征的将士意气风发，战车已在前路开道，旗帜高高竖起，迎风飘扬，不畏艰难险阻，不求舒适安逸，只希望能打退蛮夷的进攻，镇压蛮夷的骚乱。《豳风·东山》中云："我徂东山，慆慆不归。我来自东，零雨其濛。我东曰归，我心西悲。制彼裳衣，勿士行枚。蜎蜎者蠋，烝在桑野。敦彼独宿，亦在车下。"久战在外的战士渴望回家，可惜战争迟迟未能结束，细雨蒙蒙，战士们就像是长期在桑林野外生活的小虫子一样，孤苦伶仃，无依无靠，只得蜷缩在战车下休息睡觉。战争说到底还是残酷的，再辉煌的战争场面都会导致生灵涂炭，民不聊生。

此外，《小雅·车攻》中写到了周天子狩猎的战车："我车既攻，我马既同。四牡庞庞，驾言徂东。"四匹骏马拉着已准备好的战车，追随着天子向东奔去。先秦时，车战是重要的作战形式。战车数量的多少，甚至成为衡量国力的指标之一，有所谓"千乘之国""万乘之君"等提法，此风一直延续到汉代，这在世界上是很独特的。西方虽然有战车，但没有在奔跑着的车与车之间互相格斗的车战。其中的原因，首先是由于中国古车结构合理，足够灵活，能胜任车战的要求。先秦时战车为木制，在重要部位装青铜件，均为独辕、两轮、矩形车厢。车辕后端压在车厢之下的车轴上，辕尾稍稍露出厢后。辕前端横置车衡，衡上置轭，用来驾辕马。轮径较大，轮中装辐18至24根。车厢后部开门。车前驾两匹或四匹马，后者往往被称为"驷乘"，商时尚不多见，周朝建立之后成为主流。商代车厢平面皆为矩形（即横长方形），进深较浅，即前文《小戎》中所谓的"俴收"。

车上的战士少则二人，多则三人。乘二人时，御者居左，甲士在右；如车上为三人，则御者居中，左面有持弓矢的车左，右面有持盾和长兵器的车右。东汉经学大师郑玄注释《诗经·閟宫》言："兵车之法：左人持弓，右人持矛，中人御。"而在乘二人的场合，弓矢和长兵则均由车右使用。不过尽管是乘三人的车，其中若有指挥作战的将领在，则如郑玄所说：

"左，左人，谓御者。右，车右也。中军，为将也。……兵车之法，将居鼓下，故御者在左。"（《诗经·郑风·清人》郑玄笺）但无论如何，车上居右者总是手执武器的主力（战斗员），如《左传·成公八年》杜预注所说："勇力皆车右也。"他们装备的武器，不外射远、格斗和卫体三类。

《诗经·小雅·出车》："我出我车，于彼郊矣。设此旐矣，建彼旄矣。""王命南仲，往城于方。出车彭彭，**旂旐央央**。"战车上除建五兵以外，还要建旌旗，这在当时也是很受重视的。全诗如下：

我出我车，于彼牧矣。自天子所，谓我来矣。召彼仆夫，谓之载矣。王事多难，维其棘矣。

我出我车，于彼郊矣。设此旐矣，建彼旄矣。彼旟旐斯，胡不旆旆？忧心悄悄，仆夫况瘁。

王命南仲，往城于方。出车彭彭，旂旐央央。天子命我，城彼朔方。赫赫南仲，玁狁于襄。

昔我往矣，黍稷方华。今我来思，雨雪载途。王事多难，不遑启居。岂不怀归？畏此简书。

喓喓草虫，趯趯阜螽。未见君子，忧心忡忡。既见君子，我心则降。赫赫南仲，薄伐西戎。

春日迟迟，卉木萋萋。仓庚喈喈，采蘩祁祁。执讯获丑，薄言还归。赫赫南仲，玁狁于夷。

这首诗重在描写国家多难，将士们驾车远征玁狁，获胜而还，后来多用于慰劳凯旋将士。

以轭靷法系驾的中国古战车，车轮大，车厢小，车体较轻，由四匹马曳引，可以达到相当高的速度。一辆驷马车所占的面积约为9平方米，这样一个奔驰前进的庞然大物，以它所挟带的动能，可使车上战时用的弓矢戈矛发挥更大的威力，形成如《诗经·小雅·采芑》所描写的戎车"**啴啴焞焞，如霆如雷**"之势：

薄言采芑，于彼新田，呈此菑亩。方叔涖止，其车三千。师干之试，方叔率止。乘其四骐，四骐翼翼。路车有奭，簟茀鱼服，钩膺鞗革。

薄言采芑，于彼新田，于此中乡。方叔涖止，其车三千。旂旐央央，方叔率止。约軝错衡，八鸾玱玱。服其命服，朱芾斯皇，有玱葱珩。

鴥彼飞隼，其飞戾天，亦集爰止。方叔涖止，其车三千。师干之试，方叔率止。钲人伐鼓，陈师鞠旅。显允方叔，伐鼓渊渊，振旅阗阗。

蠢尔蛮荆，大邦为仇。方叔元老，克壮其犹。方叔率止，执讯获丑。戎车啴啴，啴啴焞焞，如霆如雷。显允方叔，征伐玁狁，蛮荆来威。

当有了强大的战车之后，御车者还须有效地加以操控。做到让所御四马如臂指使，这也是非常重要的。御者的意图主要通过辔传达给马，无论骖马、服马，都受辔的调遣。驷马车上的辔如何安排，过去是一个不曾完全解决的问题。按说四马共八辔，而经传皆言"六辔"，如《小戎》就说："四牡孔阜，六辔在手。"这里有《逸礼·王度记》为证，曰："天子驾六，诸侯驾五，卿驾四，大夫三，士二，庶人一。"这时会产生两个问题：一、六辔如何安排，才能向四匹马同时发出一致的信号？二、余下是哪二辔，对之如何指挥？

对此，《诗经·鄘风·干旄》孔颖达疏是这样解释的："御车之法，骖马内辔纳于觼，惟执其外辔耳。骖马，马执一辔，服马则二辔俱执之。"二骖马各一辔，是为二辔；二服马各二辔，是为四辔；合计之，正是六辔。将各马左、右侧之辔分别集中在御者的左、右手中，通过操辔使曳车的马一致行动。不仅驾四马的车用六辔，天子乘的驾六马之车也是用六辔。

《列子·汤问篇》："六辔不乱，而二十四蹄所投无差。"只不过在驾六马的车上，夹在两服、两骓当中的两匹骖马之辔均与其相邻的马之衔环连接，它们随其他四匹马同步进退，御者无须直接加以控制。战车转弯时，两匹骖马起着重要的作用，所以当时骖马可能比服马更受重视。洛阳中州路战国车马坑中之车，仅二骖套有银项圈。秦始皇陵兵马俑坑2号铜车之两骖亦在颈部套金银项圈，而服马却没有。马饰的佩戴与其受重视的程度有关。

再如《诗经·郑风·大叔于田》描写大叔驾车时，记录："执辔如组，两骖如舞。"说明相比两服，两骖对驾车更加重要。而在两骖之中，左骖似乎更被看重。因为它位于左外侧，而御者的策持于右手，驭马不甚方便，故更宜选用"不待策錣而行"的良马，它必须对御者的各种意图迅速做出反应。特别当左旋时，左骖要能将车控制住，以它为中心将弯子转过来。完成这个动作，光会跑是不够的。所以左骖往往是拉车的马中最好的马。

我们可以从古代文献《左传》中发现端倪，西周和春秋时期的乘法也与此相同。此外，还有四人共乘之法，称为"驷乘"，但这是临时搭载性质，并非硬性规定。可以根据不同的作战需要，搭配不同的兵器。除了三名甲士随身佩带的刀剑外，车上还备有若干有柄的格斗兵器。据《周礼·考工记·庐人》记载，这些兵器是戈、殳、戟、酋矛、夷矛，合称"车之五兵"，这些兵器插放在战车舆侧，供兵卒使用。车战中发挥作战威力还得靠战车和多种战斗人员的互相配合。当战斗开始以后，双方的战车一进入弓箭的射程，两名战将及车后的徒兵就开始对射，目标自然首指战马，次及御者和战士。战马是战车的动力来源，因此削弱敌方战斗力的有效方法就是打击战马。杜甫有诗云："射人先射马，擒贼先擒王。"对射如果不能有效抵挡敌人的进攻，就要放下弓箭，拿起戈、戟，在两车交错驶过的瞬间，同时挥戈奋击，左右两侧分别与对面的敌手进行交锋，如果一次交锋未决胜负，双方即回车重新开始。

屈原在《楚辞·国殇》中曾有极为生动形象的描写：

操吴戈兮被犀甲，车错毂兮短兵接。旌蔽日兮敌若云，矢交坠兮士争先。凌余阵兮躐余行，左骖殪兮右刃伤。霾两轮兮絷四马，援玉枹兮击鸣鼓。天时坠兮威灵怒，严杀尽兮弃原野。出不入兮往不反，平原忽兮路超远。带长剑兮挟秦弓，首身离兮心不惩。……

不过十句，即将一场殊死恶战描写得栩栩如生，让人身临其境。后面，则以饱含情感的笔触，讴歌死难将士。有感于他们自披上战甲那日起，便只有战死沙场的决心、保家卫国的耐心、马革裹尸的牺牲精神。

对于车战的惨烈与武勇，《左传·成公二年》记载的齐晋鞌之战更是生动细致。其文如下：

癸酉，师陈于鞌。邴夏御齐侯，逢丑父为右。晋解张御郤克，郑丘缓为右。齐侯曰："余姑翦灭此而朝食。"不介马而驰之。郤克伤于矢，流血及屦，未绝鼓音，曰："余病矣！"张侯曰："自始合，而矢贯余手及肘，余折以御，左轮朱殷，岂敢言病。吾子忍之！"缓曰："自始合，苟有险，余必下推车，子岂识之？然子病矣！"张侯曰："师之耳目，在吾旗鼓，进退从之。此车一人殿之，可以集事，若之何其以病败君之大事也？擐甲执兵，固即死也。病未及死，吾子勉之！"左并辔，右援枹而鼓，马逸不能止，师从之。齐师败绩。逐之，三周华不注。

这一战发生在公元前589年。鞌为齐地，在今天的山东济南附近。两军对阵，齐国国君亲自临阵，邴夏为其驾车，逢丑父为戎右。晋国郤克为主帅，解张驾车，郑丘缓作戎右。齐侯大意轻敌，而晋国众人却勠力同心，终于取得了最终的胜利。

战车虽然是作战的利器，但也有其明显的弱点，就是受地理条件的局限，不适宜在山地和丛林作战。昭公元年（前541年），晋国与狄人作战，魏舒为帅，因地形险隘窄仄，"乃毁车以为行（舍弃战车，采用步兵阵法作战）"，取得了胜利。数十年后，赵国的武灵王与牧猎民族娄烦、林胡作战，笨重的战车难于对付灵活迅捷的骑兵，他克服各种阻力，诏令百官和将士脱去褒衣大袖的传统服装，改穿适于骑射的牧猎民族服装，并且学习骑马射箭，发展骑兵。这一变革动摇了战车主宰战场的地位。春秋战国时期生产力的发展、科学技术的进步，特别是铁制兵器的使用促进了这一变化。从战国中期以后，车战开始走向下坡路。但这都是后话了，就《诗经》创作的时间，即西周初年至春秋中叶近500年间，战车始终是最强大的战争武器。

在姜太公被封齐地之前，这里曾繁衍生息着一个强大的部族，叫东夷，传说东夷人最早发明了弓箭，他们长期从事渔猎，弓箭最初的出现大概只是用于狩猎。再者因为齐地物产丰富，经常有外来部族侵略，东夷人在频繁的反侵略战争中加以总结，有了不少军事经验，弓箭大概就逐渐运用于战争。东夷人尚武，能征善战，勇敢而智慧。《说文通训定声》中记载："夷，东方之人也。东方夷人好战好猎，故字从大持弓会意，大人也。"至于《山海经·海内经》记载："少皞生盘，盘是始为弓矢。"《世本》记载："挥作弓，牟夷作矢。"这些具体的弓箭发明者盘、挥都是东夷部落首领少皞的儿子，所以他们都是东夷人。

大家对电影《英雄》肯定不陌生，最令人震撼的还是秦军高喊"大风大风"后，万箭齐发的恢宏场面。自秦开始，由于弩的射程、精度、威力远超弓箭，所以弓、弩成为中国古代军队最重要的远程打击武器。而秦国之所以能够横扫宇内，武器装备的精良功不可没。尤其是近年来在秦始皇兵马俑坑发现的弓弩配件，无一不让现在的人们惊叹当时的工艺精湛。

弓由有弹性的弓臂和有韧性的弓弦构成；箭包括箭头、箭杆和箭羽。箭头为铜或铁质（现代的箭头多为合金），杆为竹或木质（现代多为纯碳或铝合金），羽为雕、鹰或鹅的羽毛。弓箭一直都是军队与猎人使用的重要武器之一。远在3万年以前的旧石器时代晚期，在中国境内的人类就开始使用弓箭。与现代弓箭相比，原始弓箭极其简陋，将一根树棍或竹竿截成一定长度的箭杆，在一端削尖就是箭。至于弓，则是将柔韧性强的木条弯曲，在两端系上绳而成弓弧。而矢的真正起源应是原始社会石器时代，人们在不断摸索中更换不同的材料，把石片、骨或贝壳磨制成尖利的形状，安装在矢杆一端，这就制成了有石镞、骨镞或贝镞的矢了。由于远古的箭杆难以保存至今，所以出土实物中往往仅留下箭镞。

礼、乐、射、御、书、数，"御"指战车，"射"指的就是弓箭，战车上自然要有弓箭手。《秦风·小戎》中有"蒙伐有苑，虎韔镂膺。交韔二弓，竹闭绲縢"，《小雅·采薇》中有"象弭鱼服"，《大雅·公刘》中有"思辑用光，弓矢斯张"，还有《小雅·车攻》中的"决拾既佽，弓矢既调。射夫既同，助我举柴"，其中都写到了弓箭。象牙制成的扳指、兽皮制成的护臂都已戴正，满弓搭箭，等待冲锋。弓箭伴随着战车出现，精美的装饰成为战场上有力的武器。在《诗经》中，弓箭除了作为兵器，还彰显着一种礼仪制度。《小雅·彤弓》"彤弓弨兮，受言藏之。我有嘉宾，中心贶之。钟鼓既设，一朝飨之。彤弓弨兮，受言载之。我有嘉宾，中心喜之。钟鼓既设，一朝右之。彤弓弨兮，受言櫜之。我有嘉宾，中心好之。钟鼓既设，一朝酬之"，以周天子的口吻叙述了有功诸侯接受赏赐的隆重仪式。今日设宴来的嘉宾都让"我"满心欢喜，涂着红漆的精美弓箭赏赐给"我"的有功之臣，编钟大鼓都架起来，"我"要和臣子们开怀畅饮。天子以兵授人，既有嗜血疯狂又有雍容华贵，朱红色弯弓彰显着当时的礼乐制度。在《大雅·行苇》中，传统的弓箭还成为一种游戏："敦弓既坚，四鍭既均，舍矢既均，序宾以贤"，"敦弓既句，既挟四鍭。四鍭如树，序宾以不侮"。拉弓射箭，宴请四座娱乐，礼遇贤士，不侮失利之客。这个时候的弓箭没有血腥，没有输与赢。征战沙场的兵器摇身一变，成为礼乐教化的器具，战争甚为残酷，杀戮无情，以德服人、以理服人的教化才尤为重要，战争的打压只是一时，教化的顺从才更为长久。

"龙盾之合，鋈以觼軜。""俴驷孔群，厹矛鋈錞。"（《秦风·小戎》）矛和盾同时出现，总是会让人想起那个可爱的楚国人，想起那个自相矛盾的故事，纵使他和它的出现要比《诗经》晚些。"我的盾十分坚固，没有任何东西能够攻陷它。我的矛非常锋利，没有什么东西是它攻不破的。""那用你的矛攻你的盾会怎么样呢？"卖家顿时语塞，脸上发窘。矛是古代用来刺杀敌人的进攻性武器，是战争中的常用兵器，长柄，有刃，用以刺敌。其使用始于周代或周代以前，来历亦甚悠久，惟当时战术未精，各种兵刃使用之法亦极简单，非若后之武术，以繁取胜，以多矜奇也。矛的使用方法，大多是用双手握柄，以直刺或戳为主。矛的历史久远，其最原始的形态是用来狩猎的前端修尖的木棒。后来人们逐渐懂得用石头、兽骨制成矛头，缚在长木柄前端，以增强杀伤效能。在新石器时代遗址中，常发现用石头或动物骨角制造的矛头。奴隶社会的军队，已经使用青铜铸造的矛头。商朝时，铜矛已是重要的格斗兵器。从商朝到战国时期，一直沿用青铜铸造的矛头，只是在形制上，由商朝的阔叶铜矛发展成为战国时的窄叶铜矛。矛柄的制作也更为精细，即以木为芯，外圈以两层小竹片裹紧，涂漆，使柄坚韧而富有弹性。从战国晚期开始，较多使用钢铁矛头。直到汉代，钢铁制造的矛头才逐渐取代青铜矛头。随着钢铁冶锻技术的提高，矛头的形体加大并更加锐利。春秋时期的矛，按其用途分为酋矛和夷矛两种。《周礼·考工记》对其规格有记述：步兵用的酋矛为4.5米，战车士兵用的夷矛为5.4米。但是，当柄长超过使用者身长的三倍，用起来就不灵活了。所以，仍以2至3米长的为宜。《考工记》上说，酋矛柄长二丈，是步卒使用的兵器；夷矛柄长二丈四尺（均周尺），是战车上使用的武器。当时的矛头多为青铜质，但形制开始从凸脊扁体双叶形趋向三叶窄长棱锥形，前锋更加锐利，穿透力增强。

　　盾是一种防御兵器，上古时也称"干"，是戴在手臂上或握在手中的一块宽的护甲（用金属、木头或皮革做成），过去一般在战场上或单人格斗中用以护身（如防矛、箭或剑刺）。《诗经·周南·兔罝》中有"赳赳武夫，公侯干城"，气概雄赳赳的武士如盾牌一样保护着公侯。而矛是一种进攻兵器，敌方以矛攻之，我军以盾防之；敌军以盾守之，我方以矛攻之。矛盾相连，干戈通行。《大雅·公刘》中："干戈戚扬，爰方启行。"带好武器，迈步前行。戈作为当时战争准备时第一位兵器很早就存在了，《史记》载："伏羲造戈，以铜铸之。"《秦风·无衣》："岂曰无衣？与子同袍。王于兴师，修我戈矛，与子同仇。岂曰无衣？与子同泽。王于兴师，修我矛戟，与子偕作。岂曰无衣？与子同裳。王于兴师，修我甲兵，与子偕行。"天子发兵的命令下达，士兵们修整自己的戈、矛、兵戟和甲胄，并肩奔赴战场杀敌。至于戟，最早出现于商朝，是矛和盾的合体，杀伤力自然要比它们单独一个高出好多。它的出现和发展推动了战国时代的到来。历史上有名的方天画戟比《诗经》晚了800多年——一个周朝的时间。《秦风》涉及战争的诗篇大都没有那么幽怨，就像《无衣》，秦国士兵们慷慨激昂，同仇敌忾，顾全大局，军民团结互助，共御外辱的高昂士气和乐观精神为人津津乐道，诗歌特有的矫健而爽朗的风格削弱了战争的残酷无情。《周礼》记载弓矢、矛、戈、戟、殳并列为"五兵"，是当时车战的重要辅助工具。今天，我们可以从一些出土文物中约略看出当时战车兵器发展的概貌。如1975年3月和6月发现的北京昌平白浮西周墓，1986年开始发掘的河南三门峡虢国墓地车马坑，出土的战车都是真实作战中使用的。而虢国之后的东周时期，随着战车的大量使用，战车的效能、威力逐步增强，车上逐渐增加了矛、戟、钺等格斗兵器，改变了商代战车格斗兵器只有戈的单一状态，以戟、矛为主的长柄兵器与短柄戈类兵器的组合日渐形成，提高了战车的攻击性能，也促使车战必须遵循一定的法则和规律来行进。"伯也执殳，为王前驱。"（《卫风·伯兮》）伯手执殳站在兵车上，为了君王奔赴沙场。这里提到的殳主要为车战兵器，在长3米左右的八棱形积竹杖的两端，套铜帽和铜镦即为殳，起打击作用。还有一种装三棱矛状殳头，可用以刺杀，柄上套有带刺的铜箍，杀伤力较强。"维玉及瑶，**鞞琫容刀**。"（《大雅·公刘》）佩刀的刀鞘上镶嵌着美玉，以配温和恭俭让的君子。寥寥数语就将几种兵器娓娓道来，方块汉字间透印出那个时代的金戈铁马。

最早的铜斧、铜钺出现在商朝。斧也是与戈、矛同时代的兵器之一，由一根木质把手接着一块梯形刀片所构成。作为一种原始的工具，斧采用的是杠杆原理和一个抽象的冲量等于动量的改变量原理来运作的。斧分为两个部分：斧头和斧柄。到了距今1万至4000年的时候，先民制作斧头的材料多为砾石、玉；到了商朝出现了以青铜制作的斧头。斧柄一般为木质（也有金属的），刀口形状一般为弧形（有时也为直线形）或扁形。

《说文解字》是中国第一部系统地分析汉字字形和考究字源的字书，也是世界上最早的字典之一。书中记载："大者称钺，小者称斧。"在商代和西周时期，斧钺是专杀之威的重器，也是军队指挥权和国家统治权的象征。天子遣将出征，往往授大将以斧钺。中国古代一部著名的道家兵书《六韬·立将》曰："将既受命……君亲操钺，持首，授将其柄，曰：'从此上至天者，将军制之。'复操斧，持柄，授将其刃，曰：'从此下至渊者，将军制之。'"当将军接过斧钺时，就有了便宜之权，有一定的专杀之权，所以斧钺这种兵器成为权力的象征。斧钺的专杀之威并不是仅有象征意义，而具有实在的功能，又是行刑的法器。早在黄帝时期，就已经是刑法之具，《刑书·释名》中记载："黄帝五刑，四曰斧钺。"至于程咬金的板斧三十六式那就是后话了。《诗经·豳风》中的《破斧》应该是《诗经》中唯一一篇提到"斧"这种兵器的篇章了。"既破我斧，又缺我斨。周公东征，四国是皇。哀我人斯，亦孔之将。既破我斧，又缺我锜。周公东征，四国是遒。哀我人斯，亦孔之嘉。既破我斧，又缺我銶。周公东征，四国是遒。哀我人斯，亦孔之休。"斧都在战争中被损坏，周公率军东征，四国的叛乱被匡正，局势已安定，臣民们对此都感激不尽，在战争中生还的将士也是死里逃生，庆幸不已。这里的"斧"并没有因为自己征战沙场保家卫国而自豪，反而透露着一丝的无奈与辛酸。

周朝开国分封，授民授疆土时，武王姬发仁慈，没有对商朝的残余赶尽杀绝，反而给纣王的儿子武庚也分了块地，命令管叔、蔡叔、霍叔监视。武王逝世，成王年幼，武庚、管、蔡等发动叛乱，周公东征，历时3年班师回朝。战争，受苦的永远都是平民百姓，迫不得已充军打仗，战场上尸横遍野，血流成河，能够挨到战争结束存活下来能不庆幸吗？战争的意义是什么？为了给人民安定？可是战争本身却给人民造成了莫大的伤害。那些统治者们往往为了贪图自己的利益而将痛苦强加在无辜的百姓身上。

和大部分人认为的一样，中国是冷兵器的大国，中国的冷兵器从上古开始就经历了漫长而悠久的发展。恩格斯曾自问自答地说过："根据我们已发现的先史时期的人的遗物来判断，根据最早历史时期的人种与现在最不开化的野蛮人的生活方式来判断，最古的工具究竟是些什么东西呢？是打猎和捕鱼的工具，而同时又是武器。"这一说法在笔者看来倒是很符合中国冷兵器的发展，弓箭最早的雏形是用来捕鱼，斧钺最早的雏形是用来砍削一些东西，是为日常生活的工具；随着生产技术的发展以及战争规模的扩大，它们逐渐成为战争中的兵器，金属制造的身体冰冰冷冷。当然，这一历程的演变与发展由古文献以各种各样的文体形式记录了下来，《诗经》也用诗歌的形式记录了"周武王，始诛纣，八百载，最长久"的兵车刀剑。靡不有初，鲜克有终。历经 3000 年，我们再看到《诗经》也达不到古人当时心境。偶然翻阅，看到那些带有冷兵器的字眼，我们该感受的除却兵器在战场上的威风勇武，更多的是反思历史，希望减少战争，少一些颠沛流离，少一些痛苦无依。

第二节　魏晋南北朝诗歌中的兵器

魏晋南北朝时期战乱频仍，描写战争的诗文数量较多，自然而然地，兵器出现的频率也就高了起来。

诗歌中出现了大量兵器，曹操写的《蒿里行》中就提到了铠甲：

关东有义士，兴兵讨群凶。初期会盟津，乃心在咸阳。军合力不齐，踌躇而雁行。势利使人争，嗣还自相戕。淮南弟称号，刻玺于北方。铠甲生虮虱，万姓以死亡。白骨露于野，千里无鸡鸣。生民百遗一，念之断人肠。

曹操借乐府旧题写时事，名句"铠甲生虮虱，万姓以死亡"记录并叙述了东汉末年军阀混战的现实，真实并深刻地揭示了百姓生活的艰辛，被称为"汉末实录"的"诗史"。诗人大多使用民歌的形式，批判当时的社会现实，表达对陷入战乱的苦难人民的极大同情，同时揭露并鞭挞了那些让百姓陷入疾苦的首恶元凶。整首诗歌风格非常质朴，沉郁而悲壮，体现出了曹操作为一个军事家、政治家豪迈的气魄和内外忧患的意识，诗中集典故、事例、描述于一体，不仅生动形象，而且内蕴非常深厚，体现出曹操的文风是非常独特的。而这首诗里最重要的意象之一——铠甲，就属于中国古代的防御型兵器。

曹丕犹如乃父，也有一些涉及兵器的诗歌，描绘了当时行军打仗的经历，同时也拥有了平定天下、救百姓于水火之中的伟大抱负。

如《黎阳作三首》（其三）中就出现了"干戚"：

千骑随风靡，万骑正龙骧。金鼓震上下，干戚纷纵横。白旄若素霓，丹旗发朱光。追思太王德,胥宇识足臧。经历万岁林,行行到黎阳。

公元200年,曹操在官渡一战中大败袁绍。袁绍卒后,其位被少子袁尚继承;但长子袁谭自称车骑将军,屯兵于黎阳。由此,袁谭、袁尚兄弟有隙。公元203年,正值三月之春,曹操举兵至黎阳,大破袁谭和袁尚的军队。此次曹丕也跟随出征,从邺下附近到黎阳,并在由邺城进军黎阳途中作成此诗。靖乱安民的宏伟抱负在第一首重点抒写出来;征途的艰辛在第二首也有具体描写;将士出征的雄壮军威则在第三首中细致地描写出来。三首之间潜气内转,纵横成文。组诗的主旋律以"救民涂炭""能不靖乱"的伟大抱负构成,征战之苦描写愈充分,诗人高昂的斗志、壮阔的胸襟被反衬得愈强烈。诗人昂扬自信的精神风貌则在雄壮的军威中体现,有机交融于诗人靖乱安民的伟大理想中。

汉末三国文人兵器诗作一个显著的特征应该说是自信、向上的精神内质。自信、向上的奋进精神也在曹丕的兵器诗中体现出来,如《至广陵于马上作》:

观兵临江水,水流何汤汤!戈矛成山林,玄甲耀日光。猛将怀暴怒,胆气正纵横。谁云江水广,一苇可以航。不战屈敌虏,戢兵称贤良。古公宅岐邑,实始翦殷商。孟献营虎牢,郑人惧稽颡。充国务耕殖,先零自破亡。兴农淮泗间,筑室都徐方。量宜运权略,六军咸悦康。岂如东山诗,悠悠多忧伤。

曹丕即位之后,在巩固内政的同时,加紧伐吴征蜀,虽然孙权曾经派遣使者表示称臣,但割据江东的事实使其成为真正的霸主。公元225年八月,曹丕亲自讨伐吴国,十月便到达广陵,临江观兵,此诗便由此而做。后来,因为天气异常寒冷,水路结冰,舟船再也无法入江,只好退兵而归,以待时变。潘啸龙先生曾经分析这首诗说:"自'不战屈敌虏,戢兵称贤良'以下,诗情出现了顿跌。曹丕毕竟是一位政治家,炫耀军威只是一种姿态,内心其实并不急于与孙权作战。"这仅是从诗歌的表面上得到的理解。仔细分析当时的状况,可以看出曹丕在这个时候撤兵也是迫不得已的选择。第一是因为极寒的天气,舟船无法行进;第二则是孙权拥有长江天堑,这是江东难以攻破的屏障。理论上讲,曹丕是迫切想要出兵平定东吴的。

与曹操相比,曹丕兵器诗的纪实性愈加减弱,抒情性愈加增多,这既与他的身世经历有关系,也与个人的独特个性气质有关。因此在诗歌史上,人们大多认为魏武帝曹操上承汉响,魏文帝曹丕下开魏音。曹叡描写兵器的诗也大多沿袭着曹丕的诗风来发展,我们能发现,曹叡描写打仗的场景虽是恢宏雄壮,但是纪实的手法还是较少,夸饰的色彩浓郁,所以其诗歌更具有浓郁的文人气息,这从他的《苦寒行》《棹歌行》就可以清楚地看出。

曹植早年创作的涉及兵器的诗歌以壮阔飞扬为基本风格。他小时候一直在军旅之中成长,跟随曹操东征西讨,拥有的经历和特殊的身份使其怀抱着建功立业的梦想。他在《与杨德祖书》中说道:"吾虽薄德,位为藩侯,犹庶几戮力上国,流惠下民,建永世之业,流金石之功,岂徒以翰墨为勋绩,辞赋为君子哉?"

曹植的代表诗歌《白马篇》,也是为了表达这种功名理想。诗曰:

白马饰金羁,连翩西北驰。借问谁家子,幽并游侠儿。少小去乡邑,扬声沙漠垂。宿昔秉良弓,楛矢何参差。控弦破左的,右发摧月支。仰手接飞猱,俯身散马蹄。狡捷过猴猿,勇剽若豹螭。边城多警急,虏骑数迁移。羽檄从北来,厉马登高堤。长驱蹈匈奴,左顾凌鲜卑。弃身锋刃端,性命安可怀?父母且不顾,何言子与妻!名编壮士籍,不得中顾私。捐躯赴国难,视死忽如归!

这首诗是曹植早期具有代表性的作品,但这个时候的曹植恃才自傲,任纵飞扬,和曹丕一样跟随曹操东征西讨。曹植在政治上希望"戮力上国,流惠下民,建永世之业,流金石之功",这首诗就是在这样的心态下创作出来的。一开始分别表现出游侠的身份、名望、穿戴的饰品、勇武的动作,概括描述了驰骋西北边疆的雄姿英发的游侠形象;然后再从精湛的马术、高超的箭道、非凡的武功这三个方面,形象生动地描绘了游侠精湛的武艺;之后又描写了游侠在打仗危急之时,驰骋疆场,以杀敌报国的方式表现出自己的勇武；最后则描写了游侠置身于世外，公而忘私，在国难时奋不顾身、视死如归的壮烈情怀。曹植借描绘北方少年勇士的形象，表达出自己忠心报国、视死如归、渴望建功立业的情感。

这首诗描写游侠神采飞扬、慷慨激昂的情怀，视死如归的一身正气，不正是曹植早期自我形象的写照么。《乐府诗集》解题曰："《白马篇》，曹植"白马饰金羁"、鲍照"白马骍角弓"、沈约"白马紫金鞍"，皆言边塞征战之事。也可以看出曹植《白马篇》对后世的影响之深远。

与"三曹"同时，被称为"七子之冠冕"的王粲在其代表作《从军诗》其四中，生动刻画了古代水战中的战船：

朝发邺都桥，暮济白马津。逍遥河堤上，左右望我军。连舫逾万艘，带甲千万人。率彼东南路，将定一举勋。筹策运帷幄，一由我圣君。恨我无时谋，譬诸具官臣。鞠躬中坚内，微画无所陈。许历为完士，一言犹败秦。我有素餐责，诚愧伐檀人。虽无铅刀用，庶几奋薄身。

这首诗主要描绘行军的时候，军威何等雄壮，对圣君运筹帷幄、一战可定江山无比自信；不过也写出了王粲对谋略了解甚少的惭愧。以"连舫逾万艘，带甲千万人"描写雄壮的军威；以"率彼东南路，将定一举勋"表达出一定能胜利的决心；以"我有素餐责，诚愧伐檀人"抒发自己无法出谋划策的愧疚；等等。诗人依旧赞美了帝王，并表达出对君王圣明充满了无限的期待，对自己铅刀一割之用、奋勇杀敌以建功立业的期待。这五首诗大多描写的是"美其事"，赞美曹操的神武英明、军力庞大，表明愿效出自己的力量，甚至有了谀颂的倾向。如果想想王粲一生，其实也不难理解他为何要这样做。其中一方面是诗人的处境让他这么做，在攻打张鲁、讨伐吴国之前，王粲作为侍中——权臣幕僚的特定地位与职责，决定了他在写作中具有明显的约束力和导向性，所以为了鼓舞士气、振奋军心，必须创作出这么一部作品，这是一个明显的事实。而且，结合王粲此前颠沛流离的经历而看，曹操给予了他较高的社会地位，并且可以看出，王粲在追随曹操的这一阶段中，曹操还是以平定天下动乱、促成统一的汉臣形象出现的，并且统一了北方，王粲也是唱了不少赞歌，算是体现了他的忠诚吧。总而言之，王粲《七哀诗》、《从军诗》与后代《七哀诗》、《从军诗》相比较，纪实色彩是非常突出的。

建安风力消歇之后，下一个文学阶段就到了正始诗歌。阮籍正是一位不愿意与司马家族同流合污的人，"时率意独驾，不由径路，车迹所穷，辄恸哭而反"，可以看出，诗人在当时社会情境下生活得非常痛苦。阮籍偏向于儒家思想，很早便积极入世，有着建功立业的伟大志向，其《咏怀》十五所说"昔年十四五，志尚好诗书"，是他早期非常鲜明的人生写照；其二十一所说"一飞冲青天，旷世不再鸣"，是他早期的人生理想。虽然后期的他总是纵酒佯狂，但他依旧关注着现实。《晋书·阮籍传》曰："籍本有济世志，属魏、晋之际，天下多故，名士少有全者，籍由是不与世事，遂酣饮为常。"其代表作五言《咏怀》诗，也间有描绘兵器意象的诗篇。而这些描绘兵器意象的诗歌，实际是诗人理想的寄托以及理想失落之后的悲歌。

他描绘的兵器诗，有的是虚拟的英雄壮士，其中也寄寓着自己的人生理想，如《咏怀》第三十九云：

壮士何慷慨，志欲威八荒。驱车远行役，受命念自忘。良弓挟乌号，明甲有精光。临难不顾生，身死魂飞扬。岂为全躯士，效命争战场。忠为百世荣，义使令名彰。垂声谢后世，气节故有常。

这首诗赞颂了一位愿为国捐躯、战死沙场的英勇壮士。虽然这是一个虚幻的勇猛壮士，但是在他身上，我们发现除了他的受命忘身、临难赴死、效命疆场等精神品质，其中也寄托着诗人自己的人生价值观和对人生理想的追求，"忠为百世荣，义使令名彰。垂声谢后世，气节故有常"，通过"良弓挟乌号，明甲有精光"之句对其所具有的忠义、气节的赞扬，兵器中的暗喻也包含着对缺乏忠义、气节的世风的批判。

除此之外，阮籍的兵器诗也体现出对驰骋疆场、建功立业的向往，衬托出自己壮志未酬的一生，如第六十一首云：

少年学击刺，妙伎过曲城。英风截云霓，超世发奇声。挥剑临沙漠，饮马九野坰。旗帜何翩翩，但闻金鼓鸣。军旅令人悲，烈烈有哀情。念我平常时,悔恨从此生。

这首诗中所描写的这位壮士,从小学习击剑,剑技超人。这里的兵器是"刺"与"剑",是充满了豪侠精神的武器,渲染得这位壮士雄武的气概可以截断云霓,美好的声誉传名远扬。长大以后,他驰骋沙场,经历了在沙漠上挥舞大剑、饮马边陲的英雄人生。诗人在对英雄壮士的赞扬中,反跌出"念我平常时,悔恨从此生"的壮志未酬的不平之气。

假如,在阮籍的心中还能拥有一丝人生的希望,还与现实保持着藕断丝连的复杂关系,阮籍的诗也就会有一些曹植在后期发表的诗的风气。不过嵇康对于现实的评价几乎处于绝望的边缘,他排斥这污浊的世界,追求着他自己的理想自由的人生境界。

嵇康笔下涉及兵器的诗歌数量很少,仅有的能被列入其中的唯有《赠秀才入军》。这一组诗歌不仅写了他兄弟参军之后的风采,而且涉及他的军旅生活,自然也就与兵器的意象有了一定的联系。

其第九首曰:

良马既闲,丽服有晖。左揽繁弱,右接忘归。风驰电逝,蹑景追飞。凌厉中原,顾盼生姿。

嵇康对他兄弟嵇喜参军非常支持,并且有着美好的印象:军服如此的华丽,马术如此的娴熟,手持良弓名箭,风驰电掣,飞若日影,凌厉原野,顾盼生姿。诗人想象的和其他人不一样,在他那里,军旅生活是非常浪漫并且充满着诗意,根本没有所谓的刀光剑影,从而没有写到如何打仗,写出的兵器也仅仅是想象的罢了。他的诗歌想象清新洒脱,完全没有烽火气息。这种浪漫的人生想象,很明显地表现出了诗人对战争的否定态度。

而第十四首曰:

息徒兰圃,秣马华山。流磻平皋,垂纶长川。目送归鸿,手挥五弦。俯仰自得,游心太玄。嘉彼钓叟,得鱼忘筌。郢人逝矣,谁与尽言。

这应该可以说是对嵇喜的期待和许可,希望他能够游心太玄,不要随波逐流,这估计也就是诗人的理想吧。

张协是西晋最有文采的诗人之一，与其兄张载、其弟张亢均是西晋有名的文人，时称"三张"。早年，社会一度安宁而祥和，其所写的《七命》充满对"王猷四塞，函夏谧静"的盛世的向往和追求，"请从后尘"体现出他的建功立业之心。八王之乱后，张协弃绝人事，屏居草泽。

《杂诗十首》就是其抒写乱离之悲的代表作品，其中第七首描写出了关于兵器的意象：

此乡非吾地，此郭非吾城。羁旅无定心，翩翩如悬旌。出睹军马阵，入闻鞞鼓声。常惧羽檄飞，神武一朝征。长铗鸣鞘中，烽火列边亭。舍我衡门衣，更被缦胡缨。畴昔怀微志，帷幕窃所经。何必操干戈，堂上有奇兵。折冲樽俎间，制胜在两楹。巧迟不足称，拙速乃垂名。

这首诗主要描绘的是乡关之思。离开了熟悉的故乡，就像旌旗一样飘悬，其实内心是非常恐惧战争的，当然了，一旦边关危急，也会放弃归隐而重新回到战场，希望在冲锋的时候，制胜千里之外，建功立业，从而青史留名。其中诗人对疆场之景、军旅装束，以及运筹帷幄、青史留名的理想的描述，使诗境也因此壮阔起来，格调昂扬，风格壮美。一开始便抒发了漂泊异乡的难过之情，但是痛苦很快就被羽檄、长铗等壮美的战争兵器所取代，表现了对建功立业和留名青史的强烈愿望。张协虽然在后来是非常消极的并且想逃避现实，但这首诗镌刻着诗人积极用世、充满理想的美好向往。不过在诗歌整体的基调感情上，还是有一些乱世苦魂的情调。

西晋时，有一位被称为"太康之英"的诗人——陆机，钟嵘赞其"才高词赡，举体华美"。陆机父祖都是东吴的名将，东吴灭亡后，陆机和陆云闭门刻苦学习，在公元289年入洛，并得到时任太常的著名学者张华的赏识，张华说："伐吴之役，利获二俊。"

陆机有部分拟乐府的诗歌，出现了对于兵器这种意象的描绘，如《从军行》：

苦哉远征人，飘飘穷四遐。南陟五领巅，北戍长城阿。深谷邈无底，崇山郁嵯峨。奋臂攀乔木，振迹涉流沙。隆暑固已惨，凉风严且苛。夏条集鲜藻，寒冰结冲波。胡马如云屯，越旗亦星罗。飞锋无绝影，鸣镝自相和。

朝食不免胄，夕息常负戈。苦哉远征人，拊心悲如何！

这首诗中涉及的兵器很多，有"飞锋"，有"鸣镝"，还有"胄""戈"。丰富的兵器意象充实了诗歌的内容，鲜活了笔下的情境，让读者很容易就进入那个金戈铁马的战场，来到辛苦远征的战士身边。

郭茂倩在《乐府诗集》中说："晋陆机《从军行》曰：'苦哉远征人，飘飘穷四遐。'宋颜延之《从军行》曰：'苦哉远征人，毕力干时艰。'盖苦天下征伐也。"《从军行》开篇、结尾反复说的"苦哉远征人"，也是这首诗的中心，讲述了征战的痛苦。中间从从军的环境、战争的残酷等各方面渲染战争的痛苦，进行多种景色和战争兵器的描写，只是不知道其时间和地点罢了。这首诗应该是模仿乐府的作品，主要在于写出心中的悲苦之情。

在魏晋六朝时期，诗歌中大量的出现了宝剑的意象，这非常值得关注。为什么会这样呢？在我国古代时期，人们对剑是非常向往并喜欢的。魏晋六朝任侠之风和喜剑习俗盛行，本诗中也体现出诗人对剑的喜爱之情。人们对剑的喜爱之情加强了魏晋六朝诗人与剑的联系，从情感上更加强烈了。因此很自然地，剑也就成为当时最重要的意象之一了。

下面文字集中分析古代文人最为偏爱的一种兵器——剑。

曹植的杰作《名都篇》中，着重刻画了两种重要的古代兵器：宝剑与弓箭。

名都多妖女，京洛出少年。宝剑值千金，被服丽且鲜。斗鸡东郊道，走马长楸间。驰骋未能半，双兔过我前。揽弓捷鸣镝，长驱上南山。左挽因右发，一纵两禽连。余巧未及展，仰手接飞鸢。观者咸称善，众工归我妍。归来宴平乐，美酒斗十千。脍鲤臇胎鰕，寒鳖炙熊蹯。鸣俦啸匹侣，列坐竟长筵。连翩击鞠壤，巧捷惟万端。白日西南驰，光景不可攀。云散还城邑，清晨复来还。

这首诗主要写的是京洛少年娱乐无度等虚度年华的生活。整首诗大部分的篇幅都在写京洛少年的娱乐和无度，反映了这个时代的纨绔子弟的生活状态。

这首诗比较有争议的是它的写作年代，共有两种说法：有人认为这是曹植早期的作品，是建安年间他看到洛阳贵游子弟娱乐的时候而作，其中还有他自己平时的影子；还有人认为这首诗所写的洛阳少年繁华的生活，不应该出现在建安或黄初年间，因为汉末的洛阳被董卓侵占后破败不堪，即使是贵族子弟也不能有如此奢华的生活，所以这首诗应该是在太和年间曹植入京时所作，也就是他生命的最后几年中。曹植在公元211年所作的《送应氏》中说："洛阳何寂寞，宫室尽烧焚。垣墙皆顿擗，荆棘上参天。"因此可看出这时的洛阳实在破败不堪，故从后一种说法。

至于此诗的核心用意，自然也就有了两种不同的解释：一说以为"刺时人骑射之射妙，游骋之乐，而无爱国之心"（《文选》六臣注引张铣语），也就是讽刺为主，其用意也是为了指责京洛少年的生活奢靡而从不想着如何报效国家；另一种说法则以为"子建自负其才，思树勋业，而为文帝所忌，抑郁不得伸，故感愤赋此"（《古诗赏析》引唐汝谔语），即根据少年的情况来表达出自己的心情。但是如果是后期所作的诗，那么这个时候曹植就已经不是裘马轻狂的少年了，而且他的心里也是非常抑郁的，所以绝不可能是一个这样气度的少年自诩；而且仔细推敲此诗，诗人对这些富家子弟也是略有成见，故在介绍此诗时还是取张铣的说法。当然，还是可以发现曹植小时候的一些影子，也能看出诗人对这种游乐宴饮的熟悉，并且描绘的手法逼真而传神。借用一句前人的评价来说，便是"劝百而讽一"，虽然诗人是为了讽刺这类事情，但给别人的印象似乎是在赞美和颂扬。

开篇四句为："名都多妖女，京洛出少年。宝剑值千金，被服丽且鲜。"诗人以华贵的宝剑反衬出当时的少年游侠的豪华习性和光彩照人的风姿。"驰骋未能半"以下写少年骑马狩猎，一开始就说他一箭便射到两只兔子，之后还说他仰天随手一箭又将迎面飞来的鹞鹰射下，之后还有观看的人的连连称赞，从而精细地描绘出了箭法的惊人，也刻画得头头是道。"归来宴平乐"以下则转入对他举行饮宴的描述。平乐观在洛阳西门外，少年在此大摆宴席，开怀畅饮，不管是多贵的酒价，就是要不醉不归。席上有切细的鲤鱼、虾子肉羹，还有酱渍的甲鱼和烧熊掌，叫上亲朋好友入座，摆开了长长的筵席，可见其穷奢极欲。"连翩"二句复写其宴会后的蹴鞠与击壤之戏，表现出少年能力的高超和他动作的敏捷奇巧、变化万端。娱乐一直持续到太阳落山以后，但一天时间就这么短，大家这才如浮云一般准备回家，最终各自回到了自己的家中。本来诗歌写到这里应该结束了，欢乐已尽，人去楼空，但是诗人忽然笔锋一转，明天他们还会回来继续做客。

还有，鲍照的《代结客少年场行》以"负剑远行游"表达出了游侠来去随心所欲、潇洒放旷的生活意境。剑意象的运用，表现了侠客潇洒的豪情逸兴。

全诗如下：

骢马金络头，锦带佩吴钩。失意杯酒间，白刃起相雠。追兵一旦至，负剑远行游。去乡三十载，复得还旧丘。升高临四关，表里望皇州。九衢平若水，双阙似云浮。扶宫罗将相，夹道列王侯。日中市朝满，车马若川流。击钟陈鼎食，方驾自相求。今我独何为，坎壈怀百忧？

"骢马金络头，锦带佩吴钩"写任侠少年的勃勃英姿。人物的第一次亮相就给人以色彩鲜明、器宇轩昂的感觉。"失意杯酒间，白刃起相仇"写少年尚武、任侠的性格。杯酒之间稍不如意，便拔剑而起，白刃相斗，彼此结为仇敌，表现了主人公年少时的血气之勇和热衷骑射饮宴的侠义豪情。"追兵一旦至，负剑远行游。"一旦官府追来，他们就"负剑远行"，奔走他乡，这正是古代"游侠儿"的典型形象。此句承接上文，引出下文情节。"去乡三十载，复得还旧丘"写任侠少年的逃亡归来。少年时代血气方刚，争勇好胜，杯酒之间的小小口角也会引起一场生死格斗，以致追兵缉捕，亡命而逃。弹指间一去三十年，如今重归故里，一无所成，而人已届暮年，无限感喟自在不言之中。可以想见，这些年来，主人公必然历尽沧桑，再不是当年血气方刚的初生牛犊了。

之后，江晖的《刘生》以"宝剑长三尺"写出了刘生豪爽侠义的性格。在南朝诗歌中，刘生是一个非常著名的侠客形象，其重要的意义在于国难当头的英雄豪情。《乐府解题》曰:"刘生不知何代人,齐梁已来为《刘生》辞者,皆称其任侠豪放,周游五陵三秦之地。或云抱剑专征,为符节官所未详也。"这种"捐躯赴国难"的爱国情怀完全可以从剑这个意象看出来,陈后主《刘生》云:"羞作荆卿笑,捧剑出辽东。""捧剑"意象的营造,可以完全展现出刘生对于建功立业的强烈渴望,也能表现他为了保家卫国不惜一切代价的决心。

在很久以前的中国古代社会中,民众是非常弱势并且非常困苦的,他们在潜意识中渴望的正是由代表正义的侠客来拯救自己。郑振铎先生指出:"一般民众,在受了极端的暴政的压迫之时,满肚子的填塞着不平与愤怒,却又因力量不足,不能反抗,于是在他们幼稚的心理上,乃悬盼着一类超人的侠客出来,来无踪,去无迹的,为他们雪不平,除强暴。"一把利剑的形成,往往可以在文学中通过侠客的劫富济贫体现出来。一把代表正义的宝剑与付诸实践的侠客相伴,成为中国文化心理的一个非常有象征性的代表。曹植的《野田黄雀行》通过对侠义少年"拔剑捎罗网"豪壮行为的描写,表现了作者期盼脱离险境,对安全和自由的渴望之情。"罗家见雀喜,少年见雀悲。拔剑捎罗网,黄雀得飞飞。"在这里,剑作为一个经典的意象,其基本内涵仍是力量,是一种体现于侠客身上的不畏强大、保护弱小的正义力量。

当然了,很多诗歌都希望表达出建功立业的伟大抱负和志向,而剑这个意象很好地帮助了他们。很典型的例子便是吴均的《咏宝剑》:"我有一宝剑,出自昆吾溪。照人如照水,切玉如切泥。锷边霜凛凛,匣上风凄凄。寄语张公子,何当来见携。"诗的前六句写宝剑材质精良,光亮异常,锋利无比,能凝霜起风,象征自己拥有非常好的才干,有真才实学,作者在诗中借宝剑寄托了自己胸怀大志之意。曹植《杂诗·飞观百尺余》曰:"国仇亮不塞,甘心思丧元。抚剑西南望,思欲赴太山。"抒发了作者只要能建功立业就不害怕任何困难的情志。其《鰕䱉篇》着力表现诗人"抚剑而雷音,猛气纵横浮"的豪迈形象,更加突出其对建功立业的渴望,因此也就更具有积极意义了。陶渊明《拟古九首》(其八)写道:"少时壮且厉,抚剑独行游。谁言行游近？张掖至幽州。""抚剑远游"的意象抒发了诗人的豪情壮志。

不过，有些诗歌也使用剑来体现诗人空有一身抱负却无法实现，人生价值无法体现的失意、苦闷、彷徨和愤懑之情。如阮籍《咏怀》中"失势在须臾，带剑上吾丘。悼彼桑林子，涕下自交流"和"多虑令志散，寂寞使心忧。翱翔观陂泽，抚剑登轻舟"，都通过剑的意象来展现这些乱世之中难以施展才能的人的无助和痛苦，正如陈沆《诗比兴笺》（卷二）所云："其诗愤怀禅代，凭吊今古，盖仁人志士之发愤焉。"鲍照最为典型，怀才不遇，最终以剑为意象来表达。在《拟行路难》（其六）中，作者写出了压抑在心中的愤激："对案不能食，拔剑击柱长叹息。"尤其是到了南朝，等级的划分让社会普通人与上品人有着本质上的差距，即使你能力再强，但是出身太差，也不会被委以重任，这就导致很多人抑郁而终。诗人通过对"拔剑击柱"这个典型动作的描写，充分表现了自己由于出身低下导致了不被重用、有才难展的不平之心。

宝剑的意象从何而来？可以这样理解，通过"比德式"思维特征将君子的那些品质和一些自然的文化结合起来，形成人格审美意象。所谓"比德"，是指将自然物的某些特征比附于人的伦理道德或精神品德，从而使自然物的自然属性人格化。有的诗歌可以通过剑意象表达一种高雅、真挚的君子友情。如曹植的《赠丁仪》用"思慕延陵子，宝剑非所惜。子其宁尔心，亲交义不薄"写自己和丁仪的深挚友情；谢灵运悼念亡友刘义真的《庐陵王墓下作》用季札挂剑于墓的意象"解剑竟何及，抚坟徒自伤"，写出了自己与亡友之间的深情；陈祚明《采菽堂古诗选》云："常论康乐情深，而多爱人也。惟其多爱，故山水亦爱，友朋亦爱。观墓下之作，哀惨异常，知忠义之感，亦非全伪。"吴均《赠周兴嗣诗四首》用"安得湛卢剑，以报相知恩"写出自己与周兴嗣之间可以生命相许的深情；《酬郭临丞诗》用"闻君立名义，我亦倦晨征。马在城上蹀，剑自腰中鸣"写出自己和对方的知音之感。

除君子友情外，剑还象征着傲岸、耿介、峻洁的品格。如屈原以"带长铗之陆离兮"(《涉江》)形容自己不与世同流合污的高洁情怀,阮籍以"长剑出天外"(《咏怀》其五十八)、"长剑倚天外"(《咏怀》其三十八)塑造了一个遗世高蹈的"畸人"形象。除此之外,"剑"意象也是身份高贵的象征,乐府民歌《陌上桑》中秦罗敷即以"腰中鹿卢剑,可值千万余"矜夸夫婿地位的高贵和富有。

诗歌的高峰要等到唐朝,而咏剑的高潮也在唐朝。下一节会集中讨论这种兵器。

比较起来,北方少数民族在日常生活中,刀的使用率更高一些,而诗人笔下的诗歌也对刀这种兵器倾注了让人动容的感情。

比如下面这首名作:

琅琊王歌辞·新买五尺刀

新买五尺刀,悬著中梁柱。一日三摩挲,剧于十五女。

此歌载于《乐府诗集》中的《梁鼓角横吹曲》。原共八曲,这是第一曲。这首诗主要是为了表现出北方民族的人们都是比较尚武的,但它不像一般诗作通过描写北人的骑技、勇猛、草原装束来展现,而是讲一把新买的刀,并且描绘出如何喜爱的情怀。

"新买五尺刀","买"字可以体现出这是非常着急需要,非常渴望得到,并且为了得到可以不惜一切代价,虽然只能获得暂时性的满足而已。而"新"字则可以体现出人对于新事物的好奇、神秘,也能感受出其中的那种力量,当然也可以理解为主人公会对其抱有幻想和希望。但无论是"新"的感受,还是"买"的举动,中心都在这已到手的"五尺刀"上。"五尺",谁都知道是什么意思,但就是这么一个小细节,却可以看出主人公对武器的热爱和关注之情。"悬著中梁柱","中梁柱"很显然可以得知、可以看见,伸手可以摸到,非常显眼,躺在床上也很容易就能发现。也因此,我们可以感觉到主人公冷淡了周围的一切,眼中心中只有这把刀而已。"一日三摩挲","摩挲"就是用手抚摩,这个动作展现不出力量,但是能让人感受到爱,感受到情感的含义。在一天便抚摸了如此之多的次数,也确实是非常喜爱了吧。"剧于十五女","剧于"就是甚于、超过。

一语道破天机。很正常地来说,"五尺刀"和"十五女"怎么能相提并论?只有少女才能让这些男人如痴如醉。然而诗中的主人公,不仅把"刀"与"女"相比,而且在他心里,"刀"竟然比"女"更可爱。刀可以表现出勇敢,也可以杀敌,也可以展示出威武的英姿,也就能看出北方民族的尚武性格了。

王士禛《香祖笔记》评此诗云:"是快语,语有令人'骨腾肉飞'者,此类是也。"信然。"买"字就是通过交换,把别人的东西归自己所有;"悬"字表现了新获得的东西新鲜感比其他物品强;"摩挲"将新得之物视为心头之肉。从动作的变化中,表现出了激动和狂热。"五尺刀",仅仅五尺;"一日",仅仅十二个时辰;"三摩挲",确实有很多话,但是很难表现出喜悦之情;"十五女"虽然年纪很年轻,但是却不如刀可爱。正是这些数字的变化,表现出了那种难以用言语表达的心情的激动。动作与数字的配合交织,完全活化出了主人公的行为举止、心情以及性格,最重要的莫过于精神层面了。由此可以让这些诗篇充满阳刚英武、冲天豪气,读着就有一种气势扑面而来。

这首北朝民歌对刀这种兵器的刻画极为成功,对爱刀人的心情描摹寥寥数笔就跃然纸上,在这一时期的兵器诗歌中,熠熠生辉,不容忽视。

第三节　诗中的盛世　兵中的王者
——唐诗与剑

我有昆吾剑,求趋夫子庭。(李峤《剑》)

赵客缦胡缨,吴钩霜雪明。(李白《侠客行》)

古剑寒黯黯,铸来几千秋。(白居易《李都尉古剑》)

如果加上各种奇门兵器和形形色色的暗器,我国古代的兵器总数恐不下百种。这么多兵器中，刀、斧、锤似乎太蠢笨，枪、矛、戟又身长且过于尖锐，那些形形色色的暗器又太"小人"，似乎不太能拿得上台面。还是剑沾染些灵气，修长的剑身，锋利的剑刃，还配有精美的剑鞘和剑穗，落落大方的君子之风，似乎更符合中国文人的审美。

通常，公众所熟知的中国古代"十八般武艺"，是指十八种兵器，一般是指弓、弩、枪、棍、刀、剑、矛、盾、斧、钺、戟、殳、鞭、锏、锤、叉、钯、戈。然而中国的兵器远远不止这十八种，相传早在轩辕之时就有了剑，有文字记载"帝采首山之铜铸剑，以天文古字铭之"，可见中国剑的历史之久远。此外，在以中国春秋时代政治家、哲学家管仲命名的《管子》一书中，记载有："昔葛天卢之天，发而出金，蚩尤受而制之，以为剑铠。"这段充满了神秘气息的文字，也为我们最初理解剑的诞生提供了一个重要的发端，即剑作为古代武器的一种，产生于金属冶炼技能出现之后。

成书于西汉中期的《史记》有载："武王至商国，商国百姓咸待于郊。于是武王使群臣告语商百姓曰：'上天降休！'商人皆再拜稽首，武王亦答拜。遂入，至纣死所。武王自射之，三发而后下车，以轻剑击之，以黄钺斩纣头，县大白之旗。"

西汉戴圣对秦汉以前汉族礼仪著作加以辑录而成的《礼记·少仪》中也有一些对剑的记载，不过多作为礼仪的一个组成部分。

……君子欠伸，运笏，泽剑首，……

……观君子之衣服，服剑，乘马，弗贾。

器则执盖。弓则以左手屈韣执拊。剑则启椟，盖袭之，加夫襓与剑焉。笏、书、脩、苞苴、弓、茵、席、枕、〔颖〕几、〔颖〕杖、琴、瑟、戈有刃者椟、策、籥，其执之，皆尚左手。刀却刃，授颖；削授拊。凡有刺刃者，以授人则辟刃。

此后，《庄子·杂篇·说剑》中出现的那篇剑的寓言，针对适用人群的社会地位、人群、用途提出了三种概念：天子之剑、诸侯之剑、庶人之剑。文中具体阐释了剑的三个种类：天子之剑——"直之无前，举之无上，案之无下，运之无旁。上决浮云，下绝地纪。此剑一用，匡诸侯，天下服矣"；诸侯之剑——"直之亦无前，举之亦无上，案之亦无下，运之亦无旁；上法圆天以顺三光，下法方地以顺四时，中和民意以安四乡。此剑一用，如雷霆之震也，四封之内，无不宾服而听从君命者矣"；庶人之剑——"蓬头突鬓垂冠，曼胡之缨，短后之衣，瞋目而语难。相击于前，上斩颈领，下决肝肺，此庶人之剑，无异于斗鸡，一旦命已绝矣，无所用于国事"。春秋时期卫国人孔周藏有殷代留下来的三把宝剑：含光、承影、宵练，就是庶人之剑。通过对剑的分类，赋予剑更多的象征意味，将剑与家、国、天下关联起来，很大程度上弱化了剑本身击刺斩削之用，而放大了它的象征意义。

早在东汉时期，剑就在战争舞台上较少露面而转为佩饰之用，成为一种身份与地位的象征。剑作为配饰早在《古诗十九首·陌上桑》中就已经提到过了，诗句是这么写的："腰中鹿卢剑，可值千万余。"一柄剑可值千万余，就算是夸张，大抵也不会夸张到哪去，想来那柄剑代表的身份地位可是千万都换不来的。

佩剑之风自春秋渐起。剑表装饰精美，雕刻镶嵌，镏金错银，剑鞘多现细密之花纹，繁复锦丽，还出现了以玉为首、以玉为格的名贵剑种，制物精工，一时无两。这与当时的社会环境有关，春秋时期是青铜铸造术的快速发展时期，人们已经学会在青铜中添加铁、硫等元素以调整其延展性、硬度、脆度等指标。步战也逐渐代替了车战，剑的作用开始慢慢展现，所以西周到春秋时期的剑更长、更粗，以适应实战需要。

《考工记》载：

腊广二寸有半（二尺），两从半之，以其腊广为之茎围，长倍之。中其茎，设其后，参分其腊广，去一以为首广而围之。身长五其茎长，重九锊（六两），谓之上制，上士服之；身长四其茎长，重七锊，谓之中制，中士服之；身长三其茎长，重五锊，谓之下制，下士服之。

从上则材料可知，春秋时"上士"、"中士"与"下士"皆服不同长度、重量的剑，可见佩剑之风之盛，而《左传》中的一则材料也佐证了春秋战国时期士人佩剑的风气：

及宋，宋人止之，华元曰："过我而不假道，鄙我也。鄙我，亡也。杀其使者必伐我，伐我亦亡也。亡一也。"乃杀之。楚子闻之，投袂而起，屦及于窒皇，剑及于寝门之外，车及于蒲胥之市。秋九月，楚子围宋。

此段写宋人杀了楚国使臣申舟，楚庄王闻讯大怒，挥袖起身，冲出门外，随从追到庭院甬道才送上鞋子，追到寝宫门外才送上佩剑，追到蒲胥街市才让他坐上车驾。可见尽管遇到如此紧急的境况，佩剑仍然是必不可少的随身饰物，可谓须臾不能离身。

秦简公"六年，令吏初带剑"，"其七年，百姓初带剑"，"百姓"一词最早是指有名有姓的贵族，战国后逐渐指平民，此处可能倾向于后者，这是因为贵族早就开始佩剑了。

佩剑之风到了汉代，发展尤甚。在官方，政府官员带剑为日常标准，以至于《后汉书·舆服志》描述为："自天子以至百官，无不佩剑"，"公卿以下至县三百石长导从，置门下五吏，贼曹督曹功曹，无不佩剑"，《舆服杂事》云："汉仪，诸臣带剑，至殿阶解剑"，《旧唐书·舆服志》亦云："玄衣纁裳冕而舄者，是为祭服，绶、佩、剑各依朝服之数"。而近年来一些汉代古墓的发掘，从墓道壁画也不难看出，汉画中的佩剑者，有的是达官显贵，有的是武士门吏，这也是汉代人豪爽好武、勇于开拓进取风气的反映。

其他典籍中的记录如下：

《礼仪志》：皇太子即位，中黄门掌兵以玉具剑。

《魏志》：羊侃初为尚书郎……帝壮之，赐以珠剑，拜征东大将军。

《说苑》：经侯往适魏太子，左带羽玉具剑，右带环佩。

这些佐证都可以证明在汉代的其他政治活动中，如太子即位、人事任免、政治访问之类，剑都是非常重要的道具，发挥着权力确认、身份指明等作用。

《匈奴传》：甘露三年正月，呼韩邪单于朝，赐玉具剑。

《王莽传》：进其玉具宝剑。

《后匈奴传》：永元四年正月，北匈奴乞降，赐玉具剑。

《后汉书·南匈奴列传》：呼兰若尸逐就单于兜楼储先在京师，汉安二年立之。天子临轩，大鸿胪持节拜授玺绶，引上殿。赐青盖驾驷、鼓车、安车、驸马骑、玉具刀剑、什物，给彩布二千匹。

《隋书·礼仪志》载：

一品，玉具剑，佩山玄玉。二品，金装剑，佩水苍玉。三品及开国子男、五等散品名号侯虽四、五品，并银装剑，佩水苍玉。侍中已下，通直郎已上，陪位则象剑。带真剑者，入宗庙及升殿，若在仗内，皆解剑。一品及散郡公、开国公侯伯，皆双佩。二品、三品及开国子男、五等散品号侯，皆只佩。绶亦如之。

到唐时佩剑更为盛行了，但是再盛行也不是所有人都可佩带的，在那个等级森严的时代，佩剑只是有地位身份的人才可有的。而宋代仁宗年间编写的记载唐朝历史的纪传体断代史书《新唐书》卷二十四《车服篇》中有这样的句子：

凡天子之服十四：……鹿卢玉具剑，火珠镖首，白玉双佩。黑粗大双绶，黑质，黑、黄、赤、白、缥、绿为纯，以备天地四方之色。广一尺，长二丈四尺，五百首。

自衮冕以下其制一也，簪导、剑、佩、绶皆同。

皇太子之服六：……鹿卢玉具剑如天子。

诗人们对这一风气的描写也算是孜孜不倦了。杜牧在《冬至日寄小侄阿宜》中的"我家公相家，剑佩尝丁当"，含蓄浅直地点出家族的名望，我们可听佩剑叮当作响的声音，是因为我们是公相之家，不比寻常百姓，勉励侄儿的同时还小小地炫耀了一下，自然也反映出佩剑的不简单。至于贾至的《早朝大明宫呈两省僚友》和岑参的《奉和中书舍人贾至早朝大明宫》，这两首诗中关于佩剑是身份地位象征的描写就再明显不过了。虽然这两首诗被批政治色彩太重，不过没关系，我们撇开政治只谈诗意。

现将两首诗录之如下：

早朝大明宫呈两省僚友

银烛熏天紫陌长,禁城春色晓苍苍。千条弱柳垂青琐,百啭流莺绕建章。剑佩声随玉墀步,衣冠身惹御炉香。共沐恩波凤池上,朝朝染翰侍君王。

奉和中书舍人贾至早朝大明宫
鸡鸣紫陌曙光寒,莺啭皇州春色阑。金阙晓钟开万户,玉阶仙仗拥千官。花迎剑佩星初落,柳拂旌旗露未干。独有凤凰池上客,阳春一曲和皆难。

第一首诗是中书舍人贾至在唐肃宗乾元元年(758 年)暮春时节的一天,走在上早朝的路上看到动乱之后的大明宫,看着鱼贯而入的群臣不由感慨而发写下此作。我们可以想象那个情景,那时国家刚刚经历过安史之乱的动荡,元气大伤,好不容易得到的安逸日子人们都倍加珍惜,暮春时节的大明宫已是春意阑珊,不过不必可惜,因为接下来的是姹紫嫣红的夏日。启明星在东方的天空中亮起,大人们已经开始准备上早朝了,走在通向大殿的路上,两旁的烛火轻晃摇曳,映出路边垂柳的身影,可惜光线不够亮,只辨得细长的枝条拂在地上,耳边偶尔传来黄莺的低吟浅唱,听到了同僚因为走路身上佩剑和佩玉相互碰撞发出的声音,闻到了御炉里飘出的香气,天色渐渐放亮,群臣立于大殿石阶的两旁,等待着最高统治者的到来。贾大人的诗作一出,作为下属的岑参随即唱和了一首,内容与上并无太多出入,我们注意到的是在两首诗的颈联都出现了"剑佩",上朝之人带有佩剑,能出入宫廷上朝的人自然不是普通人,这两首诗不仅证实了佩剑风气在唐时的盛行,同时也说明了佩剑是身份和地位的象征。我们倒不是贬低无法佩剑的人,在那个特殊的年代总有特殊的规定,一切都可理解,我们只谈唐诗中的佩剑。

逮至初唐,剑的文化意蕴全部形成,在社会大众眼里,尤其是在文人心中,早已形成情感与文化的标签、道德与正义的化身、个人情感的抒发、理想与自由的追求。

初唐四杰之一的骆宾王《帝京篇》中"剑履南宫入,簪缨北阙来"之句就反映了剑在各种礼仪场合的具体作用,与之相应的,有佩剑自然就有解剑之所。唐朝的政教系统中,特意设置了"解剑席"这种专属的礼仪区域。如：

天子将巡狩……其方之州……设宫县坛南，御坐坛上之北；解剑席南陛之西……通事舍人导刺史一人，解剑脱舄，执贽升前，北向跪奏……

皇帝御明堂读时令。……设文官解剑席于丑陛之左。

其会，则太乐令设登歌于殿上，二舞入，立于县南。……又设群官解剑席于县之西北……

《新唐书》卷一九中记载的具体解剑的规程非常繁复，通过大量的解剑仪程，对于剑的地位的提升，意义不言自明：

皇帝元正、冬至受群臣朝贺而会。前一日，尚舍设御幄于太极殿，有司设群官客使等次于东西朝堂，展县，置桉，陈车舆，又设解剑席于县西北横街之南。……

上公一人诣西阶席，脱舄跪，解剑置于席，升，当御座前，北面跪贺，称："某官臣某言：元正首祚，景福惟新，伏惟开元神武皇帝陛下与天同休。"……乃降阶诣席，跪，佩剑，俛伏，兴，纳舄，复位。

吏部兵部户部主客赞群官、客使俱出次……典仪承传，阶下赞者又承传，在位者皆再拜。应升殿者诣东、西阶，至解剑席，脱舄，解剑，升。……

会毕，殿上典仪唱："可起。"阶下赞者承传，上下皆起，降阶，佩剑，纳舄，复位。

其日，陈小驾……西面位者各诣其阶，解剑，脱舄，升，立于座后。……刑部郎中再拜，解剑，俛，脱舄，取令，升自卯阶，诣席南，北向跪，置令于桉，立于席后。

很多人都听过干将、莫邪铸剑的故事，难免对其中人物又敬又畏；对那些提剑走江湖的侠客故事，更多感受到的是紧张与刺激。实则建功是剑，卫国是剑，助友也是剑，剑的诞生就带着特有的侠与正义，贯穿整个历史，连绵不绝地延续。

笔者关于唐人和兵器的连接最初的关注都来源于《隋唐英雄传》，秦叔宝的锏、尉迟恭的鞭、程咬金的斧、俏罗成的枪，还有李世民的剑，那个乱世纷扰的年代成就了不少英雄。关于李世民是不得不说的。挑李世民来写自然是有私心的，在笔者的感觉里，大概只有李世民才能配得上那个不可一世的唐。历史总会给我们最好的选择，"年十八便为经纶王业，北剪刘武周，西平薛举，东擒窦建德、王世充，二十四而天下定，二十九而居大位，四夷降伏，海内乂安"，李世民才是真正的大唐盟主。

武德五年（622年）七月，李世民在剪灭了"七十二路烟尘"之后班师回关中。我们可以想象那时的李世民应该是多么的春风得意，横扫各路反王，为大唐的统一奠定了强大的基础，关键是那时他才24岁啊，这个年纪放在现在好多人还在啃老，而李世民已经为了国家南征北战并且凯旋了。可是这个未来的帝王并没有因此沾沾自喜，反而在《还陕述怀》的开篇写下"慨然抚长剑，济世岂邀名"的诗句。剑是他手中济世救民的武器，不是为了争权邀名的工具；剑是他为大唐开辟疆土的有力助手；剑是他为盛唐的到来写下的伏笔；剑是他一生的写照，他为剑注入了超世的精魂。时间拨到唐高祖武德九年六月初四，也就是公元626年的7月2日，那一天在一个叫玄武门的地方，时为秦王的李世民将手中的宝剑奋力一挥，挥出了盛唐的前奏，挥出了唐人的开放豪迈，挥出了唐诗的万古长存。从此，这个国号为"唐"的国家开始愈发蒸蒸日上，剑与这个国度紧紧相依。

剑寄寓了唐人太多的功业期许与抱负，通过对笔下长剑的描摹，书写胸中志向。中唐李贺，虽然史载其文弱，但这并不影响其笔下长剑的纵横，有诗云："男儿何不带吴钩，收取关山五十州。请君暂上凌烟阁，若个书生万户侯？"慷慨激昂、英勇无畏，道尽彼时书生意气的向往。正谓之"报君黄金台上意，提携玉龙为君死"，百战关山，直破楼兰，功业梦想寄托于剑，越发耀耀生彩、雄浑大气。陈子昂云："感时思报国，拔剑起蒿莱"（《感遇》其三十五），将效国之志与安民之感寄于"拔剑"的行为当中。"独立三边静，轻生一剑知"出自刘长卿的《送李中丞归汉阳别业》，回忆了当年雄镇三边之时，敌人不敢轻易冒犯、国泰民安的宏伟功绩。王绩的"明经思待诏，学剑觅封侯"，则毫不掩饰地表达自己的愿望，年方十五就明确地树立了自己出将入相的志向。以诗风沉郁顿挫、忧国忧民著称的杜甫也在《后出塞五首》中这样写道："拔剑击大荒，日收胡马群。誓开玄冥北，持以奉吾君。"他生活在唐朝由盛转衰的历史时期，其诗多涉社会动荡、政治黑暗、人民疾苦。尽管爱国与忠君在封建时代常被局限地混为一体，但这热血激昂的目标之内，仍是精忠报国、舍生取义的精神内核在起作用。高适远涉陇右时，亦写下《登陇》一诗以表心迹："陇头远行客，陇上分流水。流水无尽期，行人未云已。浅才登一命，孤剑通万里。岂不思故乡？从来感知己。"边关远行，唯剑相依，苍凉雄健的定国安邦目标，非一把寒光凛凛的宝剑不足以表达。而贾岛的《剑客》在某种程度上来讲，其功名寄托更为明显而脍炙人口："十年磨一剑，霜刃未曾试。今日把示君，谁有不平事。"诗人将豪情侠气、远大志向皆寓于手中的如霜利剑，正义豪爽、疾恶如仇的信息通过剑而传递给读者，而这其中，"虽千万人吾往矣"的形象入木三分。

　　虽然唐时的战场已很少出现剑的身影，但并不妨碍它作为战剑出现在诗中。"一身转战三千里，一剑曾当百万师。"（王维《老将行》）"明敕星驰封宝剑，辞君一夜取楼兰。"（王昌龄《从军行》）"愿将腰下剑，直为斩楼兰。"（李白《塞下曲》）"向北望星提剑立，一生长为国家忧。"（张为《渔阳将军》）诗人们的雄心壮志、忧国忧民跃然纸上。男儿志在高远，为国为民，提剑跨马，奔赴沙场，披荆斩棘，手起剑落，奋勇杀敌。可惜大多数的诗人可能没有这样的机会，所以只能将一切的理想写进自己的诗里，用字字句句来寄托那份雄心壮志、那份忧国忧民。一柄三尺宝剑，一身明光铠甲，一匹千里宝马，嗒嗒马蹄不远万里的奔波，载着一颗滚烫火热的赤子之心。战马长长的鬃毛因为奋力奔跑舞出好看的流苏，旷野上的风来得更急更猛，耳旁听得呼呼风声和野草飒飒作响，丝丝寒气透过铠甲的缝隙钻进骨子里。塞北确是凄冷，不比得京城长安的繁华和温暖，可是为了国家的昌盛，为了抱负的实现，再苦的一切都可以百般忍耐。冲锋的号令下达，手中的宝剑高高扬起，泛着寒光。

　　在唐时，剑除了行军打仗作为佩饰，还作为一种艺术舞蹈的表演道具，这种执剑起舞的舞蹈我们称之为剑舞。剑舞中的剑在唐诗中的出现比起战场上的厮杀，少了兵器的清冷与凛冽，刚毅中多缠了几分柔情。

唐开元年间有公孙氏，剑舞灵动堪绝，唐大历二年（767年）十月十九日大诗人杜甫在《观公孙大娘弟子舞剑器行》中意气风发地赞道："昔有佳人公孙氏，一舞剑器动四方。观者如山色沮丧，天地为之久低昂。㸌如羿射九日落，矫如群帝骖龙翔。来如雷霆收震怒，罢如江海凝清光。"起舞时如雷霆震怒，收舞时似江海清光，剑光闪闪如后羿射落了九日，舞姿翩翩似天神驾龙游飞。就连经历过大风大浪的大诗人在字里行间也难以掩饰对公孙大娘剑舞的惊艳，可想而知那舞动的场面是多么动人与震撼，公孙大娘自然不愧为开元剑舞第一人。司空图也赋诗一首来进一步认证："楼下公孙昔擅场，空教女子爱军装。潼关一败吾儿喜，簇马骊山看御汤。"（《剑器》）更相传当年张旭就是因为观看了公孙大娘的剑舞表演而有所领悟，茅塞顿开，成就了一代书法大家，有了"草圣"之名。公孙大娘的剑舞连接了唐时的两大文化高峰，即"草圣"张旭的绝妙丹青，"诗圣"杜甫的千古绝唱。就算隔着两千年的光阴，也依旧可以感受到公孙大娘的剑舞是多么豪迈洒脱、气势高昂，山色都为之沮丧，天地也为之低昂。

提起唐时的剑舞，还有一个人不得不提，就是裴旻将军，唐文宗时，裴旻舞剑、李白诗歌、张旭狂草被称为"唐三绝"。可是裴将军的剑舞和公孙大娘相比大概是有很大不同了，这一点我们从诗中就可以看出来。诗人王维曾作诗一首赠予裴旻将军："腰间宝剑七星文，臂上雕弓百战勋。见说云中擒黠虏，始知天上有将军。"字字句句写出裴将军的骁勇善战，夸其惊为天人。唐时的又一大书法家颜真卿也曾有诗赠予裴将军："大君制六合，猛将清九垓……将军临八荒，恒赫耀英材。剑舞若游电，随风萦且回……入阵破骄虏，威名雄震雷。一射百马倒，再射万夫开。匈奴不敢敌，相呼归去来……"似乎裴将军的剑舞不仅仅是"舞"而且还是"武"，不但可以表演，还可以上阵杀敌，使敌人闻风丧胆，落荒而逃，只落得个"相呼归去来"。即使我们现在已经没办法欣赏裴旻将军的剑舞了，可是单从李白诗歌和张旭狂草大概也可想象到其剑舞的精妙绝伦。

巧的是我们的两位剑舞大师似乎都和诗人、书法家有缘，或许正是如此，中国五千年历史长河中才留下了他们浓墨重彩的一笔，何其幸运生活在了那个诗歌与书法都称绝的时代。

在唐时，诗人们也流行以剑赠友，为祝福，为勉励，也为歌颂。此外，剑更是随身而配的器物，脱而相赠，见剑如人，更传达了一种深厚的情义。李白描写脱剑赠友的诗便有好几首，在《陈情赠友人》中便有"延陵有宝剑，价重千黄金……斯人无良朋，岂有青云望……他人纵以疏，君意宜独亲……投珠冀相报，按剑恐相距……"的句子，《赠易秀才》中也有"少年解长剑，投赠即分离"，《送魏十少府》里亦有"我有延陵剑，君无陆贾金。艰难此为别，惆怅一何深"之语。至于在《游敬亭寄崔侍御（一本作登古城望府中寄崔侍御）》里，"腰间玉具剑，意许无遗诺"就更见友人间重诺重情的关系。"长剑一杯酒，男儿方寸心"（李白《赠崔侍御》），"抚剑夜吟啸，雄心日千里"（李白《赠张相镐二首》），诗人勉励友人，男儿自当壮志在胸，志在四方。"舞剑过人绝，鸣弓射兽能"（杜甫《故武卫将军挽歌三首》），"独立三边静，轻生一剑知"（刘长卿《送李中丞归汉阳别业》），诗人以剑入诗，歌颂友人、将军的威风凛凛、浩然正气在诗中长存。

天下没有不散的筵席，离别时总是伴着一股愁绪，或浓或淡，或深或浅，总有那么一份感伤萦绕在心头。对于诗人来说，送别最好的礼物就是诗歌。李白有首以剑入诗送别友人之作，叫《洞庭醉后送绛州吕使君果流澧州》，知道友人被贬澧州，诗人心里也是难过不舍，特意陪着友人在临行前的晚上大醉一回，盼一醉解千愁。大概千年前的某个夜晚，偌大的洞庭湖水面上一叶小舟孤零零地飘来荡去，舟中偶尔传出杯盏碰撞的声音，借着舟上的灯火，隐约可见相对而坐的两人的身影。月亮如同往常一样挂在夜幕中，月光照在水面上，清幽中似乎还带了点点寒意。酒过三巡，微醉的诗人望着凄冷的月亮吟诗一首，送别即将远行的友人："昔别若梦中，天涯忽相逢。洞庭破秋月，纵酒开愁容。赠剑刻玉字，延平两蛟龙。送君不尽意，书及雁回峰。"老兄，送你，无论大风大雨，愿赠你宝剑在手，你我二人自当相互勉励，切不可气馁，你要记得这次的离别是为了下次更好的相遇。诗人字字珠玑，与友人真挚的感情写在每句诗、每个字的一撇一捺上。

唐诗中的剑意象还蕴含着悼亡主题。该主题从某种意义上来讲，可视为离别之际脱剑相赠的深刻版，区别之处不过是生离还是死别罢了。李白《宣城哭蒋征君华》用"独挂延陵剑，千秋在古坟"来凭吊逝者，而《自溧水道哭王炎三首》中的"王公希代宝，弃世一何早……悲来欲脱剑，挂向何枝好？"就更感人至深、催人泪下了。杜甫《哭李尚书》"欲挂留徐剑，犹回忆戴船"，《送覃二判官》"先帝弓剑远，小臣余此生"，《哭韦大夫之晋》"素车犹恸哭，宝剑欲高悬"，无不以宝剑为主题，化用季子挂剑的典故，传达内心哀恸的情怀和凄然的追忆。刘禹锡《文宗元圣昭献孝皇帝挽歌三首》"日下初陵外，人悲旧剑前"，《华清词》"哀哀生人泪，泣尽弓剑前"，表达的亦是同样的情感。岑参《西河太守杜公挽歌其三》"蒿里埋双剑，松门闭万春"，以双剑为喻，表达自己对逝者的尊敬、不舍与惋惜。

不少诗人在写赠剑与他人的同时更是借剑明志，以剑的秉性抒发自己的豪情壮志。说到此，不得不谈的就是大诗人李白了。李白不仅写剑写得好，而且自己本身也会剑术，他自称15岁就开始学习剑术了。生活在盛唐时期，大概是想着用一身的武艺与文采在这个太平盛世实现自己的抱负，也难怪他是如此爱剑。可惜天不遂人愿，就算高傲到让贵妃磨墨、力士脱靴，也终究摆脱不了被贬谪的命运，因为他只是个有才没权的文人。可是即使是一副趾高气扬的嘴脸，也让人欢喜得不得了，他不是凡人就算是傲娇也是有资本的。他说"飞剑决浮云，诸侯尽西来"，抒发其豪情万丈的报国之心，大丈夫生于世必是为天地立心，为生民立命，为往圣继绝学，为万世开太平。他讲："赵客缦胡缨，吴钩霜雪明。""十步杀一人，千里不留行。"表现其侠义情怀，不图功与名，不图利与盈。他高喊："停杯投箸不能食，拔剑四顾心茫然。"表达其怀才不遇的愤懑，满腔的热血无播洒之地，一身的见识无用武之处，怎叫人不激愤呢！

司马迁《史记·太史公自序》云："非信廉仁勇，不能传兵论剑，与道同符，内可以治身，外可以应变，君子比德焉。"将"论剑"与君子之德联系起来，剑甚至成为一种品德高标的象征。

剑是如此受人青睐，从天子到庶民，但凡能作诗者大概都能吟上一两句，就是不会写诗的，类似"赵客缦胡缨，吴钩霜雪明"（李白《侠客行》）这样的句子大抵也是经常挂在嘴边的。

唐太宗李世民写剑是："慨然抚长剑，济世岂邀名。"（《还陕述怀》）唐玄宗李隆基写剑是："先圣按剑起，叱咤风云生。"帝王的霸气跃然纸上，面对繁荣的国家、大好的河山，他们有理由气吞山河、堪比日月。李白写剑是："别时提剑救边去，遗此虎纹金鞶靫。"（《北风行》）王维写剑是："一身转战三千里，一剑曾当百万师。"（《老将行》）王昌龄写剑是："明敕星驰封宝剑，辞君一夜取楼兰。"（《从军行》）诗人的慷慨激昂，不愿做一枚安静的棋子，希望提剑跨马、征战沙场。刘禹锡写剑是："无复双金报，空余挂剑悲。"（《西州李尚书知愚与元武昌有旧，远示二篇吟之》）陈子昂写剑是："击剑起叹息，白日忽西沉。"（《登蓟丘楼送贾兵曹人都》）孟浩然写剑是："书剑时将晚，丘园日已暮。"（《田园作》）诗人的戚戚然，或是为国忧心，或是叹息自己报国无门。高适写剑是："浅才登一命，孤剑通万里。"（《登垄》）。刘长卿写剑是："书剑身同废，烟霞吏共闲。"（《偶然作》）李商隐写剑是："一朝携剑起，上马即如飞。"（《少将》）韦应物写剑是："归来视宝剑，功名岂一朝"。（《广陵行》）韦庄写剑是："风雨萧萧欲暮秋，独携孤剑塞垣游。"（《送人游并汾》）陆龟蒙写剑是："杖剑对尊酒，耻为游子颜。"（《别离》）李贺写剑是："我有辞乡剑，玉锋堪截云……朝嫌剑光静，暮嫌剑花冷。能持剑向人，不解持照身。"（《琴曲歌辞·走马引》）李峤写剑是："我有昆吾剑，求趋夫子庭。白虹时切玉，紫气夜干星。锷上芙蓉动，匣中霜雪明。倚天持报国，画地取雄名。"……看看，道不尽的诗，道不尽的剑。

以剑喻己的传统，几乎从屈原开始就已经形成了模式，"带长铗之陆离兮，冠切云之崔嵬"，负剑的行为喻示了美好的德行，这种意象同"美人香草"一起，塑造了千百年来屈氏高洁而独立的形象。陶渊明则用"少时壮且厉，抚剑独行游"的形象来描绘自己青壮年时期的志向与豪情。

对于唐人咏剑诗歌，李可在《唐诗中的刀剑意象研究》（天津师范大学2013年硕士毕业论文）一文中，进行了表格数据分析，其统计结果如下文表一。

从表一中我们不难看出，唐代诗人与剑密不可分，唐是诗歌的国度，也是尚剑的国度，当剑与唐诗相遇相融，就擦出了奇妙的火花。

纵观整个唐诗创作，言剑诗约为1500首。从单个作家传世作品而言，李白尤为其中翘楚，其在106首诗中提到了剑，几乎占据了他所有诗作数量的10%，这是一个极高的比例，也是他在大量的书写中赋予了剑更多幽微复杂的内涵。

流传了千年的时光，经历了千年的沉淀，唐诗的字里行间依旧散发着丝丝缕缕的墨香，谁吟赵客缦胡缨；吸收了千年的精魂，穿越了千年的时空，剑身金属的寒光下仍旧泛着星星点点的温暖，谁道吴钩霜雪明。一首唐诗，一柄长剑，剑与唐诗并存。

表一：唐诗中使用剑意象的诗人

时　代	人　名							
初唐（38人）	沈佺期 崔湜 许天正 王绩 欧阳询	李峤 苏味道 虞世南 徐彦伯 王勃	陈子昂 郭震 薛曜 李世民 李元礼	卢照邻 李乂 刘希夷 陈子良 李靖	上官仪 卢僎 王珪 卢藏用 玄觉	张九龄 王光庭 虞羽客 义净 孔绍安	杨炯 乔知之 张柬之 慧净	宋之问 杨师道 陈元光 褚遂良
盛唐（45人）	王泠然 皇甫曾 崔国辅 独孤及 常建 崔日知	储光羲 张说 祖咏 陶翰 常衮 袁瓘	王昌龄 刘长卿 綦毋潜 颜真卿 殷潜之 辛常伯	孟浩然 李嶷 高适 贾至 王丘 任华	戴叔伦 李隆基 崔元翰 晁衡 崔日用 张巡	岑参 骆宾王 寒山 万奇融 薛据	王伟 刘庭琦 拾得 李暇 崔宗之	李白 孙逖 张文琮 海顺 王翰
中唐（78人）	施肩吾 张祜 杨凝 柳宗元 关盼盼 牟融 马逢 司空曙 苏涣 蒋防	张仲素 贾岛 卫象 元稹 白敏中 耿湋 吴筠 李吉甫 长孙佐辅 程太虚	窦群 令狐楚 王建 徐凝 韩翃 武元衡 杨巨源 张耒 张建封 庞蕴	刘商 顾况 李涉 李厉 陈羽 王初平 罗立言 裴夷直	刘禹锡 戎昱 权德舆 陆畅 卢仝 曾姚揆 陈至 张异 李察	吕温 窦庠 羊士谔 李绅 孟郊 孟简 鲍君徽 姚合 萧祐 王初	刘叉 窦巩 韩愈 周贺 卢纶 鲍溶 郎士元 无可 李渤	白居易 李益 王涯 胡令能 李适 沈亚之 窦常 刘言史 钱起
晚唐含五代十国（110人）	潘咸 李中 许浑 来鹄 周昙 高璩 吴融 项斯 喻坦之 胡曾 夏鸿 张昭 陈抟	李贺 杜建徽 马戴 胡曾 卢士衡 萧遘 王仁裕 于濆 曹松 殷尧藩 章谭之 毛文锡 崔致远	李商隐 吕岩 薛能 方干 杜光庭 翁绶 李昉 许棠 于邺 杜牧 秦韬玉 舒元舆	刘驾 贯休 温庭筠 翁承赞 郑遨 罗邺 章孝标 皮日休 任翻 周朴 刘兼 张蠙	曹邺 处默 李昌符 孙光宪 罗隐 司马扎 张乔 韩昭 赵嘏 伊用昌 李昂 张碧	司空图 沈彬 汪遵 黄滔 唐彦谦 唐求 刘沧 杜荀鹤 邵谒 王铎 王沈 莫宣卿 欧阳炯 李忱	钱珝 齐己 陆龟蒙 徐夤 李咸用 朱庆馀 李频 王贞白 李咸用 张贲 李山甫 伍乔 刘得仁 郑嵎 韦韬	陈陶 陶雍 曹唐 李洞 崔珏 韩偓 李德裕 张蠙 王毂 李山甫 徐铉 聂夷中 钱镠 吕从庆
年代不明	卢骈 青城丈人 刘复 王宏 戴休珽 贺潮清 船子和尚	唐暄 韦检 刘长川 柴宓 屈同仙 无名氏 （德诚）	唐旸 李汶儒 陈存 曹汾 张潮 前人 周碏	李助 李衍 李琪 刘威 冯待征 张促素	杜俨 徐郑 何赞 李翔 钱弘综 李安	杨麟 凌慕 刘佚 陈裕 杨绾	张凌 胡瞻 刘望 志名 岩 刘夏	为骈 胡乙 张宣明 勤 维岩 赵氏	萼岭书生 徐坚 李华 张友正 无名氏 王玄 无名氏

第二章 辞赋与中国兵器文化

辞赋是中国文学独具特色的一种文体，简单来说，就是辞与赋，这两种文体都是在战国出现的，本有差异，但在语言与形式上又有其相同之处。汉人集屈原、宋玉等人作品，称为"楚辞"。班固曾多次将辞称作赋，赋混为辞，对辞赋不分产生了重要影响，故后人泛称赋体文学为辞赋。

兵器与文学是一个比较新颖的研究方向，关于辞赋与兵器文化的关系，历代研究者鲜有涉及。此处试以先唐辞赋为考察中心，希望对辞赋与兵器文化有所观照和发现。之所以选择先唐辞赋作为样本，理由如下：

一是辞赋这一文体的主要类型，诸如骚赋（楚辞）、散赋（汉大赋、魏晋抒情小赋）、骈赋等均已包括在这一时期，后世出现的律赋、文赋等主要是在继承前代基础上的进一步发展，其独立的文体意义已远不如唐以前突出。

二是名家名篇众多，从战国至六朝时期，涌现了大批优秀的辞赋作家，诸如屈原、宋玉、司马相如、张衡、班固、扬雄、庾信、左思、潘岳等等；辞赋的名篇佳作也层出不穷，如《七发》《子虚赋》《上林赋》《长门赋》《洞箫赋》《洛神赋》《三都赋》《鲁灵光殿赋》《文赋》《哀江南赋》等等，基本代表了辞赋的最高成就。后世韩愈、苏轼等虽也有赋体名篇，但辞赋已非他们专以名身的文体，故亦不必向后继续延伸。

三是辞赋与兵器的关系相比其他文体来说不是很密切，其特点也比较同化和固化，受时代和作家个体的影响很小，故以此段辞赋作为考察中心，得出的结论和规律已基本可以代表整个中国古代辞赋与兵器文化的关系。

根据先唐辞赋中出现的兵器，这里将着重对剑、刀、弓箭、斧、戟、戈、矛、盾、殳以及铠这十种兵器进行分析，侧重对先唐辞赋中兵器文化的文学内涵与文学功能进行讨论。

第一节　辞赋家与兵器

以辞赋而名，主要出现在唐代以前。先唐辞赋家与兵器有着密不可分的联系。一方面，战争中必不可缺的工具就是兵器；另一方面，兵器进入士族生活，文人有了佩剑的习惯。先唐辞赋家中有一大批人都曾在朝为官，所以接触兵器较多，兵器成为权力与地位的象征。本节通过兵器的象征性与实用性两方面，对先唐辞赋家与兵器的关系进行分析。

（一）象征性：佩剑之风

从西周开始，古人就有了佩剑的风气。所以，兵器除了战争需要，还有一个极大的意义就是它的象征意义，可象征一个人的地位、志向以及品格。在先唐辞赋家中，有一大批辞赋家都曾在朝为官，他们多是怀才不遇、心念朝纲、仕途不显，所以兵器这样的象征性工具，于他们或为心中所爱，或为其职所需。

楚辞代表人物屈原一直心怀大志，曾任左徒一职，位高权重，且心怀天下。剑不离身，可表其高贵身份与地位，以及自身的理想抱负。屈原佩剑的形象深入人心，其佩剑主要不是用来作战，而是代表其不与世俗同流合污、宁死不屈的高尚品质。在《九歌·国殇》中有言：

<blockquote>带长剑兮挟秦弓，首身离兮心不惩。[1]</blockquote>

身佩长剑，臂夹秦弓，即便身首异处也无所畏惧，代表了他视死如归的爱国之心。《九歌》中还有两篇作品也提到了剑：

---

[1] 林家骊译注《楚辞》，中华书局 2010 年 6 月第一版，第 76 页。本文中摘录的有关《楚辞》作品原句均出自此书，下同。

> 抚长剑兮玉珥，璆锵鸣兮琳琅。(《东皇太一》)
>
> 竦长剑兮拥幼艾，荪独宜兮为民正。(《少司命》)

手抚长剑，身佩玉佩。玉佩是纯洁的，剑是高尚的，寄寓了作者对美好崇高道德的追求。"手拿长剑，保护幼童，才有资格主宰命运。"本是来歌颂赞扬"神"的伟大，却也侧面寄托了屈原对自己的要求与对剑的独特情感，将自己的抱负寄寓其中。

枚乘《梁王菟园赋》有记：

> 蒙蒙若雨委雪，高冠扁焉，长剑闲焉，左挟弹焉，右执鞭焉。①

此处的"长剑"更多只是一种贵族的装饰而已。

（二）实用性：实战兵器

除了佩带之风，兵器还有其实用性，或健体强身，或临阵御敌。如先唐辞赋家司马相如自幼就学习击剑，史载："司马相如者，蜀郡成都人也，字长卿。少时好读书，学击剑……"②击剑活动在中国有着深远的历史，远古时期，古人就用石头打磨的利器来捕兽生存了。春秋晚期，击剑活动已经开始流行，有文献记录魏文帝曹丕的自我描述："予又学击剑，阅师多矣。四方之法各异，唯京师为善……"③可见先唐时期，击剑已是人们所喜爱的一种活动。

除了击剑之风，兵器还有在战争中的实用性。"（曹丕自述）生于中平之季，长于戎旅之间，是以少好弓马，于今不衰，逐禽辄十里，驰射常百步……"④戎旅之间，弓箭可用于实处，又因其为远距离攻击兵器，故具有着重要且不可替代的作用。

---

① 费振刚、仇仲谦、刘南平校释《全汉赋》，广东教育出版社2006年8月第一版，第18页。本文中摘录的有关《全汉赋》作品原句均出自此书，下同。

② 司马迁著、顾长安整理《史记全本·司马相如列传》，万卷出版公司2009年第一版，第632页。

③ 孙明君《三曹与中国诗史》，清华大学出版社1999年版。

④ 同上。

第二节　先唐辞赋中兵器的分类和特点

（一）先唐辞赋中出现的兵器

先唐辞赋涉及兵器的篇章不多，但也向我们展现了古代兵器在先唐辞赋中出现的种类是多样的，有出现频率较高的弓箭、剑、刀、戟等，还有较少出现的盾、殳、铠等，可使我们见识到中国古代兵器种类之多。本节将先唐辞赋中出现的兵器按次数由多到少排列，对先唐辞赋中出现的兵器进行浅述。

1. 弓箭

弓箭，古代一种常见的兵器，是先唐辞赋中出现次数最多的一种兵器，总共出现了 74 次。弓箭在古代兵器中属于远射性兵器的代表，也是先唐辞赋中出现的兵器的代表。弓与箭不能分用，都是借助彼此来发挥作用的。弓是力量，箭是载体。

（1）箭

箭，又名矢，是借助弓与弩使用的兵器。先唐辞赋中箭的出现次数较多，如箭以及矢、弋、镝、矰。

庾信《哀江南赋》箭的出现较多，如：

　　　　箭不丽于六麋，雷无惊于九虎。

　　　　乍风惊而射火，或箭重而沉舟。

　　　　两观当戟，千门受箭。

除了箭，先唐辞赋不少作品中出现了矢。

屈原《天问》：

　　　　何冯弓挟矢，殊能将之？

汉赋中矢的出现较多，代表性的就是张衡的作品：

　　　　矢不虚舍，铤不铤苟跃。（《西京赋》）

桃弧棘矢，所发无臬。（《东京赋》）

鸟惊桂罗，兽与矢遇。（《羽猎赋》）

还有傅毅《七激》中：

纶不虚出，矢不徒降，投钩必获，控弦加双。

矢，就指箭。弓箭不会徒放。在古代作战中，弓箭是十分重要的兵器之一，具有十分巨大的威力。

其他出现的兵器——矰、弋、镝等，都是箭类，如：

斐豹以毙督燔书，礼至以掖国作铭；弦高以牛饩退敌，墨翟以紫带全城；贯高以端辞显义，苏武以秃节效贞；蒲且以飞矰逞巧，詹何以沈钩致精；弈秋以棋局取誉，王豹以清讴流声。（张衡《应间》）

矰，指拴着丝绳的短箭。弋的出现很少，如祢衡《鹦鹉赋》："跨昆仑而播弋，冠云霓而张罗。"此中的弋，指带绳子的箭。镝的出现目前只见到一处，在徐幹的《齐都赋》中："矢流镝，绎张罗，晋飞铤，抱雄戈。"

（2）弓

弓，指用来射箭的工具。先唐辞赋中，部分作品出现了弓，以及代替弓的弦、弩、弧等兵器。

楚辞作品中弓出现得不多，东方朔《七谏·谬谏》中有：

弧弓弛而不张兮，孰云知其所至。

相对而言，汉赋中弓出现次数较多，代表性的如司马相如《子虚赋》：

蹴蛩蛩，辚距虚。轶野马，惠陶余，乘遗风，射游骐。倏目倩利，雷动焱至，星流霆击，弓不虚发，中心决眦，洞胸达掖，绝乎心系。获若雨兽，掩草蔽地。

魏晋南北朝辞赋中的弓，如左思《三都赋》：

弓珧解瞂，矛铤飘英。

睢眦则挺剑，喑呜则弯弓。

除了弓，先唐辞赋中出现的弦、弧也指弓。例如班固《幽通赋》中"管弯弧欲毙仇兮，仇作后而成己"，以及《答宾戏》中"逢蒙绝技于弧矢，班输擅巧于斧斤"，此二句中的弧都是指弓。

此外，还有弦的出现，如廉品《大傩赋》："弦桃刺棘，弓矢斯张。"此句中的弦指弓。

又如繁钦《征天山赋》：

> 彤旐朱增，丹羽绛房，望之妒火，焰夺朝阳。
> 于是辊辒云趋，威弧雨发。

此二句中出现的"彤旐""威弧"也指弓箭。

（3）弩

弩是一种借助扳机发箭的弓，相比弓箭，速度快、力量强。弩在黄香《九宫赋》中有出现：

> 蚩尤之伦，玢璘而要斑斓，垂金干而捷雄戟，操巨犁之礅弩，齐佩机而鸣廓，狼弧彀张而外飨。

2. 剑

剑属于古代短兵器的一种，历史源远流长，是在战争中用于劈砍以及刺杀的直身尖锋的两刃兵器，由剑身与剑柄构成，呈长条形状，前端为尖头，后端则为方便手持的短柄。剑在先唐辞赋中出现的次数居于第二，一共出现了27次。

楚辞少数篇章中有剑出现的痕迹，如屈原《九歌》：

> 抚长剑兮玉珥，璆锵鸣兮琳琅。（《九歌·东皇太一》）

汉赋中剑的出现就比楚辞多。如繁钦《征天山赋》：

> 左骈雄戟，右攒干将。

此句中"干将"就指剑，簇举着利剑。

剑，在外观上给人以飘逸潇洒、刚柔并济的感觉，所以也有很多人将其视为一种美观的象征与装饰，如扬雄《甘泉赋》：

越王勾践剑

> 提剑而叱之，所麾城撕邑，下将降旗，一日之战，不可殚记。

提着宝剑叱咤四方，英姿飒爽，威武潇洒。

张衡多篇作品中也可见剑的出现：

> 振余袂而就车兮，修剑揭以低昂。（《思玄赋》）
>
> 跳丸剑之挥霍，走索上而相逢。（《西京赋》）
>
> 虎豹不能害，剑戟不能伤。（《髑髅赋》)

魏晋南北朝辞赋同样可看到剑的出现，如潘岳《西征赋》：

> 范谋害而弗许，阴授剑以约庄。
>
> 掩细柳而抚剑，快孝文之命帅。
>
> 未十里于迁路，寻赐剑以刎首。
>
> 吊爰丝之正义，伏梁剑于东郭。

除了剑，还有不少"干将"意象的出现。干将，本指春秋时期吴国人干将所铸之剑，后泛指宝剑，如司马相如《子虚赋》便有：

> 楚王乃驾驯駮之驷，乘彫玉之舆，靡鱼须之桡旃，曳明月之珠旗，建干将之雄戟，左乌号之雕弓，右夏服之劲箭。

3. 斧

斧也是先唐辞赋中出现的一种较重要的兵器，出现次数排名第三，总共20次。先唐辞赋中的斧类意象主要有戚、钺、扬等，如扬雄《甘泉赋》：

> 蚩尤之伦带干将而秉玉戚兮，飞蒙茸而走陆梁。

戚是斧钺的别称，玉戚是权力与力量的象征。

钺在李尤《函谷关赋》中有出现：

> 严固守之猛厉，操戈钺而普聪。

此处钺指大斧。

又如陈琳《柳赋》中扬的出现：

> 文武方作，小大率从。旗旐蔼蔼，干戈戚扬。

此句中戚即是斧；扬，指钺，属于大斧一类。

4. 戟

戟，古代一种合戈与矛为一体的长柄兵器。在先唐辞赋中出现次数排名第四，共有15次，是除了矛与戈外比较常见的长兵器。先唐辞赋中的许多著名篇章都有戟的出现。

汉赋多部作品出现了戟，具代表性的如张衡《东京赋》：

郎将司阶，虎戟交铩。

云罕九斿，闟戟缪辒。

戟，由长柄与戟头组成，是一种可刺、钩、啄、割的兵器，可直刺，也可横击。其杀伤力较强，不仅仅是抗击敌人的兵器，也是军队威力的象征。

魏晋南北朝辞赋作品中也出现了戟，如左思《三都赋》：

羽旄扬蕤，雄戟耀芒。

戟食铁之兽，射噬毒之鹿。

5. 矛

矛是一种用于直刺的手持格斗兵器，由矛头与柄组成。长柄，有刃，主要是进行刺杀，为古代战争中常见的兵器。先唐辞赋中也有不少矛以及锋、铩、鍜、铤等同类意象的出现，总共11次，是最常出现的长兵器之一。

汉赋及魏晋南北朝辞赋都有矛出现，如枚乘《七发》：

白刃砲砲，矛戟交错。

张衡《东京赋》：

戈矛若林，牙旗缤纷。

魏晋南北朝辞赋家左思《三都赋》有两处矛的出现：

弓珧解檠，矛铤飘英。

羽族以嘴距为刀铍，毛群以齿角为矛铁。

除了直接出现"矛"这一兵器外，先唐辞赋中近似的兵器意象还有铤、锋、铩、鍜等，如司马相如《上林赋》：

椎蜚廉，弄獬豸，格虾蛤，铤猛氏；羂要褭，射封豕。

班固《东都赋》：

千乘雷起，万骑纷纭，元戎竟野，戈铤彗云。

此两处出现的铤，都是指小矛。

孔臧《谏格虎赋》则有锋的出现：

张罝网，罗刃锋，驱槛车，听鼓钟。

此处的锋就是矛。

又如张衡《东京赋》：

郎将司阶，虎戟交铩。

立戈迤㦸，农舆辂木。

此二句中分别出现了铩和㦸。铩指大矛，㦸指长矛，均属矛一类。

6. 刀

刀是主要用于劈砍的单面长刃的手持兵器，主要由刀身与刀柄组成。身长，刃薄，为古代短兵器之首，历史悠久。在先唐辞赋中共出现10次。刀是一种雄浑豪迈、恰似猛虎的兵器，给人以刚劲有力的感觉。

辞赋中刀的出现并不多，如王褒《九怀·株昭》："铅刀厉御兮，顿弃太阿。"东方朔《七谏·乱》："铅刀进御兮，遥弃太阿。"贾谊《吊屈原赋》："莫邪为钝兮，铅刀为铦。"这里面的"铅刀"只是比喻无用的人和物，和兵器关系不大。

魏晋南北朝辞赋中，偶尔有刀的出现，如左思《三都赋》："羽族以觜距为刀铍，毛群以齿角为矛铗。"

7. 戈

戈，古兵器，长柄，横刃，曲头，使用简单，可钩可啄。后因其头部易落，攻击缓慢，被弃用。在先唐辞赋中出现了6次，如李尤《函谷关赋》：

戈

严固守之猛厉，操戈铖而普聪。

徐幹《齐都赋》：

矢流镝，缰张罗，瞽飞铤，抱雄戈。

虽然先唐辞赋中戈的出现并不是很多，但"戈"意象的出现，具有明显的渲染战场氛围的作用。

8. 干（盾）

干，也称盾，一般呈长方形或圆形，像龟背一般中间向外凸，没有具体的大小，作战时用来抵挡敌人的兵器，使其锋刃杀伤力降低，多与刀、剑等其他兵器配合使用。在先唐辞赋中干（盾）出现了5次，多与其他兵器连用，如王粲《七释》：

奋干殳而挏击，驰鹰犬以搏噬。

陈琳《柳赋》：

文武方作，小大率从。旗旄蔼蔼，干戈戚扬。

9. 殳

殳，古兵器，由棍棒演变而来，长柄，钩头，有棱无刃。先唐辞赋中较少见，仅出现了两次，如张衡《西京赋》：

但观置罗之所罥结，竿殳之所撞毕，叉簇之所㩆捅，徒搏之所撞拟，白日未及移其晷，巳狝其十七八。

王粲《七释》：

奋干殳而挏击，驰鹰犬以搏噬。

10. 铠

铠，也称铠甲，穿在身上的保护甲。最初由皮革等制成，后发展为用铁制造。先唐辞赋中只出现了1次铠，见陈琳《武军赋》：

铠则东胡、阙巩，百炼精刚；函师振旅，韦人制缝。

（二）先唐辞赋中兵器的分类

先唐辞赋出现的兵器有十几种，各有其特点。本节以攻守性能方面为准，对兵器进行分类。

1. 攻击类

相比防守类兵器来说，先唐辞赋中出现的攻击类兵器是比较多的。剑、刀、弓箭、戈、矛、斧（钺）、戟、殳都是攻击类兵器。攻击类兵器又可按攻击距离远近分为远射兵器与近身兵器。

（1）远射兵器

古代兵器中远程兵器主要是弓箭。先唐辞赋中弓箭的出现较多，如张衡《应间》：

烛武县缒而秦伯退师，鲁连系箭而聊城弛柝。

靠弓箭远射发送情报及信件。

又如司马相如《子虚赋》：

楚王乃驾驯驳之驷，乘雕玉之舆，靡鱼须之桡旃，曳明月之珠旗，建干将之雄戟，左乌号之雕弓，右夏服之劲箭。

在远距离攻击敌人方面，弓箭有着其他兵器无法企及的作用。

（2）近身兵器

相比远射兵器，出现在先唐辞赋中的近身兵器较多。近身兵器是用于直接近身格斗的兵器，依长短又可分为长兵器与短兵器。

①长兵器

长兵器的定义是相对于较短的兵器而言的。一般将相同或者超过身长的双手持兵器列入长兵器的范畴。先唐辞赋中出现的兵器多属于长兵器，如矛、斧（钺）、戟、戈、殳等。

a. 矛是先唐辞赋出现的兵器中较有代表性的长兵器。如左思《三都赋》中：

弓珧解檠，矛铤飘英。

此句中的矛与铤，都是指长矛。

b. 斧（钺）

斧与钺形似，都指斧类兵器，都是用来劈砍的长兵器。如李尤《函谷关赋》：

严固守之猛厉，操戈钺而普聪。

此两句中所出现的斧及钺,都是指斧类兵器。戈也是长兵器的一种。

c. 戟,古代一种长柄兵器,较常见,如庾信《哀江南赋》:

> 两观当戟,千门受箭。

d. 戈,古代长柄横刃兵器,属长兵器,如廉品《大傩赋》有:

> 赭鞭朱朴击不祥,彤戈丹斧,芟夷凶殃。

e. 殳,古代兵器中长兵器的一种,如王粲《七释》:

> 奋干殳而捎击,驰鹰犬以搏噬。

②短兵器

短兵器也是相对于长兵器而言的,一般是将不超过身长的单手持兵器划分为短兵器。先唐辞赋中也有短兵器的出现,如剑、刀均比较常见。

a. 剑,如班彪《北征赋》:

> 游子悲其故乡,心怆悢以伤怀。抚长剑而慨息,泣涟落而沾衣。

虽是长剑,但仍属短兵器。

b. 刀,如梁竦《悼骚赋》中:

> 虽吞刀以奉命兮,抉目眦于门间。

桓彬《七设》也有:

> 飞刀徽鏊,叠似蚋羽。

2. 防守类

除了攻击类的兵器,先唐辞赋中也出现了防守性兵器,如盾(干)、铠等。

(1)盾

盾,古代战争中主要的防守类兵器,陈琳《武军赋》中有云:"干戈森其若林,牙旗翻以如绘。"《柳赋》中亦有:"文武方作,小大率从。旛旐蔼蔼,干戈戚扬。"此二句中的"干",即为盾。

(2)铠

铠,古代士兵在打仗时用来保护身体的战衣,陈琳在《武军赋》中写道:

> 铠则东胡、阙巩,百炼精刚;函师振旅,韦人制缝。

与盾的作用类似,铠也可看作古代战争中用来防护的兵器。

(三) 先唐辞赋中兵器的特点

先唐辞赋篇幅众多，但涉及兵器的篇章却不多，其中出现的也都是一些古代常见的兵器，其主要特点可概括如下：

1. 兵器种类及数量较少

先唐辞赋中出现的兵器不仅种类少，数量也少。种类方面，出现在先唐辞赋中的兵器一共有10种，包括弓箭、剑、斧、戟、矛、刀、戈、盾、殳、铠这10种常见的兵器；数量方面，这10种兵器在先唐辞赋中出现的次数也不多。相比而言，较多的有弓箭74次，剑27次，斧20次，戟15次，矛11次；较少的有刀10次，戈6次，盾5次，殳2次以及铠1次。合计起来，先唐辞赋中出现兵器意象仅有171次。

2. 兵器服务于文学

先唐辞赋中出现的兵器主要以服务文学为目的。兵器在这些作品中的出现多不具有独立性，而是主要用于文学形象的塑造，在辞中多用于意象表达或突出人物的精神及性格，在赋中多用于渲染氛围、衬托背景等。

3. 象征性大于实用性

虽说兵器是伴随战争产生的，但是在先唐辞赋中出现的兵器更多是用来表象征的，象征人的身份、地位、权力、品质或象征国家的威严、江山的雄浑壮观等。对于先唐时期的文人来说，装饰是他们选择佩带兵器的重要原因，表身份，表理想，表志向，表达情感，在兵器中寄托自己的意愿。

从象征性来看，出现在先唐辞赋中的兵器往往寄寓着辞赋家们的一些愿望，或是衬托一些气势磅礴的景象或威严的气氛。如剑象征着气节与抱负，屈原喜佩剑，其文学形象的形成，剑起到不少作用。再如斧、钺象征权力，司马相如《上林赋》中写道："于是历吉日以斋戒，袭朝服，乘法驾，建华旗，鸣玉鸾，游于六艺之囿，驰骛乎仁义之涂，览观《春秋》之林，射《狸首》，兼《驺虞》，弋玄鹤，舞干戚，载云罕，揜群雅，悲《伐檀》，乐《乐胥》；修容乎《礼》园，翱翔乎《书》圃。"此中的戚，就指斧，斧、钺相配，更显天子的至高无上。由此，先唐辞赋中兵器的象征性可见一斑。

从实用性来看的话，在先唐辞赋中弓箭较为突出。狩猎、传信以及远处射杀敌人等，都是弓箭的实用之处。

但纵观先唐辞赋中出现的全部兵器以及当时的文人喜好，先唐辞赋中兵器的象征性远大于实用性，这是很重要的一个特点。

第三节 先唐辞赋中兵器的文学内涵与文学功能

（一）先唐辞赋中兵器的文学内涵

台湾诗人余光中先生认为"诗人内在之意诉之于外在之象，读者再根据这外在之象试图还原为诗人当初的内在之意，就是意象"[1]。兵器意象，就是在创作中将各种兵器的文化内涵与作者的内在之意融合起来的产物。兵器意象在古代文学中可谓源远流长，屈原《九歌·国殇》中就有"操吴戈兮被犀甲，车错毂兮短兵接"，《九思·哀岁》中有"投剑兮脱冕，龙屈兮蜿蜒"，借助这些兵器意象，更强化了其作品中的悲壮美与崇高美。

先唐辞赋中主要兵器意象有剑、刀、戟以及弓箭。楚辞《九怀·株昭》"铅刀厉御兮，顿弃太阿"以及《七谏·谬谏》中"铅刀进御兮，遥弃太阿"，前一句主要表达迟钝的铅刀受到重用，丢弃废置利剑太阿；后一句表达的是进献铅制道具来使用，将太阿宝剑远远丢弃。这两句同时以铅刀与利剑来做比喻，表现作者内心的苦闷、不甘以及痛惜。铅刀，比喻资质鲁钝；利剑，则比喻作者这样的有能力且爱国之人。认为鲁钝之人重要，而将自己这样心怀大志的人丢弃，这就是借刀与剑来传递自己的心中不甘。

---

[1] 余光中《余光中集》第八卷，百花文艺出版社2003年版，第354页。

先唐辞赋中最为重要的一种兵器意象就是剑。剑向来是文人墨士所喜爱的兵器，因为剑有一种意气风发、潇洒豪迈的气象及持身中正的特点，所以佩一把宝剑，就相当于给自己定了个位一样，将自己融入剑中，借剑喻己、借剑抒怀。如屈原《九歌·国殇》"带长剑兮挟秦弓，首身离兮心不惩"，体现了舍身报国的将士的威武之风；班彪《北征赋》"游子悲其故乡，心怆恨以伤怀，抚长剑而慨息，泣涟落而沾衣"，长剑代表了作者不能实现的抱负，借剑抒怀，表现了对故土的怀念、对苍生的悲悯以及对执政者的不满。

先唐辞赋中除了刀、剑意象，还有弓箭意象。如东方朔《七谏·谬谏》中言："弧弓弛而不张兮，孰云知其所至？"从字面意思来说，指弓箭松弛而不张开，谁知道它能射多远？主要是劝谏君主要辨别忠奸，任用贤人。东方朔还注入了自己无尽的苦闷，他自身的境遇——怀才不遇，没有机会展现自己的才能，就像没有张开的弓箭一样。弓意象显示了东方朔对自己怀才不遇的悲愤以及渴望施展才华、实现抱负的愿望。

在先唐辞赋中还有其他兵器意象的出现，如戈与斧，李尤《函谷关赋》中"严固守之猛厉，操戈钺而普聪"，此句意思是将士严厉地固守着这个关口，手持着戈与斧，监察着各类奸人与邪恶。从全文来看，作者主要是为了颂扬汉王朝的威势，而此句将兵器"戈"与"斧"放入其中，增添了军队的威严感，歌颂了国家的强盛。

（二）先唐辞赋中兵器的文学功能

先唐辞赋中兵器的出现，对于塑造人物形象、突出主旨意图、渲染环境氛围、抒发思想感情以及用于作品铺陈五方面都起到了一定作用。

1. 塑造人物形象

先唐辞赋中的兵器，使塑造的人物形象更为鲜明，更为立体而鲜活。如繁钦在《征天山赋》中有："左骈雄戟，右攒干将。"此赋主要是盛赞曹操在东征乌桓时的壮观与胜利，而此句主要说的是东征战队左边是并列的三刃戟，右边是簇举着的利剑。曹操东征之际，在途中宣扬军威，将士们士气高涨，兵器罗列，很有气魄。这些兵器不仅仅为军队及战士们增光，也让我们看到了曹操的威严与魄力，展现了其所向披靡的英雄形象。

2. 突出主旨意图

先唐辞赋中的兵器在突出辞赋主旨意图中也起到了特殊的作用。先唐辞赋的主旨多以宣扬国威与盛世繁荣或揭露国家败落与当政者的骄奢淫逸为主，这期间兵器的作用不可或缺。若写兴盛，兵器则可体现权力与威严；若写衰败，兵器则可反映战乱与苦痛。

潘岳在其《西征赋》中有："分身首于锋刃，洞胸腋以流矢；有褰裳以投岸，或攘袂以赴水，伤稃槪之褊小，攝舟中而掬指。"在兵刃之下，看到的是身首分离的惨状，胸膛也被利箭射穿；战士们有的挽起衣袖跑到岸边，有的撩起衣襟跳到河里。悲叹的是船只太小，士兵由于争先恐后想要坐船逃命而被砍掉的手指是一把一把的。《西征赋》是潘岳在路过洛阳时，对出现在这一带的历史的回忆与感触，揭露了曾经实行暴政的君主的罪恶行为，描绘了战争带来的惨状。兵器是战争的直接体现，潘岳将刀、箭等写入赋中，可以让我们更直观地感受到战争的残酷和乱世的悲剧，体现了作品的主旨。

3. 渲染环境氛围

先唐辞赋中的兵器在环境渲染方面也起到增强真实感、烘托气氛的作用。如陈琳的《武军赋》中有"干戈森其若林，牙旗翻以如绘"，干戈如茂密的森林，牙旗翩翩，翻飞如画。此赋主要是以显示武器的强大以及战争场面的激烈为主。这里，干戈的出现恰到好处，将一个军队前进的宏伟场面用干戈若林来形容，使这样一个雄宏的场景更具画面感，仿佛能看到浩浩荡荡的战士正在英勇前行。在这里，作者没有直写场面有多么壮观，可是在"干戈若林"这样的形容下，读者很容易感受到一种具体而真实的环境氛围。

4. 抒发思想感情

借物言志是文学作品经常使用的一种手法。先唐辞赋中兵器的出现，同样可借以抒发自身情感。如赵壹的《穷鸟赋》，在这篇赋中，作者将自己比作穷鸟，身处险境中，心绪不宁，精神低迷，而受到太贤赈济后转危为安。"缴弹张右，羿子彀左，飞丸激矢，交集于我"，此句是身处困境的一只鸟被猎者逼迫追赶的场面，孤立无援，如入冰窟，亏得有人搭救，得以安全。而作者表达的正是自己在绝望之时得到帮助、得到安稳的境况。在此句中，弓箭的出现，使当时的危机场面显得更为真实与凶险。作者借弓箭来表达当时的绝境，以及迫害自己的人的可恶，为后面得救做好了铺垫。

5. 用于作品铺陈

先唐辞赋中的很多大赋都是以叙事为主的，多描写宫殿气势恢宏、帝王英明神武、狩猎场景宏伟壮观等，在这类作品中，兵器的出现多用于铺陈场面的宏伟、气氛的庄重、人物的威严等。如司马相如的代表作《子虚赋》、《上林赋》及枚乘《七发》等，显著特点就是用大肆地铺陈、绚丽的语汇以及宏阔的气势，描写了威武的校猎场景，从反面警示宫廷贵族切勿贪恋淫乐。在这类作品中，兵器的出现都是营造环境必要的元素。

第四节　先唐辞赋与兵器文化小析
——以张衡《二京赋》为样本

辞与赋作为两种文学体裁，最早出现均在战国时代。楚辞、汉赋以及魏晋南北朝辞赋是当时较具代表性的文学体裁。先唐是辞赋发展的一个鼎盛期，出现了不少辞赋大家，如屈原、宋玉、司马相如、张衡、班固、扬雄、左思、庾信等，他们的作品给后世留下了一笔珍贵的财富。在先唐辞赋中，出现的古代兵器并不多，但仍有一定的意义。本节就以张衡的名作《东京赋》《西京赋》为代表，分析其中出现的兵器。

张衡《东京赋》是先唐辞赋中出现兵器种类较多的作品，其中有戟、弓箭、剑、戈、矛等5种兵器。

尔乃九宾重，胪人列，崇牙张，镛鼓设。郎将司阶，虎戟交铩。龙辂充庭，云旗拂霓。夏正三朝，庭燎晳晳。撞洪钟，伐灵鼓，旁震八鄙，軒磕隐訇，若疾霆转雷而激迅风也。是时称警跸已，下雕辇于东厢。冠通天，佩玉玺，纡皇组，要干将，负斧扆，次席纷纯，左右玉几，而南面以听矣。

……………

顺时服而设副，咸龙旂而繁缨。立戈迤夏，农舆辂木。属车九九，乘轩并毂。旷弩重旗，朱旄青屋。奉引既毕，先辂乃发。鸾旗皮轩，通帛绮旆。云罕九斿，闟戟缪铩。髶髦被绣，虎夫戴鹖。驸承华之蒲梢，飞流苏之骚杀。总轻武于后陈，奏严鼓之嘈囋。戎士介而扬挥，戴金钲而建黄钺。清道案列，天行星陈。肃肃习习，隐隐辚辚。殿未出乎城阙，旆已反乎郊畛。盛夏后之致美，爰敬恭于明神。

……………

礼事展，乐物具。《王夏》阕，《驺虞》奏。决拾既次，雕弓斯彀。达余萌于暮春，昭诚心以远喻。进明德而崇业，涤饕餮之贪欲。仁风衍而外流，谊方激而遐骛。日月会于龙狵，恤民事之劳疲。因休力以息勤，致欢忻于春酒。执銮刀以袒割，奉觞豆于国叟……

文德既昭，武节是宣。三农之隙，曜威中原。岁惟仲冬，大阅西园。虞人掌焉，先期戒事。悉率百禽，鸠诸灵囿。兽之所同，是谓告备。乃御小戎，抚轻轩，中畋四牡，既佶且闲。戈矛若林，牙旗缤纷。迄上林，结徒营……

尔乃卒岁大傩，殴除群厉。方相秉钺，巫觋操茢。侲子万童，丹首玄制。桃弧棘矢，所发无臬。飞砾雨散，刚瘅必毙。煌火驰而星流，逐赤疫于四裔。然后凌天池，绝飞梁。①

《东京赋》规模宏大，描写细致，意在讽谏"逾侈"的时代风气，其中出现的兵器如"郎将司阶，虎戟交铩""云罕九斿，闟戟缪铩"，这两句

---

① 费振刚、仇仲谦、刘南平校释《全汉赋》，广东教育出版社2006年第一版，第511页。

中出现了戟和铩（一种长矛）。前一句讲述郎中侍卫宫廷，夹陛阶相对而立，他们或执戟或持铩，兵器于上方交叉。戟与铩，是侍卫所持的兵器，可用来保护帝王、显示威严。后一句大意是天子的前驱车中还有插着云罕旗的云罕车，以及插着戟的闟戟车。此句中戟的出现，伴以天子的座驾，既有兵器的保卫作用，更象征了天子的高贵地位及无上威严，成为塑造天子形象必不可少的"道具"之一。

"决拾既次，雕弓斯彀""桃弧棘矢，所发无臬"，此两处出现了弓与箭。决，扳指，多为骨制，套在右手拇指上，用以钩弦；拾，套袖，革制，套在左臂上，用以护臂，都属于配合弓箭的兵器。彀是开弓之意。"雕弓"用来形容弓的精致，是其主人身份的象征。天子亲自张弓，用以宣明教化，以此来显示帝王的英明。后一句说，用桃木弓，拿棘枝箭，无须箭靶（臬），仍可击中。宫中将士用它来"驱魔逐怪"，属于一种民间习俗。弓箭作为一种实用性很强的兵器，也引申出昌明教化和祈福消灾的象征性意义。

剑在文中以"干将"形式出现，干将是古代名剑，在此赋中出现了一处："冠通天，佩玉玺，纡皇组，要干将，负斧扆，次席纷纯，左右玉几，而南面以听矣。"大意是说，天子头戴通天冠，佩玉玺，腰系干将剑，等待群臣恭贺。剑作为一种文化内涵很深的兵器，此处用为象征帝王权威的饰物。作者也借剑来表达对天子的敬重与称扬。

戈与矛在《东京赋》中也有出现："立戈迤戛，农舆辂木。""戈矛若林，牙旗缤纷。"前一句描写车上置有戈和戛（即戟），即使是帝王籍田的车子也装饰着戈与矛，朴实中透露着威严；后一句则表现戈矛林立、旗帜飘扬，体现了军阵的威武宏大，这种阳刚之美的描绘是离不开兵器的意象的。

《东京赋》中这些兵器的出现，增强了辞赋的表现力，展现了皇室的威严，歌颂了天子的功德，有着不可或缺的作用。

与此相仿，张衡的《西京赋》也出现了弓箭、剑、刀、殳、叉、钺、矛7种兵器：

于是蚩尤秉钺，奋鬣被般。禁御不若，以知神奸，魑魅魍魉，莫能逢旃。陈虎旅于飞廉，正垒壁乎上兰。结部曲，整行伍。燎京薪，骇雷鼓。纵猎徒，赴长莽。迄卒清候，武士赫怒……飞罕潚箭，流镝擂撮。矢不虚舍，铤不苟跃。当足见蹍，值轮被轹。僵禽毙兽，烂若碛砾。但观置罗之所羂结，竿殳之所揵毕，叉簇之所擙捔，徒搏之所撞拟，白日未及移其晷，已狝其什七八。

……跳丸剑之挥霍，走索上而相逢。华岳峨峨，冈峦参参；神木灵草，朱实离离……奇幻倏忽，易貌分形；吞刀吐火，云雾杳冥；画地成川，流渭通泾。东海黄公，赤刀粤祝，冀厌白虎，卒不能救，夹邪作蛊，于是不售。尔乃建戏车，树修旃……百马同辔，骋足并驰。橦末之伎，态不可弥。[1]

《西京赋》摹写了长安城中商贾、游侠、骑士、辩论之士以及角抵、百戏、杂技、幻术等场景，兵器自然是其中不可缺少的描写对象。

钺，大斧。《西京赋》中只有一处出现："于是蚩尤秉钺，奋鬣被般。"勇士们拿着钺斧，披散着头发，抵挡着不利于狩猎的事物，以保万事大吉。钺的出现衬托了士兵的勇猛，使前行的气势更加磅礴，显示了当时王族狩猎场面的壮大。钺，本身就有权力的象征意味，出现在这里更体现了威势，营造出更真实的场景。

镝与矢。"飞罕潚箭，流镝擂撮""矢不虚舍，铤不苟跃"。大意是捕获飞禽的时候，士兵们斗志昂扬，箭如流星，矛（铤，短矛）不空投，箭无虚发，体现了士兵的敏捷英武的形象，衬托了天子狩猎的场景。可见，弓箭这种本就重要的兵器，在古代狩猎的时候是必不可缺的。

殳、叉，在《西京赋》中仅出现一处："但观置罗之所羂结，竿殳之所揵毕，叉簇之所擙捔，徒搏之所撞拟，白日未及移其晷，已狝其什七八。"这句主要描述了狩猎的成果：网中的禽兽有被竿殳打死的、钢叉刺穿的以及空手捕获的，占全部野兽的十之七八。兵器作为狩猎的工具，也增强了场面描绘的真实感。

---

[1] 费振刚、仇仲谦、刘南平校释《全汉赋》，广东教育出版社2006年第一版，第479页。

剑在《西京赋》中只出现了一处："跳丸剑之挥霍，走索上而相逢。"这是供天子观赏的杂技表演，演员抛接短剑、走大绳，在绳索上交会后继续行走。剑在这里作为表演的工具，主要是以危险性体现了杂技的难度。

刀在此赋中出现了两处："吞刀吐火，云雾杳冥；画地成川，流渭通泾"以及"东海黄公，赤刀粤祝，冀厌白虎，卒不能救，夹邪作蛊，于是不售"。也都是作为演出道具出现的。艺人们吞刀吐火，或扮演黄公配着赤金刀，前者为凸显技艺的高超，后者为展现黄公的形象。这些眼花缭乱的表演场景，再现了帝王奢华的日常生活。

综观张衡的《二京赋》，兵器在其中或作为道具，或作为武器，或用为仪仗，其实用性与象征性都得到了充分展现，从中可以看出兵器与宫廷文化的密切关系。作者在行文中对待兵器或用之以铺叙或用之以衬托，其文学功能同样不可替代。作为汉赋的名篇，对这两篇作品中兵器的分析也可以使我们窥一斑而知全豹，对辞赋与兵器文化的关系有一个大致的了解。

先唐辞赋作为辞赋发展中最高成就的代表，具有恒久的魅力与价值，而先唐辞赋中的兵器较之其他文体中兵器的位置显然并不那么重要，但对其做一梳理，也可以完善对兵器与文学的关系问题的探讨。本章首先解释了为何以先唐的辞赋作为考察中心；第一部分主要对先唐辞赋与辞赋家的关系进行探讨，对兵器的佩带之风与兵器的实用性进行说明；第二部分主要从先唐辞赋中出现的兵器、分类以及特点三方面来论述；第三部分主要对先唐辞赋中兵器的文学内涵与文学功能进行论述；第四部分选择了两篇代表性的辞赋，对其中的兵器进行了分析。

从以往的研究状况看，先唐辞赋研究颇多，兵器文化研究也有一些，但对于先唐辞赋中兵器文化的研究尚为空白，不能不说是一大缺憾。故此处略予探讨，希望起到抛砖引玉的作用。由于时间、资料以及个人能力所限，必定还存在许多不足之处，敬请各位读者方家批评指正。

第三章

战争写实与英雄想象：宋词中的兵器

王国维在《宋元戏曲史·序》中云："凡一代有一代之文学。楚之骚、汉之赋、六代之骈语、唐之诗、宋之词、元之曲，皆所谓一代之文学，而后世莫能继焉者也。"词作为宋"一代之文学"，在文学史上的成就可谓辉煌，宋词文化在中华文化史上也是炳若日星。据唐圭璋先生《全宋词》（本章所涉及词作及数据均以唐圭璋《全宋词》中华书局2009版为据），两宋词人共计1330余家，作品约20000首。在这些灿若繁星的作品中，有关兵器的作品不在少数。这些词作以其独特的艺术风格丰富了词坛，开拓了全新的词境，拓展了词的表现功能，在婉约为"正体"的词苑歌豪放大风，使豪放词与婉约词互相颉颃，推动宋词走向巅峰。而豪放词所独具的抒情范式和审美规范使词焕发出前所未有的光彩，在中国文学史上取得了与诗歌双峰并峙、联璧生辉的地位。

第一节　宋词中的兵器概述

据唐圭璋先生《全宋词》，两宋词中直接有武器描写的作品有1951首[①]，比较常见的有钩、刀、剑、弩弓、矛、箭、钺、挝、鞭、铛、云梯、流星锤、椎、戟、吴钩、斧、戈、炮、矢、镞、槊、锤、枪、铤、弩等。对这些作品进行检视和分类统计，得出结果如下表：

表二：《全宋词》中兵器出现数量表

序号	兵器名称	出现次数
1	剑	351
2	刀	211
3	弩弓	201
4	箭	153
5	戈	152
6	戟	83
7	鞭	82
8	矢	65
9	枪	30
10	斧	21
11	槊	19
12	矛	12
13	钺	10
14	炮	10
15	云梯	7

从上表可知，两宋词中出现频率最高的分别是剑、刀、弩弓、箭、戈等，出现频率均高达100次以上。这些兵器也是常见的冷兵器，并且具有一定的象征意味，因此常在作品中作为意象出现。另有一些兵器如锤、铤

---

① 统计中一首作品涉及两种武器的均作两首计。

龙泉剑

等出现较少,均在10次以下。

剑的统计频率高居第一,稍显意外。众所周知,宋兵器沿唐旧制,在长柄兵器方面有大刀、戟、斧、钩、锤等,用以武装重步兵,对抗游牧民族的骑兵;而短兵器吸收了西北少数民族兵器优点,品种繁多,形式庞杂,有蒺藜、蒜头、铁鞭、连珠三节鞭、铁锏、铁斧、铁棒、铁锤等。在这些兵器中,剑并非使用最为广泛的武器。剑素有"百刃之群""百兵之帅"的美称,我国的铸剑历史可追溯到轩辕黄帝,据《黄帝本纪》载:"帝采首山之铜铸剑,以天文古字铭之。"据《管子》:"昔葛天卢之山发而出金,蚩尤受而制之,以为剑铠。"黄帝、葛天氏、蚩尤等均为上古传说中的人物,可推知此时的剑只是雏形而已。剑在商中后期已大致成形,以铜为材质,《逸周书·克殷解》载:"(武王)先入,适王所。乃克射之三发,而后下车,面击之以轻吕,斩之以黄钺,折县(悬)诸大白。"此处"轻吕"即"轻剑"。春秋中晚期开始出现用钢铁铸剑的工艺,《史记·苏秦传》记载了当时"工匠七千,竟夜如昼""炉火照天地,红星乱紫烟。酒幡掩翠柳,铁歌秦更天"的冶铁铸剑景象。至西汉末,钢铁剑替代了铜剑。为了配合马战,马上兵器必须利于砍斫、易发力,于是剑逐渐被刀所取代。晋唐以后,剑就演变为一种代表身份和权力的礼器。宋代宝剑铸造技术远超前朝,沈括曾在《梦溪笔谈》中记载了磁州锻坊的"真钢"宝剑,但宝剑的使用不如其他兵器那么普及。之所以宝剑会高居词中武器出现率第一,当与其象征意义有很大关系。如辛弃疾《破阵子·为陈同甫赋壮词以寄之》:

醉里挑灯看剑,梦回吹角连营。八百里分麾下炙,五十弦翻塞外声。沙场秋点兵。

马作的卢飞快,弓如霹雳弦惊。了却君王天下事,赢得生前身后名。可怜白发生!

此词作于词人闲居信州(江西上饶)时期。辛弃疾23岁从北方南归,本以为可以跃马疆场，横扫金军，收复故土，但朝中主和派甚嚣尘上，帝王也并未有强烈的复国之意，只派他在湖北、湖南、江西一带做转运使等职。40 岁后辛弃疾于江西上饶一带营造园林，遭到朝中宵小谗诟，落职居于上饶鹅湖、铅山，但他心中从未泯灭收复北方之志。宋孝宗淳熙十五年（1188 年）冬天，陈亮来鹅湖看望辛弃疾，二人纵论时势，共商讨金大计，抒壮志难酬之悲，即第二次"鹅湖之会"。其间二人几番唱和，兴酣起舞。《历代诗余》卷一百一十八引《古今词话》云："陈亮过稼轩，纵谈天下事。亮夜思幼安素严重，恐为所忌，窃乘其厩马以去。幼安赋《破阵子》词寄之。"可知此词为友人离开之后抒怀以寄，与战争无涉，故"醉里挑灯看剑"当是词人的想象，剑在此处象征词人驱除敌虏的愿望和决心，寄托着辛弃疾的人生理想。

又如王澜《念奴娇·避地溢江书于新亭》：

凭高远望，见家乡、只在白云深处。镇日思归归未得，孤负殷勤杜宇。故国伤心，新亭泪眼，更洒潇潇雨。长江万里，难将此恨流去。遥想江口依然，鸟啼花谢，今日谁为主。燕子归来，雕梁何处，底事呢喃语。最苦金沙，十万户尽，作血流漂杵。横空剑气，要当一洗残虏。

此词下片以"遥想"领起，言风景不殊、江山易主，志士仁人当拥兵挥剑，雪洗残虏。此处的"剑气"当取其象征义，而非实指。

细考两宋词作，与剑相关的共 351 阕。其中长剑出现 23 次，南剑 13 次，书剑 12 次，琴剑 7 次，刀剑 6 次，孤剑 6 次，干将 5 次，三尺剑 5 次，双剑 5 次，莫邪 4 次，长铗 3 次，巨阙 1 次，含光 1 次，短剑 1 次。另外，华铤、却邪、吴干、鱼肠、真刚、短铗、燕支等剑名各出现 1 次。

刀以 211 次列于出现频率的第二位，这一现象并不难理解。两宋时期刀是武装军队的重要兵器。在宋代仅长柄刀就分为"刀八色"，如偃月刀、眉尖刀、凤嘴刀、戟刀等。可以说中国古代兵器史上刀的种类至此大备，明清时也只创造了钩镰刀和长杆镰刀等割刀，并未有超越宋刀之处。两宋时期著名的还有斩马刀，主要用于步战，借鉴了唐陌刀的形制。据李焘《续资治通鉴长编》："命供备库副使陈珪管勾作坊，造斩马刀。初，上匣刀样以示蔡挺，刀刃长三尺余，镡长尺余，首为大环，挺言：'制作精巧，便于操击，实战阵之利器也。'遂命内臣领工置局，造数万，分赐边臣。斩马刀局盖始此。八年四月二十八日并五月十七日可考。"[1]另外，"吴钩"也是宋时名刀，又名"葛党刀"，沈括《梦溪笔谈》载："吴钩，刀名也。刃弯，今南蛮用之，谓之葛党刀。""吴钩"一词也常出现于宋词中，如辛弃疾"江南游子，把吴钩看了……无人会，登临意"（《水龙吟·登建康赏心亭》）。为了更有效地抗击装甲骑兵，宋军生产了大量大刀，特别是在南宋初期，大刀和大斧已成为装甲步兵的重要装备。宋高宗绍兴十年（1140年）宋金郾城之战，岳飞以装备有大刀、大斧的装甲步兵对付金兵装甲骑兵，"将士各持麻扎刀、提刀、大斧，与贼手拽厮劈。鏖战数十合，杀死贼兵满野，不计其数"，用大刀劈砍敌骑兵马腿，待敌马仆倒后，再砍斫敌兵胸部头部。总体上说，宋代的刀种类是非常丰富的，据庆历年间官修的《武经总要》前集卷十三《图器》载："右手刀，一旁刃，柄短，如剑；掉刀，刃首上阔，长柄施镡；锢刀，刃前锐后斜阔，长柄施镡，其小别有笔刀，此皆军中长用。其间健闿者，竞为异制以自表，故刀则有太平、定我、朝天、开山、开阵、划阵、偏刀、车刀、匕首之名。掉则有两刃，山字之制，要皆小异，故不悉出。"[2]可知宋刀品种确实非常多样。

两宋词作中刀共出现211次，低于剑的出现次数，但在其他所有兵器中居于第一。究其原因，一则剑的象征意味和文学想象功能比刀更强；二则刀在两宋时期虽然不是最常用的武器，但也是极为重要的武装军队的兵器。在众多的刀中，金刀出现21次，大刀出现15次，吴钩出现13次，刀头出现12次，霜刀出现9次，宝刀出现6次，百炼出现6次，腰刀出现3次，安国出现3次。另有龙鳞、兴国、含章、定国、新亭侯等各出现1次。

---

[1] 李焘《续资治通鉴长编》卷233，熙宁五年五月庚辰，中华书局2004年点校本，第9册，第5645页。

[2] 曾公亮等编《武经总要》前集卷13《器图》，中华书局1959年影印明正德重刻南宋绍定本，第6册，第19页。

第三章　战争写实与英雄想象：宋词中的兵器　　093 >

宋词中还有一些作为日常生活用具的刀，如周邦彦《少年游·并刀如水》："并刀如水，吴盐胜雪，纤指破新橙。锦幄初温，兽香不断，相对坐调笙。低声问：向谁行宿？城上已三更。马滑霜浓，不如休去，直是少人行。"其中的"并刀"即指山西北部并州一带产的刀，用于剖水果等日常使用，并非军事战争用刀，故未计入统计数据。

弓弩是词中出现频率第三的武器，这也符

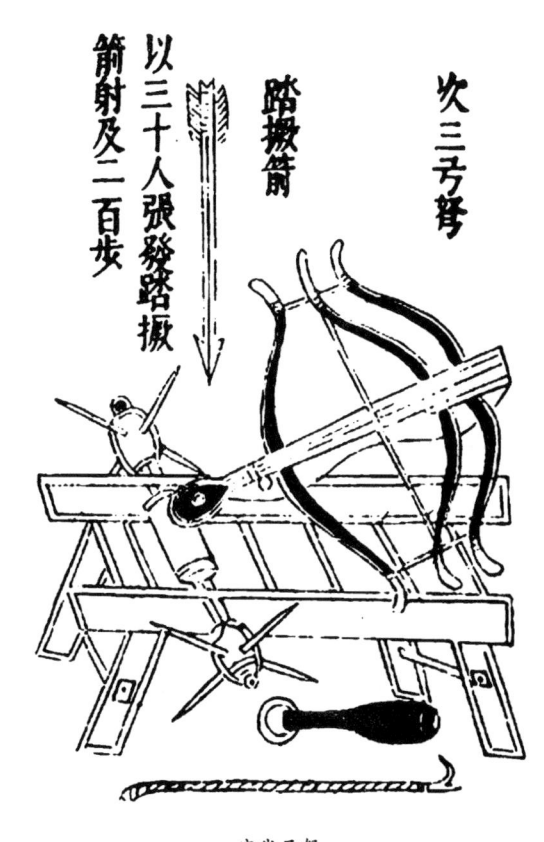

次三弓弩
踏撅箭
以三十人张发踏撅箭射及二百步

宋代弓弩

合宋代兵器的史实。宋兵器以弓弩为主，弓弩兵的数量占到宋军总数的六成以上。由于弓弩的广泛使用和在战争中的重要性，宋时衡量士兵的武艺均以臂力作为第一标准，挽强弓者为胜，据载宋兵拉弓的最高纪录为 270 斤。如果以一宋斤合 1.2 市斤来折算的话，则这位士兵可以拉开 162 公斤的弓。传说中一些将军力量更加惊人，据闻岳飞和韩世宗均可挽 300 宋斤（合 180 公斤）的弓。

宋时弩种类很多，据《武经总要》载，有寒鸦箭弩、远射床子弩等，王应麟《玉海》亦提到太平兴国连弩、冲阵无敌流星弩、乾道木鹤弩等不同的弩种。虽种类和名称繁多，但大致可概括为制式弩和特种弩两类，制式弩又可分为轻型弩和重型弩（床弩）。所谓轻型弩，由士兵用脚力控制机械装置；而重型弩则将弩机置于四脚凳上，由多名士兵绞拉机械轴以张开弓弦，实际是将弓和绞车的功能合二为一，其射程可达 500 米之远，确实为远程武器。另有神臂弓，可一人发射，最远射程可达 370 米左右。宋军作战一般都是刀枪在前，弓弩随之，距敌 300 米左右达到射程范围时，神臂弓万箭齐发；至 200 米左右时，则平射弓手起立挽弓发射；敌至拒马则开始肉搏。由此可知在宋代的战术体系中，弓弩是非常重要的兵器。这从宋代兵器制造机构的设置也可见一斑，北宋时设弓弩院和造箭院，各领工匠千人，一日一人可造弓 1 张、箭 30 支。由于弓弩的广泛使用，其在词中较为常见也就不难理解，著名的有"会挽雕弓如满月，西北望，射天狼"（苏轼《江城子·密州出猎》），"燕兵夜娖银胡䩭，汉箭朝飞金仆姑"（辛弃疾《鹧鸪天·有客慨然谈功名因追念少年时事戏作》），"射虎山横一骑，裂石响惊弦"（辛弃疾《八声甘州·故将军饮罢夜归来》等。

枪作为一种常见的冷兵器在宋词中也有较高的出现频率。枪本指长柄有尖头的击刺武器，据《说文》："枪，歫也。"按，歫人之械也。两宋堪称枪的黄金时代，其种类之多可谓远超前代。据《武经总要》载，宋代的枪有捣马突枪、双钩枪、单钩枪、环子枪、素木枪、鸦项枪、键枪、梭枪、褪枪、太宁笔枪、短刃枪、抓枪、藻黎枪、拐枪、拐突枪、拐刃枪等。为了适应与金、蒙古的骑兵作战，宋代马枪的长度略有缩短，以便于在马上灵活进击；同时制作更加精良，枪头一般都有刺和钩，可以用于击刺和回钩；枪柄末端装有铁枪纂，可以插入地；另外枪柄有牛皮编成的提绳。

值得一提的是，炮作为火器开始在宋时运用于军事战争，在词中出现10 次，可谓古代诗词中的新现象。宋代农业发展，商业繁荣，手工业有了长足进步，特别是采矿业、冶炼业有了巨大提升，科技在当时的世界上处于领先地位。科技的繁荣为火器的发明提供了技术保障，而边境受到辽、西夏、金等的夹击使火器的发明更为必要和紧迫。北宋初年，文字记载的军用火炮火药、蒺藜火球火药、毒药烟球火药的配方首次在《武经总要》中出现，这是世界上最早的军用火药配方。宋代火药的配方特点有：首先，硝石、硫黄、炭是配料的主要成分。火炮火药中此三物占到 85%，蒺

铜矛

蒺火球火药中此三物占 82%，毒药烟球火药中此三物占到 65%。其次，三种物质的组配比例大致接近，都是硝石最多，硫黄次之，炭最少。再次，除此三种主料外，还杂有数十种易燃性辅助材料。这说明人们对火药的爆炸性认识不足，后来随着实践的不断深入，金元时期火药中的辅助材料在不断减少，甚至消失。最后，制造工艺较原始简单，火药成品粗糙，质量较差。比如制造火炮火药，是将硝石捣碎，将砒霜研碎，将干漆捣末，将竹茹捣末，将黄蜡、清油熬成膏状，上物混在一起，即成火药。宋炮种类较多，仅《武经总要》前集卷十二便绘图介绍了 16 种炮。宋代火炮一般将火药与其他易燃物及有毒物如桐油、砒霜等捣碎调匀，用一层或多层纸裹上封好，涂覆松脂、蜡等易燃物做成球状，上有小孔便于安放引线点火（初期无引线，用烧红的铁锥烙透发火），以抛石机发射，以达到燃烧或者延烧的目的。火炮的威力很大，李纲《靖康传信录》载靖康元年金兵围汴京，宋军"夜发霹雳炮以击贼，军皆惊呼"。《宋史·马塈传》亦载宋端宗景炎二年（1227 年），宋将马塈驻守静江，蒙古军围城，马塈部娄钤辖率领二百余兵坚守，后乏食缺水，"娄乃令所部人拥一火炮燃之，声如雷霆，震城土皆崩，烟气涨天外，兵多惊死者，火熄入视之，灰烬无遗矣"。中国古典诗词中涉及的兵器多为冷兵器，炮在宋词中的出现使中国古代诗词具有全新的意象和词境，具有别样的风采。

另外，钺、矛也是宋词中出现较多的兵器之一。宋初军队武装较重，步兵包括兵器在内的负荷高达40~50公斤，虽然战斗力增强，但负重过重也使机动性和灵活性受到影响。为了对付敌军的轻骑兵，长矛、斧钺开始成为军队的主要兵器，《武经总要》中绘图记载了斧、钺、矛的形制和功能，宋代石雕造像中也有大量此类兵器。有宋一代斧钺的制作和使用手法比陌刀要简单，著名的有岳家军使用的麻扎刀、捉刀、长柯斧等。

辛弃疾

第二节　战争写实：宋词中的战争书写

兵器与战争紧密结合在一起。宋词中出现的刀、剑、戟、箭、弓弩、斧等兵器，其功能首先是描写激烈的战争场面，渲染惨烈的战斗气氛，具有明显的文学写实意义。在这些作品中，兵器所指向的都是具体的战争，有着较强烈的"感事"性质。如辛弃疾的《鹧鸪天·有客慨然谈功名因追念少年时事戏作》：

壮岁旌旗拥万夫，锦襜突骑渡江初。
燕兵夜娖银胡䩮，汉箭朝飞金仆姑。
追往事，叹今吾，春风不染白髭须。

却将万字平戎策，换得东家种树书。

这首词的上片有"银胡䩮"、"汉箭"和"金仆姑"3种兵器。所谓"胡䩮"，指银色或镶银的箭袋，"仆姑"指好的弓箭，《左传·庄公十一年》云："乘丘之役，公以金仆姑射南宫长万。"乐雷发《乌乌歌》亦去："有金须碎作仆姑，有铁须铸作蒺藜。"词中所写的"壮岁旌旗拥万夫，锦襜突骑渡江初"为词人所亲历。高宗绍兴三十一年（1161年），金主完颜亮率军长驱南下，北地空虚，一些仁人志士纷纷组织义军抗击金军。金军在采石矶大败后，完颜亮被部下缢杀，北方起义更是风起云涌。22岁的辛弃疾也欲组织人马抗击金兵，在济南结识了一个叫义端的僧人，二人把酒共论国家时局，甚为投机，遂共同投奔耿京义军。时日不长，耿京发现军中大印失踪，而义端也不知去向，士卒报告说义端偷金印奔金营云云。耿京怪罪辛弃疾识人不善。辛弃疾跃马追击两天两夜，终拦截义端，挥剑斩下义端头颅，归送耿京。绍兴三十二年正月，耿京派军中掌书记辛弃疾前往南宋与朝廷联络，图南北夹击、里应外合之计。辛弃疾率部谒见高宗赵构。"圣天子一见三叹息"（洪迈《稼轩记》），授辛弃疾承务郎、耿京为天平军节度使。辛弃疾归海州后，闻耿京军中叛徒张安国弑耿京后投金，义军也溃散，遂率五十轻骑星夜突入济州张安国驻地，假意不知内情，要与张安国会面。安国大醉，疏于防范，被辛弃疾缚于马上，驰骋出营，星夜疾驰，过淮水方息，抵临安将叛徒献给朝廷处置。此词正是写青年时的这段战斗生涯，词中"银胡䩮""汉箭""金仆姑"正写出当年词人戎马倥偬的战斗生活，也塑造了一个年少英概、意气风发的英雄形象。

又张孝祥《水调歌头·闻采石战胜》有：

雪洗虏尘静，风约楚云留。何人为写悲壮，吹角古城楼？湖海平生豪气，关塞如今风景，剪烛看吴钩。剩喜然犀处，骇浪与天浮。

忆当年，周与谢，富春秋。小乔初嫁，香囊未解，勋业故优游。赤壁矶头落照，肥水桥边衰草，渺渺唤人愁。我欲乘风去，击楫誓中流。

词中有"剪烛看吴钩"语，所谓吴钩，本指弯刀，传为吴王阖闾所制，锋利无比，后泛指刀。刘宋时鲍照《代结客少年场行》云："骢马金络头，锦带佩吴钩。"唐杜甫《后出塞五首》其一云："少年别有赠，含笑看吴钩。"李贺《南园十三首》其五亦云："男儿何不带吴钩，收取关山五十州。"在这些作品中，吴钩显然并非专指刀，其因独特的形制、动人的传说和动听的名字成为诗人们青睐的兵器代称。张孝祥此词写于宋高宗绍兴三十一年采石矶大捷后。当时金主完颜亮率十七万大军南下攻宋，强渡淮河，逼近长江，欲"提兵百万西湖上，立马吴山第一峰"（《南征至维扬望江左》），与虞允文率领的不足两万残兵对峙于长江北岸采石矶。虞允文严明法纪，鼓舞士气，制定合理的战术，以艨艟、海鳅、车船等战舰冲击金军。金军人多船小，不擅水战，又遭宋军伏击，船只被焚 300 余艘，士卒落水淹死者无数。完颜亮被迫退至瓜洲欲负隅顽抗，终被哗变士兵所杀。这是宋金对峙以来宋军的第一次大捷！张孝祥作为虞允文的同年好友，用豪迈健笔，和墨酣歌，写下了这首足让懦者起舞的词作。词的上片写国家豆剖，将士骋湖海豪气，誓将敌虏驱除，随时枕戈待旦，欲一雪前耻，终于在采石矶大败金军之事。"然犀"用温峤典故，《晋书》载温峤至牛渚矶（采石矶），见水深不可测，传闻此地水中有怪物，遂燃犀牛角照之，见水中"水族覆火，奇形异状"。此处当指覆没于水中的金军。据载，虞允文指挥宋兵"布阵始毕，风大作"，遂命艨艟、海鳅冲敌舟，山呼"王师胜矣"，金军"舟中之人往往缀尸于板而死"（李焘《续资治通鉴》卷一百三十五）。下片借周瑜与谢玄事赞许虞允文之"勋业"，而周、谢诸人已成灰土，赤壁、肥水已湮没为陈迹，当今欲纾国家之难，还需虞允文及词人这样的志士。作品中霜天悲角、前烛看刀、牛渚燃犀，都是对这场战争的实写，也是对将士风采的速写式刻画。

宋词中的兵器除了描写战争的激烈外，有些作品也借敌人之兵器渲染战争的残酷及对老百姓造成的巨大灾难，徐君宝妻《满庭芳》：

汉上繁华，江南人物，尚遗宣政风流。绿窗朱户，十里烂银钩。一旦刀兵齐举，旌旗拥、百万貔貅。长驱入，歌楼舞榭，风卷落花愁。

清平三百载，典章文物，扫地俱休。幸此身未北，犹客南州。破鉴徐郎何在？空惆怅、相见无由。从今后，断魂千里，夜夜岳阳楼。

南宋恭帝德祐元年（1275年）四月，元将阿里海涯攻入岳州（今湖南岳阳），徐君宝妻在兵乱中被俘，押解至杭州，囚禁在抗金名将韩世忠旧居。由于姿色出众，元帅屡次欲侵犯她，均被她巧妙化解。元帅恼羞成怒，几次欲杀之，又恋其美色，终不忍心。一日元将兴起，又欲强暴君宝妻，君宝妻从容正色道："俟妾祭谢先夫，然后乃为君妇不迟也。君奚怒哉！"元将大喜，以为即将得逞。君宝妻梳妆整衣，焚香默祝，"题《满庭芳》词一阕于壁上，已，投大池中以死"（陶宗仪《辍耕录》）。此词上片写江南一带的富庶繁华，南宋虽偏安一隅，但经过数载发展，出现了一些经济繁荣、城市建设可观的大都会。这些城市保存着北宋政和、宣和年间的余韵，朱门绣户，春风十里，尽是风流人物，满眼锦绣繁华。而元军南下，百万"貔貅"全副武装，刀光凛凛，旌旗飞扬，长驱直入，席卷江南，舞榭歌台一夜间化为灰土。下片写自身命运，在敌人劲风扫叶的强攻之下，风流人物一朝零落，自己也夫妻离散、孤身漂泊。"破鉴徐郎"用南朝陈时徐德言典：陈将亡，徐德言与妻乐昌公主流散，二人剖铜镜为二，各执一半，相约他日正月望日共卖铜镜于市，以冀重逢。后乐昌公主果没入越国公杨素府，德言飘零至京，正月望日于市场见一苍头卖半面铜镜，遂以己执镜试之，严丝合缝，感慨涕零，于镜上题诗云："镜与人俱去，镜归人不归。无复嫦娥影，空留明月辉。"乐昌公主偶得之，哭泣不能食。杨素问其故，尽述其事。素因差人召德言，以公主归之，二人偕归江南，伉俪终老。（孟棨《本事诗·情感》）徐君宝妻以"破鉴徐郎何在"怆然发问，"相见无由"四字让人鼻酸。此后断魂如缕，夜归岳阳楼。词中"刀兵"二字虽然平淡无奇，然置于全词之中，却是国家、人民和个体悲剧命运的制造者！国家瓜分豆剖，名流风流云散，百姓流离失所，女词人也魂归无处，如此悲凉伤恸，尽在一个"刀兵"！可谓四两拨千斤。《晋书·顾恺之传》载："（恺之）尝图裴楷象，颊上加三毛，观者觉神明殊胜。"则此词中的"刀"，如裴楷之"三毛"，以少总多，画龙点睛。而一个"刀"字，将南宋覆亡时的惨烈和百姓身遭涂炭的凄凉点出，让人回味。

宋词中的兵器除了反映战争外，也对与战争相关的军事活动有所记录，包括阅兵、凯旋、狩猎、练兵等。如刘过《沁园春·张路分秋阅》：

万马不嘶，一声寒角，令行柳营。见秋原如掌，枪刀突出，星驰铁骑，阵势纵横。人在油幢，戎韬总制，羽扇从容袭带轻。君知否，是山西将种，曾系诗盟。

龙蛇纸上飞腾，看落笔、四筵风雨惊。便尘沙出塞，封侯万里，印金如斗，未惬平生。拂拭腰间，吹毛剑在，不斩楼兰心不平。归来晚，听随军鼓吹，已带边声。

词写宋军在秋天进行的一次壮观的军事演习。宋时常在秋天进行大型阅兵及军事训练，故称"秋阅"，辛弃疾名句"八百里分麾下炙，五十弦翻塞外声，沙场秋点兵"（《破阵子·为陈同甫赋壮词以寄之》）即指秋阅。词题中"张路分"指张姓的路分都监，路分都监为宋代路一级军事长官，督一路之军事、战略、练兵、屯田、选兵诸事。词上片发端以静衬动，万马阒寂中突然扬起号角，"寒"点明阅兵的时间及场面的肃穆。"柳营"为"细柳营"的省称，《史记·绛侯周勃世家》载，汉文帝时，周亚夫驻军细柳，文帝率随从劳军至，不得入，随从告知皇帝至，军门都尉曰："将军令曰：'军中闻将军令，不闻天子之诏。'"文帝无奈不能入营，命使者持节告知周亚夫帝王劳军，方得进入辕门。又被告知"不得驱驰"，只能"按辔徐行"。后文帝叹曰："嗟呼，此真将军矣！"此典用以说明张路分治军之严。"枪刀突出，星驰铁骑，阵势纵横"写出阅兵场上锋利的刀枪寒光闪闪，战马披铁铠甲，疾驰如流星，军队阵列纵横捭阖，蔚为壮观。而指挥这场盛大阅兵的将领，既是并州代北的豪杰，又是挥毫万字的诗人。下片集中写张路分的风姿和气质，他能文能武，落笔惊风雨，又封侯佩金印，腰间剑锋凛凛，吹毛即断，将军志在破楼兰、驱敌虏，觉得晚风中的清角吹寒也带有沙场的肃杀之声。作品虽然只写阅兵，但从"枪刀突出，星驰铁骑，阵势纵横"句，可以想见宋军在战场上的骁勇，则战争之壮阔、英雄之豪气，尽在楮墨。

两宋词中类似的作品很多，如"扫欃枪，血染彭门战"（刘潜《六州歌头》),"鞭寰宇,驱龙虎,扫欃枪。斩长鲸,血染中原战"(李冠《六州歌头·项羽庙》),"痛把群生割剖,刀头转、鲜血飞红"(了元《满庭芳》),"少年锦带佩吴钩。铁马追风塞草秋。凭仗匣中三尺剑,扫平骄虏取封侯"(郑仅《调笑转踏》),"扫欃枪,苏耄倪,载弓橐"(侯寘《水调歌头》),"快磨三尺剑,欲斩佞臣头"(黄中辅《满庭芳·题太平楼》),"少年荆楚剑客,突骑锦襜红"(张孝祥《水调歌头·凯歌上刘恭父》),"弓刀斗力增劲,万马骤西风"(蔡戡《水调歌头·南徐秋阅宴诸将,代老人作》),"笳鼓旌旗改色,弓刀铠甲增明"(赵师侠《西江月·丁巳长沙大阅》),"想刀明似雪,纵横脱鞘,箭飞如雨,霹雳鸣弓"(刘过《沁园春·御阅还上郭殿帅》)等。

宋词中有如此多的战争描写,与宋代政治策略和军事政策有很大关系。太祖以"陈桥兵变"取得帝位,即位后力禁武人干政,实行"崇文抑武""强干弱枝"的政治和军事方针。中央及地方官均由文官担任,对武将多犯忌,士兵也多受歧视。强壮的士兵多为"禁军"驻扎在国都附近拱卫帝王;地方上的"厢军"多老弱病残,无所作为,战斗力极差。每逢荒年,政府即实行"养兵"政策,招募流民入军,增加了军费开支,但军队战斗能力孱弱无比。更有甚者,在与辽、西夏、金、蒙古对峙中,边境所屯之兵仅能自保,且实行"更戍法",使兵不知将、将不知兵,以防止士兵哗变。靖康南渡后,"重内轻外"的政策仍然延续,朝中"主和派"与"主战派"互相抗衡,"主和派"大部分时间都占据上风。孝宗、理宗虽志在恢复,但很快在主和派的鼓惑下放弃斗志。骨鲠之士如宗泽、张浚、辛弃疾、李纲、胡铨、陆游等不是被贬逐,就是沉沦下僚,壮志难酬。加之敌虏时时窥侵江南,朝廷也组织北伐,故战火时起,有大量战争词出现。综观中国词史,唯有两宋词中有如此多的兵器描写,从而使宋词表现出与其他时代词作完全不同的风格意态。

第三节　英雄想象：宋词中的文学虚构

两宋词中有不少作品虽然有兵器，但并非实写战争，而是词人用兵器传达一种英雄想象。

如李纲词《水龙吟·光武战昆阳》：

汉家炎运中微，坐令闰位余分据。南阳自有，真人膺历，龙翔虎步。初起昆城，旋驱乌合，块然当路。想莽军百万，旌旗千里，应道是、探囊取。豁达刘郎大度。对劲敌、安恬无惧。提兵夹击，声喧天坏，雷风借助。虎豹哀嗥，戈铤委地，一时休去。早复收旧物，扫清氛祲，作中兴主。

此词是一首怀古词，借光武昆阳之战寄托王朝"中兴"的宏愿，其中旌旗飞扬、戈铤相拨的场面异常悲壮，颇有老杜"落日照大旗，马鸣风萧萧"（《后出塞五首》其二）的意境。戈是一种曲头兵器，横刃，以青铜或铁制成，有长柄，商至战国时期盛行，宋时用于仪仗。铤为铁柄短矛，矛头细长，身扁平，两侧有刃，下装铁柄，柄下再接竹矜，西汉时盛行一时，《史记·匈奴列传》有"其长兵则弓矢，短兵则刀铤"。无论是戈还是铤，宋时已不再使用，因此词作中的这两个兵器是词人的文学想象，用来表达一种难以实现的英雄梦。

所谓英雄，指见解、才能卓然出众，能领导群众的人。英雄拥有天然的责任感、使命感，能在危急时刻挽狂澜于既倒，解黎民于倒悬，正如班固《汉书·刑法志》云："（高祖）总擥英雄，以诛秦项。"《三国志·蜀书·先主传》云："是时，曹公从容谓先主曰：'今天下英雄，唯使君与操耳。本初之徒，不足数也。'"中国古人先天就有一种难以割舍的英雄情结，这来自于他们强烈的使命意识。早在春秋时，孔子就已为儒家制定了理想的人格范型——"君子儒"。《礼记·儒行》载："儒有上不臣天子，下不事诸侯；慎静而尚宽，强毅以与人，博学以知服；近文章，砥厉廉隅。""儒有不陨获于贫贱，不充诎于富贵，不恩君王，不累长上，不闵有司，故曰儒。"不屈于上，不侮于下，富贵不淫，贫贱不移，行则出将入相、建功立业，藏则独善其身、自足适志。"立德""立功""立言"使中国古人本就具有一种英雄的"集体无意识"。西方学者则将英雄主义称为一种本能，认为它是对死亡的一种自发"拒斥"。正如贝克尔所言：

苏轼

"如果人纯然是天使，就不会恐惧死亡；如果人纯然是动物，就不懂得恐惧死亡。但人既非天使又非动物。天地万物之间，人与其他动物不同：人既是生理性的肉体，又拥有自我意识，因文化而生成符号性的自我，因而命中注定要直面死亡、恐惧死亡。有了自我意识，人的存在困境和悖论本性就尖锐地凸显出来：一方面，人是君临万物的灵长，是自然界中小小的神祇，是文化符号体系的创造者；另一方面人最终是被造物，是必有一死的高等动物，是蛆虫的口中食，是可怜的'有朽'。如此彻底的二元分裂，是人独有的荒诞命运，是人所遭受的最基本的压抑。正是这一压抑导致了人无意识的反抗，也即人身上普遍的英雄主义冲动：为了'拒斥'死亡，否认荒诞的命运，人拼命利用种种文化规范和关系，如宗教、道德、爱、父母、家庭、权威、思想、艺术等等，试图凭借它们去营造某种'神化工程'……以此出类拔萃，力争不朽！"[1]

无论是西方的本能说，还是中国古人的人生修养说，英雄梦似乎是人类共同的梦想。特别是对宋人来说，面临着辽、西夏、金、蒙古的威胁，战场上节节败退，屈辱性条约让士人蒙羞，国家瓜分豆剖，帝王被俘致死，生灵涂炭，衣冠南渡，最后国家覆亡，这种天翻地覆的大危难境地是

---

[1] 厄内斯特·贝克尔著、林和生译《拒斥死亡》，华夏出版社2000年版，第1页。

英雄主义产生的天然土壤。而朝中主和派甚嚣尘上,士人复国之志始终难以实现,亲临战场、跃马杀敌只能是梦想,于是借词中的兵器来寄托自己的理想也就不难理解了。如苏轼《江城子·密州出猎》:

老夫聊发少年狂,左牵黄,右擎苍,锦帽貂裘,千骑卷平冈。为报倾城随太守,亲射虎,看孙郎。

酒酣胸胆尚开张,鬓微霜,又何妨?持节云中,何日遣冯唐?会挽雕弓如满月,西北望,射天狼。

此词作于神宗熙宁八年(1075年),苏轼时任密州知州。词上片写一次大型的狩猎活动,苏轼率领倾城百姓,牵黄擎苍,纵马奔驰,如疾风卷过山冈。"射虎"用孙权典,《三国志·吴书·孙权传》载:"二十三年十月,权将如吴,亲乘马射虎于凌亭,马为虎所伤。权投以双戟,虎却废。常从张世击以戈,获之。"典故的运用使词增加了内蕴,但借他人酒杯浇己之块垒,明显具有了想象的特质。孙权射虎并非东坡射虎,苏轼只是借此典中的弓弩和箭来表达对孙权那样的英雄的向往,也寄托着自己的英雄梦想。与此类似,下片中的"会挽雕弓如满月,西北望,射天狼"具有同样的功能,"天狼"指北方威胁宋境的西夏、辽诸政权。苏轼熙宁四年(1071年)上书言新法弊端,与新党有隙,故自请外任,熙宁四年至熙宁七年(1074年)在杭州任通判,熙宁七年秋至密州。此次自求外任某种程度上类似于被贬逐,虽然身陷党争旋涡,生命价值受到很大的贬值,但旷达的情怀和强烈的使命意识,使苏轼在词中借挽弓射天狼的形象来表达对国事的担忧和欲杀敌立功的决心。很显然,此时此境中提到的兵器只是词人的英雄想象而已。这种现象在其诗歌中也有表现,可与其词并读,如其《和子由苦寒见寄》诗云:"丈夫重出处,不退要当前。西羌解仇隙,猛士忧塞壖。庙谋虽不战,虏意久欺天。山西良家子,锦缘貂裘鲜。千金买战马,百宝妆刀环。何时逐汝去,与虏试周旋。"诗中跃马执刀、锦帽貂裘的山西良家子,何尝不是东坡"虽不能至,然心向往之"的英雄想象?

类似的典故还出现在辛弃疾《八声甘州·故将军饮罢夜归来》中,其词云:"故将军饮罢夜归来,长亭解雕鞍。恨灞陵醉尉,匆匆未识,桃李无言。

射虎山横一骑，裂石响惊弦。落魄封侯事，岁晚田园。谁向桑麻杜曲，要短衣匹马，移住南山？看风流慷慨，谈笑过残年。汉开边、功名万里，甚当时、健者也曾闲。纱窗外、斜风细雨，一阵轻寒。"其中"射虎山横一骑，裂石响惊弦"用李广射虎典故，表达了词人欲杀敌疆场而又不可能实现的英雄喟叹。

又如岳飞《满江红》：

怒发冲冠，凭栏处、潇潇雨歇。抬望眼，仰天长啸，壮怀激烈。三十功名尘与土，八千里路云和月。莫等闲、白了少年头，空悲切！

靖康耻，犹未雪。臣子恨，何时灭！驾长车，踏破贺兰山缺。壮志饥餐胡虏肉，笑谈渴饮匈奴血。待从头、收拾旧山河，朝天阙。

高宗绍兴六年（1136年），岳飞第二次率师北伐，先后攻占伊阳、洛阳、商州和虢州，逼近中原的陈、蔡等地，但因孤军深入，援兵阙如，粮草告急，无奈撤回鄂州。鄂州形胜，江汉合流，作者登高远望，悲从中来，写下此词。上片言北伐受挫，朝中秦桧等宵小力主投降，北方国土陷入敌手，作者不由怒发冲冠；又念韶华空逝，当勤力为国，切莫蹉跎，浪掷虚牝，不由得壮怀激烈。下片追溯靖康之耻，不由毛发倒竖；又想到建炎南渡以来国家节节败退和屈辱求和，不由得恨上心头。作者驾战车，挥战斧，踏平金人老巢，生食敌虏。作者的"战车"是宋代主要的兵器，但此刻作者驻守鄂州，并未亲临战场，因此驾车踏平贺兰山仅仅是想象，寄寓着作者挥剑平敌、救民于水火、解国家于覆亡的英雄梦想。明人沈际飞《草堂诗余正集》云："胆量、意见、文章悉无今古。又云：有此愿力，是大圣贤、大菩萨。""愿力"二字正点出了此词的想象和虚构的本质。

又如张孝祥《青玉案·送频统辖行》：

相春堂上闻莺语。正花柳、芳菲处。有底尊前欢且舞。满堂宾客，紫泥丹诏，衮衮烟霄路。

君王天纵资仁武。要尺棰、平骄虏。思得英雄亲驾驭。将军行矣，九重虚竚，谈笑清寰宇。

此词为送人之作。上片言春光妩媚、柳绿桃红时送统辖出征，满堂宾客，热闹非凡。下片写君王睿藻盛德，欲平敌虏，而统辖正是解君王及国家之忧的英雄。挥"尺棰"，平强敌，谈笑间寰宇肃清。棰又为"箠"，军士用的棍杖，亦指马鞭。此处的棰代表兵器和杀敌，此时频统辖只是"亲驾驭"，并未到战争现场，因此用兵器塑造这一战无不胜的英雄形象，寄托词人对海内清晏、国家统一的渴望。

类似的作品还有很多，如抗金名将李纲借古代帝王及名将指挥的著名战争，寄托自己对驱除敌虏的愿望的系列作品，有《水龙吟·光武战昆阳》《念奴娇·汉武巡朔方》《喜迁莺·晋师胜淝上》《水龙吟·太宗临渭上》《念奴娇·宪宗平淮西》《喜迁莺·真宗幸流回澶渊》等。其《喜迁莺·晋师胜淝上》云："长江千里，限南北，雪浪云涛无际。天险难逾，人谋克壮，索虏岂能吞噬。阿坚百万南牧，倏忽长驱吾地。破强敌，在谢公处画，从容颐指。奇伟！淝水上，八千戈甲，结阵当蛇豕。鞭弭周旋，旌旗麾动，坐却北军风靡。夜闻数声鸣鹤，尽道王师将至。延晋祚，庇烝民，周雅何曾专美。"词借戈甲纵横、鞭弭周旋的战争场面和谢玄英雄形象的塑造，影射对宋军一再溃败的痛心和欲以古人胜绩一振军威的理想，其想象的特点也是很明显的。

由于两宋在对外战争中节节败退，志在复国的词人理想难以实现，常借词来抒发壮志难酬之痛。在一些爱国词中出现"弃捐兵器"的现象，表面上看是消极颓唐，实则蕴含着英雄梦想无法实现的悲恸，可谓"正话反说"，更突显出其对英雄的崇拜、呼唤与渴望，如陈亮《贺新郎·怀辛幼安用前韵》：

话杀浑闲说！不成教、齐民也解，为伊为葛？樽酒相逢成二老，却忆去年风雪。新著了、几茎华发。百世寻人犹接踵，叹只今、两地三人月！写旧恨，向谁瑟？

男儿何用伤离别？况古来、几番际会，风从云合。千里情亲长晤对，妙体本心次骨。卧百尺高楼斗绝。天下适安耕且老，看买犁卖剑平家铁！壮士泪，肺肝裂！

宋孝宗淳熙十五年（1188年）岁晏，陈亮冒雪赴上饶拜访辛弃疾，二人举觞共饮,同游鹅湖瓢泉,"长歌互答,极论世事"(辛弃疾《祭陈同父文》),十余日方别。别后二人以佳作互答酬唱,此词便是其中之一。词中"看买犁卖剑平家铁"字面意思为将卖兵器所得用以买犁锄,说明天下已太平,"适安耕且老";实则是讽刺朝廷君臣偷欢苟安,国家表面承平,实则危机重重。有识之士复国之志难以实现,悲恸难平,正如词中所言:"壮士泪,肺肝裂!"此时陈亮尚为平头百姓,不可能成为解民于倒悬的英雄,因此自己也云:"话杀浑闲说!不成教、齐民也解,为伊为葛?"但"买犁卖剑"却寄寓着词人的英雄豪气。虽为匹夫,却心怀天下;身为草芥,但仍浩气干云。

正如卡莱尔所言:"英雄是一种生活在万物的内在领域,生活在真实、神圣和永恒中的人,而这些东西尽管一直存在,大多数生活在世俗和平凡环境中的人却是看不到的。英雄存在于其中;他靠可能的行动或言论到处表明他的态度,到处表明他自身。"[①]类似的句子还有很多,如"卖刀无旷土,赠扇有仁风"(洪适《临江仙·送罗倅伟卿权新州》),"文字起骚雅,刀剑化耕蚕"(辛弃疾《水调歌头·送郑厚卿赴衡州》),"刀换犊,戈藏革,士休营"(刘褒《六州歌头·上广西张帅》),"有剑卖来酤酒吃,无钱归去买山居。安处即吾庐"(戴复古《望江南》),"买牛卖剑,便作儿孙计"(韩㵎《蓦山溪·感旧》),"渤海卖刀剑,河汉洗戎兵。千金六月一雨,万陇稼云横"(戴翼《水调歌头·寿彭守》),"新氓无限欢讴,尽卖剑卖刀归买牛"(洪咨夔《沁园春·寿淮东制置》),"官里逢重九,归心切大刀"(王迈《南歌子·谢送菊花糕》),"篁峒鸣狐成鬼火,花村买犊卖蛮刀"(刘辰翁《法驾导引·寿刘侯》),"如今且说世平康,收战场,息檛枪"(逸民《江城子·中秋忆举场》),"刀剑还牛犊,饥馑化登丰"(徐明仲《水调歌头》)等。

从文学的角度来说,两宋词中兵器所蕴含的英雄想象,极大地拓展了宋词的表现功能和风格意态。词中唐时方定型,当时诗人偶尔为之,称为

[①] 卡莱尔《英雄和英雄崇拜——卡莱尔讲演集》,上海三联书店1988年版,第255页。

"诗余"。晚唐五代时花间、南唐诸家之作已使"婉约"成为词之正体，多以柔情为情感取向，以柔美为审美取向，注重与音乐的配合，精丽雅致，绸缪婉转。宋初范仲淹、苏舜钦、欧阳修等人通过自己的作品打破了词红粉佳人一统江湖的局面，出现边塞风情及男儿形象。至苏轼则汪洋恣意，无所顾忌，以诗为词，形成了豪迈不羁的"东坡范式"，从而使词出现了"苏辛派""姜周派"双线并行的局面。而在豪放疏隽的"东坡范式"形成过程中，兵器无疑起到一定的作用，如似满月的雕弓、射虎的弓弩、漫卷山冈的铁骑等。建炎板荡后，爱国词人面对现实，用词来抒发胸中块垒，李纲、岳飞、陈亮、刘过、张孝祥、张浚等人词中兵器渐多，或对现实战争进行摹写，或寄寓词人的英雄理想，词的风格发生极大变化。辛弃疾更是将词的表现功能发挥到极致，以其英雄气大胆革新，"以文为词"，使词的抒情、达意、写景、叙事、议论的功能无以复加，词至此具有了与诗相颉颃的地位。而在"稼轩风"确立的过程中，兵器发挥了很大的作用，或代表词人的戎马倥偬，或寄托词人的复国理想，构筑起一个与婉约词完全不同的英雄词世界。

第四章

诸侯力政与百家论辩：诸子散文中的兵器

散文是一种描写自己经历见闻中的真情实感的灵活精干的文学体裁，主要分为叙事散文、抒情散文和说理散文等。叙事散文以写人叙事为主，抒情散文注重表现作者的思想感受，说理散文重在阐明道理和启迪人生。说理散文一般十分工整，不但有"形散神不散"的形式特点，而且内容丰富，语言优美。

先秦时期，诸子蜂起，百家争鸣。各家代表人物著书立说，互相辩论，产生了大量说理散文。从文学发展的角度看，先秦诸子散文大致经历了如下三个阶段：语录体阶段（代表作《论语》《墨子》）、对话体阶段（代表作《孟子》《庄子》）、专题论文阶段（代表作《荀子》《韩非子》）。从语言上来看，早期作品词约义丰，开始向组织结构严密的论说文形式发展；中期作品文辞更繁富，说理更畅达；晚期作品逻辑谨严、文辞绚丽，已达很高成就。

第一节 《论语》中的兵器

《论语》是儒家学派经典著作之一。这是一部语录体的散文集，由孔子的弟子及其再传弟子编撰而成，集中体现了孔子的政治主张、伦理思想、道德观念及教育原则等。通行本《论语》共20篇，492章。

孔子的核心思想是"仁"，主张"仁者爱人"和"克己复礼"，讨厌攻伐和战争，而武器是战争必备，故其论著中甚少论及武器。《论语》中出现的武器仅有"干戈"、"刀"、"乘"和"射"四例。

干：盾牌，一种防御性的兵器。春秋战国时，秦人称之为"盾"，山东六国称之为"干"。

戈：指用于进攻的类似矛的武器。这是具有中国民族特色的一种长柄格斗兵器，在欧洲和亚洲西北部及南部各古老民族之间都没有发现类似的兵器。《周礼·考工记》曾对戈的制作工艺有详细论述："戈广二寸，内倍之，胡三之，援四之。"戈构造特殊，垂直装柄，横刃有锋，可以横击、啄击和钩杀，所以又叫作钩兵器，古人称为"句（勾）兵"。春秋时期，戈是战场上最主要的武器，被列为"五兵"之一。周武王伐纣时，在牧野誓师："称尔戈，比尔干，立尔矛。"纣王的军队也大多操戈作战，故奴隶们才有了后来"阵前倒戈"这一举动。可见，当时交战双方均以戈为主要作战武器。春秋后期，步兵、骑兵登上战争舞台，横刃的戈不再适应作战需要而逐渐退出舞台，被以戈矛合装的戟取代。到战国晚期，"卜"字形的铁戟又逐渐取代戈矛合装的戟。从此，戈就逐渐绝迹，只在历代文献中留下"戈"这个字，作为兵器的泛称和战事的象征，如"大动干戈""同室操戈"等。

古文献中，"干"与"戈"合称"干戈"，泛指各色兵器。如《诗经·周颂·时迈》云：载戢干戈，载櫜弓矢。凡兴师作战必"动干戈"，故"干戈"就成了一切军事行动的代名词。

《论语·季氏》篇中的"干戈"即指军事行动：

孔子曰："求！君子疾夫舍曰欲之而必为之辞。丘也闻有国有家者，不患寡而患不均，不患贫而患不安。盖均无贫，和无寡，安无倾。夫如是，故远人不服，则修文德以来之。既来之，则安之。今由与求也，相夫子，远人不服，而不能来也；邦分崩离析，而不能守也；而谋动干戈于邦内。吾恐季孙之忧，不在颛臾，而在萧墙之内也。"

上述言论是在季氏欲攻打颛臾之时，冉有、季路来拜见孔子，孔子与两位弟子的一段对话。当时，孔子所在的鲁国王室衰微，朝政长期被季孙、孟孙、叔孙三大家族把持。三大家族中，季孙氏势力最大，常自己组织军队向外扩张。鲁国境内有一个附属国，名颛臾。季氏试图借维护鲁国利益之名把颛臾吞掉，以扩大自己的势力范围。因季氏将伐颛臾，冉有、季路为此事来拜见孔子。孔子一贯主张恢复周礼，对诸侯争霸、卿大夫争权夺利非常反对，当然反对季氏的做法。作为季孙氏家臣的冉有一再为自己和季孙氏辩护，孔子对此非常气愤。即便如此，孔子仍循循善诱道："丘也闻有国有家者，不患寡而患不均，不患贫而患不安。盖均无贫，和无寡，安无倾。"接着，根据冉有、季路的实际情况提醒他们："今由与求也，相夫子，远人不服，而不能来也；邦分崩离析，而不能守也；而谋动干戈于邦内。吾恐季孙之忧，不在颛臾，而在萧墙之内也。"这段对话，不仅阐述了孔子的治国思想和政治主张，更充分展示了孔子步步进逼、层层反驳的论辩艺术。

刀：《释名》曰，"到也。以斩伐到其所乃击之也"。十八般兵器之一，九短之首。

人类使用刀的历史，可以上溯到极其遥远的史前时代，在周口店旧石器时代遗址中我们就发现了许多石刀、骨刀。早期的石刀、骨刀既是劳动工具，也是随身携带的武器。约在黄帝时代，出现了玉石磨制的刀，称为"玉兵"。夏商时期，金属刀逐渐取代玉刀。当时的刀主要用来削物、屠宰牲畜、加工器物或防身自卫，并不用于作战。周以后，刀才逐渐走上战场。但直到秦代之前，刀并没有成为军队的主要武器装备。两汉时，刀逐渐发展成为步兵的主战兵器之一，同时出现了许多不同形式的长柄刀。

《论语》中"刀"只出现过一次，且并非指战争武器：

子之武城，闻弦歌之声。夫子莞尔而笑，曰："割鸡焉用牛刀？"子游对曰："昔者偃也闻诸夫子曰：'君子学道则爱人，小人学道则易使也。'"子曰："二三子，偃之言是也！前言戏之耳。"

这段话出自《论语·阳货》。大意是讲子游任武城总管之时，孔子经过武城，听到弦歌之声很高兴，笑着对子游说："杀鸡焉用牛刀？"子游解释说："君子学礼乐就能爱人，百姓学礼乐就便于管理。"

牛刀，宰牛用的大刀，常用以比喻大材。孔子用牛刀喻治国方略。子游在其所管辖的小县里推行礼乐，孔子是很高兴的，故"莞尔而笑"，但他却幽默地说：这不是用牛刀来杀鸡吗？故意为难子游。当子游郑重地解释完这样做的原因后，孔子马上说："子游说得对，我前面是开玩笑的。"可见，子游的做法是深得孔子之心的。

乘：车辆的意思。每乘拥有四匹马拉的兵车一辆，车上甲士3人，车下步卒72人，后勤人员25人，共计100人。千乘之国，指拥有1000辆战车的国家，即诸侯国。诸侯国的大小以兵车的多少来衡量。春秋初期，大国都没有千乘战车。如《左传》记载，在城濮之战中，晋文公也只有700乘。而在孔子时期，千乘已经不是大国。

《论语》中，"乘"共出现了四次，均指诸侯国而非兵车：

子曰："道千乘之国，敬事而信，节用而爱人，使民以时。"

子曰："由也，千乘之国，可使治其赋也，不知其仁也。"

子曰："求也，千室之邑，百乘之家，可使为之宰也，不知其仁也。"

子路率尔而对曰："千乘之国，摄乎大国之间，加之以师旅，因之以饥馑；由也为之，比及三年，可使有勇，且知方也。"

其中三处为"千乘之国"，即中等诸侯国；一处为"百乘之家"，即更小一些的封地。"千乘"也好，"百乘"也罢，在孔子的眼里，辖地不论大小，都应该以"仁"为本。然而，在那个群雄争霸、弱肉强食的年代，拥有绝对数量的"乘"，就是拥有绝对的军事实力，才能屹立于不败之地。孔子的"仁"注定只能是理想。

《论语》中出现最多的与兵器相关的词是"射"，共出现6次。"射"的甲骨文形体为：⟨图⟩，像箭在弦上正要发射的样子；金文又加上了一只手：⟨图⟩。故其义为"用弓发箭使中远处目标"，会意字。

射箭源于原始的狩猎活动，从一开始就在人类生活中具有非常重要的作用。射的技术在实践活动中不断得到提高，便使箭成为一种非常有效的杀伤性武器。在冷兵器时代，弓箭是当时射程最远的兵器，能够在较为安全的地方实战攻击，具有无可替代的优势。就是在战车上，弓箭也必不可少。

"射"是周代贵族教育中要求掌握的六种才能之一。《周礼·保氏》云："养国子以道，乃教之六艺：一曰五礼，二曰六乐，三曰五射，四曰五御，五曰六书，六曰九数。"据传，当时有一种习俗，生男孩儿便要在门口左边挂一张弓，三天后就要背着婴儿举行射的仪式。当时还规定若有人不会射箭，便不能安排男子之职。由此可见射的重要性。

孔子会射箭，这是肯定的。《礼记·射义》曾记载道：孔子射于瞿相之圃，盖观者如堵墙。《论语》也曾记载："孔子曰：'吾何执，执射乎？执御乎？吾执御矣。'"至于孔子的射技到底高不高，我们不得而知。但从上文孔子的话中，我们不难看到，孔子本人并不认为自己是精于射箭之术的。

孔子一生都致力于恢复周礼，即便是"射"这样一种带有明显的竞争意味的活动，他也不忘了"礼"：

子曰："君子无所争，必也射乎！揖让而升，下而饮。其争也君子。"

此言出于《论语·八佾》，大意是孔子说："君子对什么事情都不争。如果说有所争，那一定是射箭比赛吧！双方互相作揖、谦让，然后登场；射完箭走下来饮酒。这种争是君子之争。"射箭既是西周官学的教育内容之一，也是贵族子弟以及武士、文人必学的技能。据《仪礼》《礼记》等书记载，正式且成规模的射箭比赛分四种：一是大射，全国性的比赛；二是宾射，贵族之间朝见聘会时举行；三是燕射，贵族间的娱乐；四是乡射，民间的比赛。所有这些射箭比赛，都有严格、烦琐的礼仪规定。在孔子看来，射箭是要分胜负的，是一种"争"，但君子参加比赛，重视过程应超过重视结果。这种"争"，与其说是展现射艺，不如说是展现礼仪和品格。正如《礼记·射义》所说："射者，仁之道也。射求正诸己，己正而后发，发而不中，则不怨胜己者，反求诸己而已矣。"同样出自《论语·八佾》的"射不主皮"，更是直接讲道：只要肯学习有关礼的规定，不管学到什么程度，都是值得肯定的。

孔子的"仁""礼"思想贯穿于整部《论语》中，即便是冷冽致命的兵器，在孔子的眼里，也不过是劝勉世人回归"正统"、恢复礼制的工具。

第二节　《墨子》中的兵器

《墨子》又称作"墨辩"或"墨经"，是阐述墨家思想的经典著作，通常认为是由墨子的弟子及后学整理、编辑而成。原作共71篇，现仅存53篇。《墨子》分两大部分：一部分是记载墨子言行，阐述墨子思想的；另一部分则主要阐述墨家的认识论和逻辑思想。在先秦诸子散文中，《墨子》的语言最为质朴，且逻辑严密、结构完整。

墨子生活在春秋末战国初期。那是一个动荡的年代，诸侯争霸、战乱不休，"大国之攻小国，大家之乱小家，强之劫弱，众之暴寡，诈之谋愚，贵之傲贱"，广大普通百姓过的是食不果腹、衣不蔽体的悲惨生活。因此，墨子及其所代表的墨家学派提出"兼相爱，交相利"的思想，希望建立一个强不欺弱、富不侮贫的理想社会秩序，进而达到"万民和，国家富，财用足，百姓皆得暖衣饱食，便宁无忧"的盛世图景。

如果说儒家代表的是封建正统思想，那么墨家代表的则是广大贫苦百姓的诉求，墨家思想更接近社会真实和民众心声。墨子出生年代略晚于孔子，但其开创的墨家学派在先秦时期辉煌一时，与儒家学派一起并称"显学"。儒墨两家思想大相径庭，孔子提倡"克己复礼"，墨子则主张"兼爱"与"非攻"，以"兴天下之利，除天下之害"为己任，从不讳言战争和武器。在《墨子》中，《备城门》《备高临》《备水》等防守诸篇就有大量的武器。以《备城门》为例：

《备城门》为《墨子》第52篇，是墨子研究城池攻防战术的主要篇章之一，主要是讲如何应对敌军攻城。该文中，墨子共列出38种兵器：钩、冲、梯、輂辒、轩车、内弩、梯、斧、长镰、斗、长椎、铤、矢、转射机、戟、椎、艾、参石、蒺藜、凿、锯、斤、连梃、枪、栊枞、藉车、渠答、行栈、行楼、斫、桔槔、长鉏、钩钜、飞冲、悬（梁）、批屈、疾犁投、狗走。由于数量庞杂，本书仅列举数种进行阐述。

钩：一般指形状弯曲，用于探取、悬挂器物的用品。它也是中国武术器械之一，由戈演变而来。《备城门》中的"钩"指钩梯，是一种用以爬高的攀缘器械。《管子·兵法》曾道："凌山坑，不待钩梯。"《六韬·军用篇》注："有飞钩，长八寸，钩芒长四寸，系用以钩着城壁，援引而上，其用与梯同，故又称'钩梯'，但与梯大异。"

冲：古代的"冲"有两种类型，一种是作为攻城的器械——冲车；另一种是作为守城的器具，秦汉以前称为"飞冲"。两类"冲"都是以冲槌撞击敌方城墙、城门或其他设施而形成有效的攻击。《墨子·杂守》说"冲、临、梯皆以冲冲之"，第一个"冲"指"冲车"，第二个"冲"指"飞冲"。

《备城门》中也有"冲"，指的就是攻城器械——冲车。这种兵器早在《诗经》中已提到，《诗经·大雅·皇矣》记载道："与尔临冲，以伐崇墉。"《毛传》释为："冲，冲车也。"冲车的基本形制是在车轮上架一个长槌。这样的结构，使冲车可以作为冲锋陷阵的绝佳武器。

梯：即云梯。古代战争中，用于攀越城墙攻城的用具，配备有防盾、绞车、抓钩等器具，有的带有用滑轮升降的设备。《公输》中写道："公输盘为楚造云梯之械，成，将以攻宋。"其时，楚惠王为了达到称雄目的，命令公输盘制造了历史上的第一架云梯。墨子得知后，说："云梯者，重器也。"

现代人一般认为云梯的发明者是春秋时期鲁国的能工巧匠公输盘。事实上，早在夏商时期就有云梯了，当时叫"钩援"。后来，鲁班对其进行了改造。战国时的云梯由车轮、梯身、钩三部分构成。车轮上装梯身，可上下左右移动，梯顶端有钩，用以钩住城墙，以备兵士登墙。唐宋以后，云梯构造有很大改进。

古代攻城用的梯子种类很多，云梯算是结构较为复杂、形制较为巨大笨重的一种。

轒辒：古代战车的一种类型，主要用于攻城，上蒙牛皮，下面可容十数人，往来运土以填平敌人的城壕。《孙子·谋攻》："修橹轒辒，具器械，三月而后成。"杜牧注："轒辒，四轮车，排大木为之，上蒙以生牛皮，下可容十人，往来运土填堑，木石所不能伤，今所谓木驴是也。"

弩：起源于弓，是中国古代最重要的远程攻守器械之一。春秋时期，弩已运用于实战之中；战国时期，机弩更受重视，得到更加广泛的运用。关于弩兵器的记载，各类典籍中都有，《墨子》城守诸篇中的弩兵器尤其常见。如：

《备城门》中提到的一种机弩——木弩："二步一木弩，必射五十步以上。及多为矢，节毋竹箭，以楛、赵楮榆可。盖求齐铁矢，播以射及梿枞。"该木弩的箭头既可用竹子或楛等材料制作而成，也可使用铁矢，"盖求齐铁矢，播以射及梿枞"，具有较远的杀伤范围。或许是因为弩兵器的制作材料常见且多，故这种兵器在墨家城守中配置量也相对较大。

《墨子·备高临》还记载了抵御"临"这种进攻器具的弩——连弩之车："备高临以连弩之车，材大方一尺，长称城之薄厚。"并对这种车的用材、结构尺寸及实际运用进行了详细的说明。

转射机：这是墨家发明的一种机关器械。通常置于城墙之上，机身长达6尺，由两人操纵，一人转动机座，一人射箭，极其灵活。《备城门》中对"转射机"的形制和使用有比较详尽的描写：

转射机，机长六尺，貍一尺。两材合而为之辐，辐长二尺，中凿夫之为道臂，臂长至桓。二十步一，令善射之者佐，一人皆勿离。

尽管与常见的弩兵器形制差别较大，转射机仍是一种用以守御的大型弩器。《备城门》所描述的转射机机身需埋入地下一尺，以固定于城垣之上，不能移动，故需要在城的四面都装上转射机，达到"二十步一"的配备数量。

至于转射机的构造，《备城门》中有这样的描述："两材合而为之辐，辐长二尺，中凿夫之为通臂，臂长至桓"，在其他典籍中并无更多记载，我们只能据后世出土的简牍与实物加以推测。

无论是木弩，还是连弩之车，抑或是转射机，都只是墨家守御体系中的一小类。墨家在实践中制造了各种弩兵器，也在实践中发展和完善了它们的形制和用途，对中国弩兵器的发展起到了不能忽视的推动作用。

栊枞：或云木弩。古代攻守通用之器。

连梃：在《墨子·备城门》中曾有出现："二步置连梃，长斧、长椎各一物。"长梃是一种守城武器，由两节棍棒组成，下面一节较长，用于手持；上面一节较短，用于击打。两节间是活动的，可手持下节，甩动上节击打来犯之敌。其实，连梃是古代中原人民常用的一种农具，将之作为武器则是墨家的一种创造。墨家子弟多为下层百姓，有着丰富的社会生活、生产经验，将农具改作武器自不在话下。守城时，为防止城下敌人弓弩射击，不能把头或身体探出墙外，但若不探身，又无法打击爬上来的敌人，因此，墨家子弟想到了用连梃击打来犯之敌，使连梃成为守城的利器。从先秦至唐宋，连梃一直是中国人守城的必备武器之一。

藉车：外部用铁包裹住，车下部埋于地下。主要用于投放炭火，需要多人操作。

渠答：铁蒺藜。守城御敌的战具。

行栈：古代守城的一种设施。《说文》："栈，棚也。"谓设棚于堑中，上为发梁而机巧之，以陷敌也……县梁有机发，可设可去，故曰"发梁"。

行楼：可以移动的楼车。

桔槔：俗称"吊杆""称杆"，古代汉族农用工具。

狗走：一种守城器械。《墨子·备城门》："狗走，广七寸，长尺八寸，蚤长四寸，犬耳施之。"孙诒让《墨子间诂》："毕云：'疑穴之可以出狗者，曰狗走。'"

有方：古代一种常规兵器，用于掘土。如《墨子·备水》："并船以为十临，临三十人，人擅弩，计四有方，必善以船为轒辒。"

以上15种武器几乎都出现于《备城门》中，在《备高临》《备水》中也常被提及。在《墨子》中，武器来源庞杂，不仅有专门用于作战的武器，有的也源自改造的农具，还有很多日常生活用品。但凡能对敌人构成威胁的事物，均可当作武器。由此不难发现，墨子对于战事是持一种客观实际的心态：既来之，则积极面对，绝不避让。故而，墨子的守御思想就是：全民皆兵！无论男女老少，都要参加战斗。至于如何参加，《备城门》中有比较详细的阐述。

《墨子》守御诸篇，不仅介绍了如何构建工事、设计武器，以及如何进行武器装备，更详细说明了守城的编制、指挥系统等，将墨家的战略思想淋漓尽致地阐述出来。因此，《墨子》一书也成为古代军事防御理论的奠基作之一。

于墨家而言，无论何物均可做兵器，故在《墨子》中，以兵器说理论道者比比皆是。如《亲士》，这是《墨子》第一篇，主要讨论执政者应如何亲近、重用人才。作者在论述中运用了大量的人、事、物作例，来论证自己的观点。

《亲士》开篇中说道：贤人良士比国宝还要珍贵。但贤士为什么这么少？为了论述这个问题，作者首先以兵器为例："今有五锥，此其铦，铦者必先挫；有五刀，此其错，错者必先靡。"指出锋利的锥、刀之所以最先折损，是因为它们最为锋利。正是因其锋利，故使用得更多，也更容易折损。接着,作者又用"甘井、招木、灵龟、神蛇"等事物,以及"比干被害、孟贲被杀、西施沉江、吴起被车裂"等史实说明无论是人还是物,大多因为其所长而更易折损。由此得出这样的结论:忠贞耿直的贤人,也更容易受到伤害。那么,长此以往,谁还敢做贤士?这是提醒执政者应反思贤士为何如此少。接下来,作者提出自己的思考:正是因为统治者不行"兼王之道",他手下的能人才死于非命。那么如何解决这个问题呢?作者又以兵器为例来阐述自己的观点:

良弓难张,然可以及高入深;良马难乘,然可以任重致远;良才难令,然可以致君见尊。

弓难拉但是威力大,马彪悍但是跑得好,人有傲气但是才华不减。能够任用虽然脾气不好但是有才能的人的君主,就会更加受人尊敬,实际上就是在说让君主任人唯贤。三个排比,层层推进,增强了语言的说服力。墨子借用弓、马、贤良的人才为例,集中阐述了"尚贤"的观点。在该文的最后,作者仍以兵器作例,劝解执政者:"其直如矢,其平如砥,不足以覆万物。"也就是说:像箭一样直,像磨刀石一样平,那就不能覆盖万物了。作为一代贤君,其深恩厚泽不出宫中,就不能流遍全国。

弓,激弦发矢,可以及远。据《考工记》载:"古传黄帝臣挥作弓。"《荀子》则称"倕作弓",而《山海经》则谓"少皞生般,是始为弓"。弓由弓臂和弦构成。弓臂具有弹性,弦具有韧性,故古人常用弓做喻。如《尚贤》篇:"王公大人,有一罢马不能治,必索良医;有一危弓不能张,必索良工。"此处以"危弓"为喻,批评如今天下的士君子,只懂得小道理却不懂得大道理。

先秦诸子散文是中国古典文学史上的一颗明珠。《墨子》与《论语》一道,成为语录体散文的代表。《论语》属于纯语录体,而《墨子》则有了很大变化。《墨子》虽仍属记言性质,但所记已不是只言片语,而是长篇大论了,且首尾完整、逻辑性很强,每篇都有代表中心思想的标题。可以说,中国的论辩文始于《墨子》,这也是我国古代散文史上的一个重要贡献。

第三节 《韩非子》中的兵器

《韩非子》是先秦时期法家代表著作，为战国时期法家之集大成者韩非子所作。该书现存55篇，约十余万言，绝大部分为韩非自己的作品。《韩非子》有极为鲜明的艺术特点，明人陈深曾如此评价："近世之学者，乃始艳其文辞，家习而户尊之，以为稀世之珍。"韩非的散文，立意严峻、论事入髓、说理明切、语言犀利、风格凌厉，可谓先秦论辩散文的巅峰。

《韩非子》中共出现116个兵器词汇，但兵器种类不多，主要有：弓、矢、剑、箭、刃、斧、锁、干戈、戈、矛、盾等。各种兵器词汇出现的次数如下表：

表三：《韩非子》中兵器出现数量表

兵器	剑	矢	盾	弓	矛	刀	杖	箭	斧	刃	戈
次数	20	18	14	13	12	8	7	6	4	3	3
兵器	戟	锥	锁	干戈							
次数	2	3	2	1							

出现频率最高的兵器是剑。剑又称"轻吕""径路""长铗"，属于短兵，素有"百兵之君"的美称。早期是匕首式短剑，剑和刀一类，区别只在于单刃和双刃。春秋末期，长剑开始流行。不过，短剑也并没有被废除。当时，宝剑大多出自南方，以吴、越、楚、巴蜀为主。

《韩非子》中出现的剑有两个意思：其一，指兵器；其二，指游侠。在《八奸》中，韩非抨击了王公贵族"养游侠私剑之属"和"国平养儒侠，难至用介士"的现象：

为人臣者，聚带剑之客，养必死之士，以彰其威，明为己者必利，不为己者必死，以恐其群臣百姓而行其私，此之谓"威强"。

这里的"剑"就是兵器，韩非把这类"带剑之客"称为"私剑"，认为他们是"五蠹"之一，应予以抑制。然而，这些"私剑"由权贵养着，故对其主子忠心不二，想抑制又谈何容易！于是，韩非愤而预言：

法术之士焉得不危？其可以罪过诬者，以公法而诛之；其不可被以罪过者，以私剑而穷之。是明法术而逆主上者，不戮于吏诛，必死于私剑矣。

从韩非的论述中不难发现，变法之士一旦违背传统势力的利益，就只有两种结局：或者死于公法，或者死于私剑。字里行间透露出犀利峭拔、肆意不羁之态。

排在第二位的是矢。《说文》曰："矢，弓弩矢也。从入，象镝栝羽之形。古者夷牟初作矢。凡矢之属皆从矢。"矢就是"箭"的意思。矢是历史最悠久的武器，约3万年前人类就发明了弓矢。最早的矢是木制或竹制，且没有箭头。《易·系辞下》云："弦木为弧，剡木为矢。"在中国古代，箭头有"矢、箭、镞"三种说法：商周使用"矢"，秦汉以后用"箭""镞"。"箭"来自"关西"方言，"镞"来自"江淮"方言，《杨子·方言》云："自周而东曰矢，江淮曰镞，关西曰箭。"[①]

从远古到商周的矢有八种：枉矢、絜矢、杀矢、矢鍭、鍭矢、茀矢、恒矢、庳矢。《史记·天官书》载："枉矢，类大流星，蛇行而仓黑，望之如有毛羽然。"絜矢，意即着火之箭。杀矢是用于打猎的矢箭。《考工记·冶氏》记载道："冶氏为杀矢。"郑玄注曰："杀矢，用诸田猎之矢也。"鍭矢，金属（青铜）箭头，剪齐箭羽的矢，用于近射或田猎，亦可用于礼射。恒矢，也是礼射和习射所用的矢箭。矰矢，郑玄注："结缴于矢谓之矰。矰，高也。"茀矢，郑玄注："茀矢象焉。茀之言刜也。二者皆可以弋飞鸟。"庳矢，郑玄注："庳矢，象焉。二者皆可以散射也。"

《韩非子·内储说》："夫矢来有乡，则积铁以备一乡；矢来无乡，

[①] 陈明远、金岷彬《古代弓和矢的发展历程》，载《社会科学论丛》2014年第2期。

则为铁室以尽备之。"即箭射过来如果有一定的方向，那就用铁堆积成铁墙来防备这一个方向；箭射过来如果没有一定的方向，那就要建造铁屋来全面地防备它。在韩非看来，所有臣子都不是好人，都在觊觎君主的权力，所以君主必须处处设防，就像防箭的人，要全面防备，才能不受伤害。以防矢为例，引出防备臣子。

《韩非子·难三》："不修其理，而以己之胸察为之弓矢，则子产诬矣。"其中的"矢"，喻手段。意即：不整顿法制，而用自己的主观判断作为察奸的手段，那是子产在胡干。

"矢"在上古有多个义项，然在《韩非子》一书中，除了上文两个义项，用得较多一个义项是：屎。《内储说下六微》中有相当多例子，如："燕人无惑，故浴狗矢。""取五牲之矢浴之。"这已与兵器无关。

排在第三位的防御性武器是盾。《说文》："盾，瞂也。所以扞身蔽目。象形。凡盾之属皆从盾。"《释名·释兵》："盾，遯也，跪其后，避刃以隐遁也。大而平者曰吴魁，本出于吴，为魁帅所持也。隆者曰滇，盾本出于蜀，蜀、滇所持也。或曰羌盾，言出于羌也。约胁而邹者曰陷虏，言可以陷破虏敌也，今谓之露见是也。狭而长者曰步盾，步兵所持，与刀相配者也。狭而短者曰孑盾，车上所持者也。孑，小称也。以缝编版谓之木络，以犀皮作之曰犀盾，以木作之曰木盾，皆因所用为名也。"

早在商代已有盾，周盾更为完善。据《周礼·司兵》记载：周时已有五种盾。士卒用手执盾，可以遮挡敌人兵器，尤其是弓箭的进攻。如《韩非子》上说："赵简围街，犀盾迟橹，立于矢石之所及。"说明盾之坚固，不畏弓矢弩石及近距离无伤。

既然有防御性武器盾，当然有进攻性武器矛。著名的"以子之矛，陷子之盾"在《韩非子》一书中出现：

楚人有鬻盾与矛者，誉之曰："盾之坚，物莫能陷也。"又誉其矛曰："吾矛之利，于物无不陷也。"或曰："以子之矛，陷子之盾，何如？"其人弗能应也。夫不可陷之盾与无不陷之矛，不可同世而立。今尧、舜之不可两誉，矛盾之说也。

矛，是古代用来刺杀敌人的进攻性武器，是战争中常用的兵器，长柄，有刃，用以刺敌。盾，用于进攻时的防御，文献中也称为"干"，可以掩蔽身体，防止敌人的兵刃矢石的杀伤。韩非子用"自相矛盾"的故事，说明说话做事要实事求是，不能自己与自己矛盾的道理。

排在第四位的是弓。《说文》曰："弓，以近穷远。象形。"甲骨文中，弓有两种不同的写法：一种是弓上无弦，另一种是弓上有弦。最初的弓是用单片木片或竹片弯曲而成，然后绑上植物纤维搓成的弦，后来开始使用动物的筋、皮条或丝质材料来做弦。弓于是有了不同类别。《周礼·考工记》记载了"六弓"：王弓、弧弓、夹弓、庾弓、唐弓、大弓。其中，王弓、弧弓用以射甲革甚（椹）质；夹弓、庾弓用以射干（豻）侯鸟兽；唐弓、大弓用以教授学射者、使者、劳者。《考工记》不仅按照弓的强弱将其分为六种三等，还全面详细地记述了制造弓箭的技术。

历来认为，弓与箭、矢为一体。而在《韩非子》中，弓与箭、矢出现的频率却不相同，这与弓的语境和义项有关。通常情况下，箭多仅指"用弓发射到远处的兵器"，而弓即是"弓箭"之意。如《韩非子》："毋弛而弓，一栖两雄。""且虞庆诎匠也而屋坏，范且穷工而弓折。是故求其诚者，非归饷也不可。"据闻黄帝与蚩尤大战于涿鹿，就是用弓箭制胜。

古代弓箭分成三大类：第一类专门用于狩猎，第二类专门用于军事目的，第三类专门用于比赛。因此，弓箭就产生了分化：狩猎的弓箭轻巧、利于瞄准、方便携带、造价低廉，未必需要一击致命，为了达到有效地捕获猎物的目的，又用毒药来弥补力道上的不足；用于军事的弓箭基本要求就是"强弓硬箭"，要的是火力压制；比赛用的弓箭一般应该是根据比赛的项目专门制作，例如射准、射远、比穿透力等等。

排在第六位的是刀。刀者，兵也。《释名》曰："刀，到也。以斩伐到其所乃击之也。"据载，早在黄帝蚩尤时代便有刀。郭宪《洞冥记》曰："黄帝采首山之金，始铸为刀。又周之重器有赤刀。"商周之前，多为石刀、骨刀。商时，铜刀数量增多，并形成多种风格，其形体一般较小，主要作为切削物件的生活用品和生产工具。如《韩非子·安危》："闻古扁鹊之治甚病也，以刀刺骨；圣人之救危国也，以忠拂耳。"此中"刀"即是切割用具。

战国末年，骑兵作为独立的兵种开始出现，刀开始作为战场上主要的作战兵器。随着刀在战场上地位的提高，汉代开始盛行佩刀。两汉时期，出现了环柄的长刀。刀之锋为"刃"。在文学作品中，"刃"常用以指刀剑一类的利器。如《韩非子·初见秦》：

白刃在前，斧锧在后，而却走不能死也。非其士民不能死也，上不能故也。

这是韩非刚入秦地，面见秦王时所上的奏折。韩非在奏折中明确提出"明赏罚"的思想，指出秦国之所以在七国中崛起，主要在于"明赏罚"。利刃于前，刑具在后，可还是退却逃跑不愿拼死，不是这些士兵怕死，而是君上无法让他们死战。这是为什么呢？其原因是：说要赏的不赏，说要罚的也不罚，以致丧失信用，无法使士兵信服。韩非的论辩很有特点，他不会断然否定论战的对方，而是冷静从容地、条分缕析地引导读者共同进行分析。

刃很锋利，毋庸置疑，故其引申出另一义：杀。刃可表自杀，如《奸劫弑臣》："公请自刃于庙，崔子又不听"；亦可表杀人，如"手刃仇人"。

锧在韩非的文中只出现了两次，且与斧组合在一起使用，指古代斩人的利器，像铡刀。"斧锧之刑"是古代的一种刑法，把人从腰部斩断，人一时不死，但痛楚难当，十分残忍。韩非子在《外储说左下》中所说"不当，请伏斧锧之罪"即此意。

韩非的说理散文，无论是从内部的逻辑关系来看，还是从外部的结构形式考察，都无懈可击。韩非尤其擅长驳论，他常常先将对方的观点列举出来，然后指出其在逻辑上的荒谬，进而对其驳斥，使对方无法辩驳；有时，他也采用"以子之矛攻子之盾"的方式，把对方观点中的矛盾揭示出来，指出其无法自圆其说处。论辩的透彻、逻辑的严密，使韩非成为先秦说理散文论辩艺术的集大成者。

第五章

中国古代文言小说中的兵器

《说文解字》:"兵,械也。"《说文解字注》:"械者,器之总名。"由此可见,"兵"的原始意义即为兵器,军事斗争中所用的具有各种杀伤力、破坏力的器械装置。《周礼·地官·小司徒》:"及大比六乡四郊之吏,平教治,正政事,考夫屋,及其众寡、六畜、兵器,以待政令。"中国古代兵器从上古时期就已经产生,简要地说,兵器文化大致经历了四个阶段,基本可归结为木制和石质兵器时代、铜兵器时代、铁兵器时代及冷兵器与火器并用时代。《孟子·离娄上》:"争地以战,杀人盈野;争城以战,杀人盈城。"这句话道出了古代农耕社会因土地为重要的生产资料而发生争地冲突,说明古代人们就重视掠夺资源,重视军事,同时兵器的发展也就能反映当时社会的文化特征等内容。

兵器在古代不仅仅是为了防御,更是国家、个人身份地位的象征。《左传·成公十三年》:"国之大事,在祀与戎。"自古以来,兵器的先进程度往往体现了一个国家强盛与否,其显赫地位也使自身具有了更多的象征色彩。比如剑,剑有"百刃之君""百兵之帅"的美称,由于剑外形典雅、美观,所以名士贵族多佩剑,久而久之,剑被大众视作有智慧、有内涵、有身份的兵器。所以说由兵器可以判断其使用者的性格特征,这在文学作品中屡见不鲜。

中国古代文言小说中提及兵器的篇章有很多,本章主要选取东晋干宝的《搜神记》、唐代传奇、清朝蒲松龄的《聊斋志异》等小说的相关篇目,分析文言短篇中兵器的类型、功用、文学功能和文化内涵。

第一节 《搜神记》中的兵器

魏晋南北朝志怪小说数量原本很多，但今大多散佚。此时期比较重要的志怪小说有：托名西汉东方朔的《神异经》、旧题魏曹丕（一作张华）的《列异传》、托名东晋陶潜的《搜神后记》、晋王嘉《拾遗记》、南朝宋刘义庆的《幽明录》、东阳无疑的《齐谐记》等。

现存的《搜神记》是比较完整的一部，代表这个时期志怪小说的面貌。《搜神记》今本20卷，为东晋干宝撰。干宝，字令升，新蔡（今河南新蔡）人，东晋元帝时以著作郎领国史，后任太守、散骑常侍等官。著有《晋纪》20卷，时称"良史"。他性好阴阳数术，迷信鬼神。《晋书·干宝传》说他有感于生死之事，"遂撰集古今神祇灵异人物变化，名为《搜神记》"。《搜神记》的主旨即"发明神道之不诬"（《搜神记·自序》），是儒家思想、方术、巫术和道教迷信的大杂烩，也保存了不少优秀的民间传说和故事。《搜神记》中提到的兵器种类较多，既有常规作战性武器如弓箭、剑、刀，也有日常生活化的武器如羽、菜刀、铁椎，还有掺杂方术、巫术的辅助类兵器，如方术、火术、幻术、招魂术以及符咒占卜等。

《搜神记》中有关兵器的描写，最著名的当属《干将莫邪》。

干将莫邪铸剑的传说在汉代之前有多处记载。在《列异传》中只有一个简单的梗概，到了《搜神记》中增

干将莫邪铸剑图

加了生动的对话和细节的描写，文中故事情节均由"剑"铺陈开来，"剑"既是文中的核心意象和道具，也是串联故事的开端、发展、高潮和结局的重要线索。故事主要讲述楚国著名的剑匠干将、莫邪夫妇耗时三年，为楚王铸雌雄双剑，引发楚王不满。干将早有预料，给即将临盆的妻子莫邪交代了后事。干将携雌剑拜见楚王，楚王不见雄剑后勃然大怒，杀死了他。莫邪生一男孩，名为赤，长大后欲替父报仇。楚王梦中得知赤意欲报仇，下令悬赏通缉。赤遇一侠客，侠客称若能奉上赤的头颅和宝剑，楚王一定大悦。侠客将赤的头颅与雄剑一同献给楚王，楚王提出要用汤锅煮赤的头颅，侠客趁楚王在锅边之际砍下其头颅，又砍下自己头颅，三个头颅在汤锅中争斗，终至无法分辨，后肉汤被分成三份埋葬，称"三王墓"。干将莫邪的故事广为传颂，也奠定了经典血亲复仇故事的原型，鲁迅的《铸剑》、汪曾祺的《复仇》、余华的《鲜血梅花》等小说都有"干将莫邪"的影子。

在先秦的文献中，最早提到干将、莫邪，多指宝剑的名称。《太平御览》（卷三百四十四）引《墨子》佚文："良剑期乎利，不期乎莫邪。"这句的意思是：好的剑不在乎它是不是莫邪剑，而在其是否锋利有实用价值。《庄子·达生》："复仇者不折镆干。虽有忮心，不怨飘瓦。"庄子以物本身的无害，来推及人的"无心"，从而将仇恨虚无化而消解。"镆干"指莫邪、干将。《荀子·性恶》篇中有："阖闾之干将、莫邪、巨阙、辟闾，此皆古之良剑也；然而不加砥砺则不能利，不得人力则不能断。"意即：吴王阖闾的干将、莫邪、巨阙、辟闾，这些都是古代的好剑，但是不加以磨砺就不会锋利，不凭借人力就不能斩断东西。东周时期，吴越地区盛产宝剑，吴越地区的铸剑水平远远超过中原诸国。

文献典籍屡次提及干将、莫邪，其已经成为利剑、宝剑的代名词。东汉人所撰的《吴越春秋》和《越绝书》记载了干将、莫邪的铸剑传说，较之先前诸子散文的只言片语，故事情节丰富许多。现代《辞源》（修订版）对"干将"一词的解释是："干将，古剑名。相传春秋时吴人干将与妻莫邪善铸剑。铸有二剑，一曰干将，一曰莫邪，献给吴王阖闾。事见《吴越春秋·阖闾内传四》。后来因以干将为利剑的代称。"《战国策·齐五》："今虽干将莫邪，非得人力，则不能割刿矣。"无论是宝剑名称还是铸剑的传奇故事，"干将莫邪"已经深入中国文化的肌理中，成为一种具有象征意义的指称。

《搜神记》中的《干将莫邪》一篇，以"宝剑"连缀故事，剑在文中有着相对的独立性，但从故事的整体结构来看，其主要是服务于文学层面的叙述。

三王墓故事图

剑的意象对于串联故事、交代人物关系，突出人物的精神和性格，制造矛盾冲突、渲染氛围、推动故事情节发展等方面有着尤为重要的作用。故事的开端是楚王下令让干将莫邪夫妇铸剑，因二人延误工期招致楚王不满，已起杀心；故事的发展是楚王杀害干将，而干将生前交代后事，早有防备；故事的高潮是干将之子赤替父报仇，与侠客周密策划；故事的结局是赤、侠客、楚王头颅共煮一锅，复仇成功。整个故事构思精巧，文中五个主要人物均与剑有重要联系。尤其是少年赤，他因为雌雄双剑成了遗腹子，却天生壮实有力，再佩雄剑，一个威武俊朗的复仇青年形象跃然纸上。侠客趁楚王不备，用剑砍其脑袋，随后挥剑自刎，仗义豪迈的气势流露无遗。文中的矛盾冲突因剑而起，因剑而生，因剑而结。剑作为武器，既具有实用性，也具有象征意味：一来剑作为攻击性武器，近距离能一招致命；二来剑象征国家的威严和天子的高贵，楚王喜好随身佩剑，以衬托帝王的潇洒气质与英雄气概。文中提到的雌雄双剑，一鞘双剑，既能拆而为二，又能合二为一，既具有人的阴阳之性，也蕴含相克相生的朴素哲学观念。干将、莫邪剑的下落不可考，目前考古界出土三把吴王阖闾剑，但依然无法判断其中是否有干将、莫邪宝剑。剑身刻有拥有者的姓名，但剑师和其他信息只能湮没在历史的尘埃中。

《李寄》是《搜神记》中思想内容和艺术成就较高的一篇作品，也涉及兵器。作品说的是一位十二三岁的少女李寄，大智大勇斩蛇除妖，为乡亲除害的传说故事。全文不足四百字，却情节生动，结构完整，塑造了一个果敢硬朗的少女形象。《李寄斩蛇》篇末云"其歌谣至今存焉"，说明李寄的故事早在干宝编撰《搜神记》之前就已存在和流传了。六朝文人在辑录前朝故事时，本着实录精神，对故事稍加文学性润色，基本保留了故事的原始民间形态。

故事讲的是东越的闽中地区有一座庸岭，绵延几十里，岭西北的山洞里有一条大蛇，七八丈长，十几围粗，当地的都尉和县吏有不少被蛇伤害致死。民众都十分惧怕这条巨蛇，于是用牛羊等牲口去祭祀，但照样无法幸免。巨蛇或者托梦给人，或者下告巫祝，说要吃十二三岁的女孩子。都尉和县吏为此大伤脑筋，巨蛇带来的危害并未停息。大家一起寻找家生女婢和犯罪人家的女孩，先行供养，等八月初祭期一到，就把她送到大蛇洞口。接连好多年都是这样，已经断送了九个女孩子的性命。将乐县李诞家小女李寄应征供蛇，以下几句是李寄的内心告白："父母无相，唯生六女，无有一男，虽有如无。女无缇萦济父母之功，既不能供养，徒费衣食，生无所益，不如早死。卖寄之身，可得少钱，以供父母，岂不善耶！"李寄深感社会和家庭重男轻女之风，身世卑微又无足轻重，毅然卖身官府。她以缇萦自效，以弱小之身做出惊人之举。

文中的一个细节值得注意，李寄向官府讨要了一把利剑和一条猎狗，作为对付巨蛇的工具，说明这个女孩子有详细而周密的杀蛇计划。她先用蜜糖糍粑引蛇出洞，放猎狗去咬蛇，趁其不备挥剑砍蛇，最终凭借智勇双全杀死了巨蛇,为乡亲带来福音,为父母和家族带来荣耀。故事本身是极具浪漫主义色彩的,文中对李寄斩蛇的过程区区数言,但我们能看出有着天大决心的李寄被赋予了某些超能力,她手中的利剑也具有神秘化的色彩,对于塑造人物形象、突出主旨意图、渲染环境氛围、抒发思想感情起到了重要作用。一定程度上,兵器在人物形象塑造方面起到很重要的衬托作用,弱小年幼的李寄佩带与其年龄、身份气质不符的利剑上阵,反差巨大,带有戏剧性效果。她斩蛇的决心巨大,肩负着乡亲的重托,利剑是斩断妖孽的利器,突出了为民除害、扬善惩恶的主旨。利剑、猎狗的出场,也烘托出斩蛇除妖前的紧张气氛,李寄借助的工具虽然朴素,但运用得当,发挥了最大的效用,也流露出作者对李寄这样一个奇女子的佩服与赞叹之情。

除过剑,《搜神记》中提到较多的一种冷兵器是弓箭。弓箭是中国古代军队使用的重要武器之一。弓由弹性的弓臂和有韧性的弓弦构成;箭包括箭头、箭杆和箭羽。箭头为铜或铁制,杆为竹或木质,羽为雕或鹰的羽毛。弓箭出现的时间,或许可以上溯到遥远的神话时代,后羿射九曜的传说向来脍炙人口。1963年,在山西朔县的旧石器遗址中发现了一只石镞,即石制箭头,可以证明在此阶段或更早阶段,我们的远古先民就已经学会制造和使用弓箭了。箭头可以固定在箭杆上,利用木质棍棒的弯曲弹力,形成了人类历史上最早的弓箭类武器。对于原始的狩猎部落而言,弓箭的作用、意义重大。春秋战国时期,诸侯国交战争霸,各国一般都设有专门的兵器制造部门,以获得更多精良兵器,弓箭的制造工艺在此阶段有了较大发展。齐国的《考工记》中详细记录了制造弓箭的选材及制作流程。制弓所需的六材是干、角、筋、胶、丝和漆,"六材既聚,巧者和之"。制弓干的材料,最好的是柘木,最差的是竹材。诸侯对良弓的珍视程度并不亚于宝剑,上好的弓箭制作周期可长达四年。据史料记载,楚灵王酒醉之后,将楚所藏宝弓"大屈"送与鲁侯,酒醒之后追悔不已,不顾将背负不信之名,派遣使臣将弓索回。魏晋南北朝时期,弓箭也是常见兵器,《搜神记》中提到弓箭的有7处之多。

《搜神记》卷六载:"鲁严公八年,齐襄公田于贝丘,见豕,从者曰:'公子彭生也。'公怒射之,豕人立而啼,公惧坠车,伤足,丧屦。刘向以为近豕祸也。"这段讲的是在鲁严公八年即公元前686年的时候,齐襄公一行在贝丘狩猎,齐襄公看见一头野猪,侍从却说那是公子彭生。齐襄公发怒,用弓箭射之,哪知猪像人一样站立起来哀嚎。齐襄公十分恐惧,从马车上摔下来,摔伤了脚,也弄丢了鞋子。公子彭生是春秋时期鲁国大夫,公元前694年,鲁桓公与夫人文姜到齐国聘问。文姜与其兄齐襄公私通。齐襄公招待鲁桓公,回去的时候命公子彭生和鲁桓公坐在一个车上,彭生在车上杀了鲁桓公。在鲁国人的请求下,齐襄公归罪于彭生而杀之。《搜神记》收录了这一历史故事,齐襄公借刀杀人又灭口,内心有鬼,在射杀野猪后居然惊慌失措。文中并未出现弓箭字样,但一个"射"字反映出当时弓箭使用的普遍性,既可以作为战场射杀兵器,也可以在王公贵族的狩猎活动中发挥作用。

该书卷六又载:"成帝河平元年,长安男子石良、刘音相与同居,有如人状,在其室中,击之,为狗,走出。去后,有数人披甲,持弓弩至良家。良等格击,或死或伤,皆狗也。自二月至六月,乃止。其于洪范,皆犬祸,言不从之咎也。"此段记述汉成帝河平元年(前28年),长安的男子石良、刘音同住一间房子。他们看见有个像人一样的怪物在房间里,于是打它,这怪物变成狗跑了出去。之后便有几个穿着铠甲的人拿着弓箭来到石良家。石良、刘音与之格斗,死伤的人都变成狗。这样的日子从二月开始,直到六月才结束。这种情况按照《洪范》的观点来看,都是与狗有关的灾祸,是不从的祸殃。文中提到防护性兵器铠甲和进攻性兵器弓箭。铠甲是古代将士穿在身上的防护装具。甲又名铠,《释名·释兵》:"铠,犹铠也。坚重之言也,或谓之甲。"中国先秦时,主要用皮革制造,称甲、介、函等;战国后期,出现用铁制造的铠,皮质的仍称甲;唐宋以后,不分质料,或称甲,或称铠,或铠甲连称。弓箭一般用作远射兵器,在近距离混战中也极具杀伤力。

《搜神记》卷九载:"邓喜,杀猪祠神,治毕,悬之,忽见一人头,往食肉。喜引弓射中之,咋咋作声,绕屋三日。后人白喜谋叛,合门被诛。"东吴戍将邓喜,杀猪祭祀庙神,把猪收拾好悬挂起来。忽然看见一个人头去吃猪肉,邓喜拉弓放箭射去,射中那个人头,人头发出"咋咋"的感叹声,这声音环绕房屋,响了三天三夜。后来有人告发邓

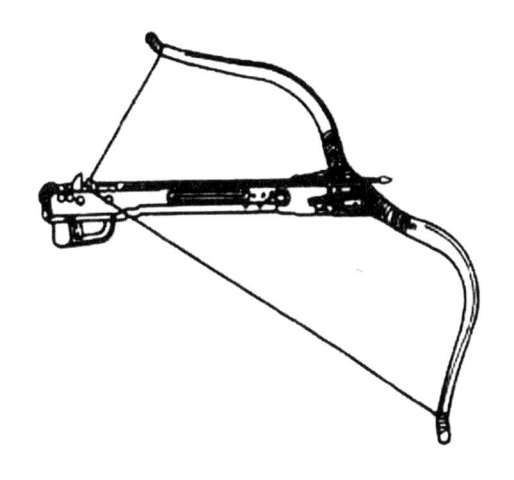

战国弩复原示意图(选自《中国古兵器论丛》)

喜谋反,他全家都被诛杀了。这个故事带有神秘色彩,邓喜随手引弓射杀祭祀之猪,反映出弓箭属于日常武器,一般武将家里必备。

卷十一载:"楚熊渠子夜行,见寝石,以为伏虎,弯弓射之。没金铩羽。下视,知其石也。因复射之,矢摧无迹。汉世复有李广,为右北平太守,射虎得石,亦如之。"楚国熊渠子夜间巡行,看见路中间横卧的一块石头,以为是趴在地上的老虎,便拉弓射它,箭头陷没在石头里边,箭杆上的羽毛都掉下来了。他下马仔细一看,才知道那是石头,接着又射它,箭被折断了,也没有留下什么痕迹。汉代又有个李广,任右北平太守,他以为自己是在射老虎,结果射到的却是石头。这个故事的寓意是,人在遇到危急情况时,会有超出往常的表现。只要专心做事,集中精力,就能够精诚所至,金石为开。《吕氏春秋·精通》中记载的楚国神箭手养由基射石的故事,和熊渠子、李广将军的故事类同,都以"箭"为喻,折射出人生哲理。

同卷又载:"楚王游于苑,白猿在焉,王令善射者射之。矢数发,猿搏矢而笑,乃命由基。由基抚弓,猿即抱木而号。及六国时,更赢谓魏王曰:'臣能为虚发而下鸟。'魏王曰:'然则射可至于此乎?'赢曰:'可。'有顷,闻雁从东方来,更赢虚发而鸟下焉。"这则故事塑造了具有百步穿

杨神功的神箭手养由基和更嬴,两者皆以精准的射箭本领著称,甚至虚发弓箭都能让白猿、大雁等动物闻风丧胆。文中提到的矢即是箭的别称。《易·系辞下》:"弦木为弧,剡木为矢,弧矢之利,以威天下。""弧矢"就指的是弓箭。弓箭的制造技艺在春秋达到顶峰,战国时期交战双方已经开始使用更大型的弩,这是远程兵器方面的一大创举。《墨子·备高临》中提到"连弩之车",所用之箭近两米长,尾部有绳,射出后可回收。据记载,弩的射程最远可至 800 米,必须由力士以坐姿举双手双脚合力发射出去,杀伤力巨大。公元前 260 年发生的秦赵长平之战中,秦军就是靠着强弓硬弩大获全胜。

该书卷十六载:"卢充者,范阳人,家西三十里,有崔少府墓,充年二十,先冬至一日,出宅西猎戏,见一獐,举弓而射,中之,獐倒,复起。"卷十九又载:"哙参,养母至孝,曾有玄雀,为弋人所射,穷而归参,参收养,疗治其疮,愈而放之。"以上两则故事中也都提及弓箭。第二则故事中的"弋人"指射鸟之人,可见当时出现专门以射杀鸟为生的职业,弓箭被广泛运用在日常生活之中。汉代扬雄的《法言·问明》言:"鸿飞冥冥,弋人何篡焉?"意思是大雁飞向远方,射鸟人怎么能射到它们呢?比喻贤者远走他乡,以免落入虎口。

从以上《搜神记》中收录的几则故事来看,在魏晋南北朝时期,弓箭的制造和运用已经相当普遍和成熟。当时弓箭的流行或与儒家推崇的"六艺"中的"射"有关。弓箭既可以在前方战场发挥重要作用,提高军队整体作战能力,具有很大的杀伤性和震慑性,也可以在日常生活的猎兽捕鸟中展示效能;既具有实用性,也具有隐喻性,是我们在欣赏和阅读小说时不能忽略的一个重要意象。宋代的城防工事中,专门建有弩台,与城墙同高,可从正面、侧面同时御敌。明朝的弓箭种类更多,不过随着明中期火器制造技术的传入、发展而被挤出战争舞台,后又随着努尔哈赤率领的女真部落崛起而成为战场上的主兵器。清朝弓箭只有一种规格,按皇帝、侍卫、兵丁等级使用,按用途分为狩猎、检阅和作战使用。鸦片战争后,弓箭已经日薄西山,逐渐消失在军事舞台的地平线下。

魏晋南北朝时期人们思想活跃，打破了儒家不语"怪力乱神"的传统，大谈神仙鬼怪，《搜神记》收录了许多古代民间传说中的神奇怪异故事，也提及一些具有神秘色彩的法术和神仙幻术，在敷衍故事时展现了丰富的想象力。书中提到的法术就有火术、幻术、方术、招鬼术、占卜术等形式，可以归入象征性兵器一类中，虽无实际用处，却也能发挥功用，达到意想不到的效果。

　　1. 火术　"宁封子……世传为黄帝陶正，有异人过之，为其掌火。能出五色烟。"（卷一）黄帝，上古时期的传说人物，具有很浓厚的神秘神话色彩，所以，黄帝使用五色烟火，更能展现出黄帝的神秘感。而黄帝将五色烟火传授给了宁封子："则以教封子，封子积火自烧，而随烟气上下。"（卷一）封子积火自烧，更能突出这门法术不是一般人能学会的，也更加能突出黄帝身份地位的与众不同。"师门者，啸父弟子也。能使火。"（卷一）啸父，古代传说中的仙人。在神话传说中，许多仙人都会使用火术，师门既是啸父的弟子，当然也会使用这种火术，这样同时为人物蒙上了一层神秘色彩。原文："晋永嘉中，有天竺胡人，来渡江南。其人有数术：能断舌复续，吐火。"（卷二）

　　在古代交流极度贫乏的时期，很多人对异域地区的人一般都是感到神秘新奇的，所以对外来传入的无法解释的"术"等也会感到神秘怪异。这里的火术"吐火"应该属于当时胡人杂技的一种，带有强烈的异域神秘气息，同时也反映了在当时的小农经济形制下人们的思想认识较为短浅。

　　2. 幻术　"介琰者，不知何许人也……能变化隐形。"（卷一）"鞠道龙，善为幻术。"（卷一）隐形也应是法术的一种。《搜神记》这类志怪小说大多都是作者听闻的故事，很少去实地考察，因此，这个"能变化隐形"的人是否存在，也是无法考究的。所以幻术也许只是当时社会的人们对于一些无法解释的现象的想象，又因对鬼神的敬畏才逐渐形成的一种法术。

　　3. 方术　"闽中有徐登者，女子化为丈夫，与东阳赵昺，并善方术。

时遭兵乱,相遇于溪,各矜其所能。登先禁溪水为不流,昺次禁杨柳为生稊。二人相视而笑。登年长,昺师事之。后登身故,昺东入长安,百姓未知,昺乃升茅屋,据鼎而爨。主人惊怪,昺笑而不应,屋亦不损。"(卷二)方术是道术的前身,包括"辟谷""服食""导引""行气""房中术""存想""炼丹"这几个方面。在文章中,徐登可以令溪水停止流淌,而赵昺可以令枯柳长出新芽,描写充满奇异神幻气息。

4. 召鬼术 "刘根,字君安。京兆长安人也。……遇异人授以秘诀,遂得仙。能召鬼。"(卷一)"寿光侯者,汉章帝时人也。能劾百鬼众魅,令自缚见形。"(卷二)召鬼术,亦称召亡术,承受对象一般为死人。既然能召鬼,那自然也可以驱鬼。召鬼和驱鬼的法术常见于修道者身上。召鬼的目的简单明了,一般说来是为了役鬼,驱使鬼来为自己服务。修仙者与鬼似乎是黑与白,相互对立,却又相互依赖。这种法术与其他宗教兵器一样,充满了宗教奇幻色彩,这也是对当时人们狭隘思想的反映。

5. 符咒占卜 "吴猛,濮阳人。仕吴,为西安令,因家分宁。性至孝。遇至人丁义,授以神方;又得秘法神符,道术大行。"(卷一)"谢纠,尝食客,以朱书符投井中,有一双鲤鱼跳出,即命作脍。"(卷二)

符咒,也称为符箓,有"三山符箓"之说,是道家修炼中一个重要的组成部分,其咒语起源于古代巫师祭神时的祝词,在东汉时期较为盛行。最初的咒语是用语言告诉神明要求惩罚恶人,并向神明发誓。符咒作为山、医、卜、命、相五术的根本,是修道者与上天对话的媒介和渠道。符咒占卜看上去是中国古代驱鬼最常见的一种做法,任何一个人用一张符就可以保护性命。正如原文中叙述的那样,一般情况下都是得到一个神秘人给的符咒后,便有了保护自己的本领。这种法术带有宗教特有的玄幻气息。符在古人看来是一种极其神奇的东西,可以用来做很多事。如卷三:

淳于智,字叔平,济北庐人也。性深沉,有思义。少为书生,能《易筮》,善厌胜之术。高平刘柔夜卧,鼠啮其左手中指,意甚恶之。以问智。智为筮之,曰:"鼠本欲杀君而不能,当为使其反死。"乃以朱书手腕横文后三寸,为田字,可方一寸二分。使夜露手以卧。有大鼠伏死于前。

占卜,意指以小明大、以微见著,通过微观与宏观的联系为原理,用龟壳、兽骨、铜钱、竹签、纸牌或占星等手段和征兆来推断未来的吉凶祸福,从而分析问题、指点迷津的方法。原始先民对世界的发展缺少科学的认识,因此往往通过各种征兆来指示行动,以符合神灵意愿。占卜应运而生,它具有仪式性或社会性的特色,通常与宗教密切相关。

原文中,"能易筮,善厌胜之术",即精通《易经》,擅长占卜,并很好地掌握了用诅咒来制胜的法术。淳于智不仅通过占卜得出"鼠本欲杀君而不能,当为使其反死"的结论,并且使用"厌胜之术"帮助刘柔处死了老鼠。所谓厌胜之术,实际上是一种巫术,用法术诅咒或祈祷以达到制胜所厌恶的人、物或魔怪的目的。这种巫术具有浓重的宗教神秘意味。在古代,很多不能被解释的现象都可以用占卜来解释。当然这也是当时鬼神论流行的鲜明体现。

任何小说都脱离不了社会现实,《搜神记》中不乏一些具有奇幻、神秘色彩的兵器,也有不少神仙方术之类的辅助性兵器,还存在一些可以用作武器的日常用具,如羽、刃、菜刀、铁锤之类。如:"及吴先主之初,其故吏见文于道,乘白马,执白羽,侍从如平生。"(卷五)"旧为羽扇柄者,刻木象其骨形,列羽用十,取全数也。初,王敦南征,始改为长柄,下出,可捉。而减其羽,用八。"(卷七)"荀宇止之曰:'义士欲死节。'赐剑,令自裁。序受剑,衔须着口中,叹曰:'则令须污土。'遂伏剑死。"(卷十六)"伯恨不得杀之,后月余,又佯酒醉,夜行,怀刃以去,家不知也,极夜不还,其孙恐又为此鬼所困,乃俱往迎伯,伯竟刺杀之。"(卷十六)

《搜神记》中的故事众多,但涉及兵器的篇章却不多,描写的兵器多为古代常见兵器,大多具有攻击性和杀伤力。此外存在一些如神仙幻术类的辅助性兵器,虽没有明显的进攻性或防守性,但也具有一定效力。总体而言,兵器种类及数量较少,主要服务于文学叙述,实用性大于象征性。

《搜神后记》是《搜神记》的续书,题为东晋陶潜撰。其中也有对世俗生活中兵器的描写。《搜神后记》在魏晋南北朝的志怪群书中是颇具特色的。它在内容上,略为妖异变怪之谈,而多言神仙;在艺术上,芜杂琐碎的记叙减少,成篇的故事增多,其中提及的现实兵器是弓箭。如卷一:"丁令威,本辽东人,学道于灵虚山。后化鹤归辽,集城门华表柱。时有少年,举弓欲射之。"卷七:"晋中兴后,谯郡周子文,家在晋陵。少时喜射猎,常入山,忽山岫间有一人,长五六丈,手捉弓箭,箭镝头广二尺许,白如霜雪。"卷八:"吴聂友,字文悌,豫章新淦人。少时贫贱,常好射猎。夜照见一白鹿,射中之。明寻踪,血既尽,不知所在。且已饥困,便卧一梓树下。"卷九:"襄阳习凿齿,字彦威,为荆州主簿。从桓宣武出猎,时大雪,于江陵城西,见草上雪气出。伺观,见一黄物,射之,应箭死。往取,乃一老雄狐,脚上带绛绫香囊。"《搜神后记》相当于对《搜神记》的一个补充,其中大多数的兵器也都是百姓常见的。这里提及的弓箭多是为了表达主人公技艺高超、功夫深厚。

第二节 唐传奇中的兵器

唐传奇是唐代文言短篇小说,内容多记述奇闻逸事,除部分记述神灵鬼怪外,大量记载人间的各种世态,人物有上层的,也有下层的,反映面较过去远为广阔,具有浓厚的生活气息;在艺术形式上,篇幅加长,"叙述宛转,文辞华艳,与六朝之粗陈梗概者较,演进之迹甚明"(鲁迅《中国小说史略》),部分作品还塑造了鲜明动人的人物形象。唐代传奇的出现,标志着中国古代短篇小说趋于成熟。由于唐传奇中多记述奇人奇事,兵器也自然不可避免地被提及,这些兵器多用来塑造人物,使之形象更加鲜明突出。唐传奇中的兵器主要有剑、匕首、鞭、镜等等。

《莺莺传》是唐传奇名篇,由元稹编纂,主要讲述了书生张生对崔莺莺始乱终弃的故事。张生旅居蒲州，借住于普救寺，在寺中偶遇远房姨母郑氏一家。寺中突发兵乱，全靠张生一力维护，保全了郑氏一家，在答谢宴会上，张生醉心于郑氏的女儿崔莺莺。经过婢女红娘传情，两人终于情意相合，走到了一起。后来张生进京赶考，两人经常书信往来，互赠信物，可是张生最终变了心，抛弃了莺莺。他称莺莺为"尤物"，为"妖孽"，当时人们反而赞扬张生的薄情，美化张生，为他的丑行辩护，认为他"善于补过"。

在信中，莺莺表露"君子有援琴之挑，鄙人无投梭之拒。及荐寝席，义盛意深，愚陋之情，永谓终托"，意思就是说您像司马相如用弹琴挑逗卓文君那样来挑逗我，我却未能像高氏之女用投梭拒绝谢鲲那样拒绝您。等到我们同衾共枕时，已经情深意长。这里提到了一件兵器——梭，投梭即织布时来回投射梭子。在这里，"投梭之拒"是一个典故，讲的是两晋名士谢鲲投梭折齿的故事。相传谢鲲垂涎于邻居高氏之女的美色，便挑逗她，对方以梭投掷，撞断了谢鲲的两颗牙齿。时人都道："任达不已，幼舆折齿。"所以后人常常用"投梭折齿"比喻女子抗拒男子的挑逗引诱，保全了清白的名誉。

莺莺在这里引用"投梭折齿"的典故，无疑是向张生明志，既然已经无法逃避自己的真心，那我便会真心实意地爱您。越是这般坚贞的爱情宣言，便越是衬托出张生最终始乱终弃行为的无情无义，比投梭折齿更痛苦、更残忍的是张生的抛弃犹如一把利剑插入了莺莺的心中。故事构建了莺莺人生的悲剧性，与中国古代社会的众多女性一样，她们被封建礼教深深束缚与毒害，即使冲破了制度的枷锁去追求自己的心之所愿，经常也难逃被负心郎抛弃的命运。莺莺的悲剧是张生一手造成的，可是作者在小说的最后却借张生之口唾骂莺莺是"尤物""妖孽""不妖其身，必妖于人"，这便造成了小说主题表达的缺陷，就如鲁迅先生在《中国小说史略》中指出的那般，"篇末文过饰非，遂堕恶趣"。

《李娃传》讲的是荥阳公子郑生与名妓李娃之间的故事。郑生进京应试，于妓楼与李娃一见倾心，便在她身上用尽了万贯金银。后来老鸨发现郑生已财资耗尽，便设计将之逐出。郑生流落街头，只能以唱挽歌维持生计，不料被进京的父亲发现，小说写道："父责曰：'志行若此，污辱吾门，何施面目，复相见也？'乃徒行出，至曲江西杏园东，去其衣服，以马鞭鞭之数百。生不胜其苦而毙，父弃之而去。"父亲认为他行败品污，玷辱门庭，大为震怒，便将他痛打一顿之后，与之决然地断绝了父子关系。后来郑生行乞到安邑东门，被李娃认出。李娃将之收留，细心调护。郑生渐渐恢复了健康，并且科举连中，登第为官，与李娃结为夫妇。李娃也因此被封为汧国夫人，郑生也与其父和好如初。

郑生的父亲用来毒打儿子的兵器是马鞭。鞭，中国古代兵器之一，短兵器械的一种，有软鞭和硬鞭之分。文中的马鞭是骑马的辅助用具，用于驱使马匹按照人类的意愿完成各种动作。

郑生的父亲在得知儿子做出了这般有辱门庭的事情之后，用马鞭毒打，使他几近死亡。文章在表现郑父残忍的同时反衬出李娃品性的高尚：当郑生沦为乞丐乞讨至李娃家中时，李娃非但没有嫌弃他，反而悉心照料。她念及旧时情谊，毅然赎身，与鸨母决断，倾全力为郑生调养身体。在郑生入朝为官后，她深知自己身份卑微、品阶低下，便主动要求离开郑生。作为一个妓女，李娃非但没有唯利是图，反而深明大义、勇敢果决、善良真诚，她比有些看似翩翩公子实则为阴险小人的官宦子弟更加值得尊重。

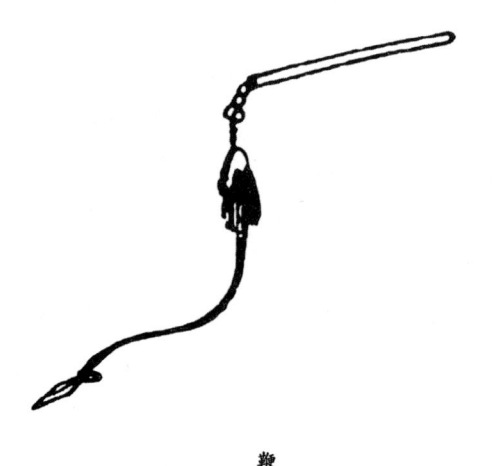

最终李娃也善有善报，得了帝王封赏，成为尊贵的汧国夫人。

《聂隐娘》是唐传奇里的一篇，讲述了唐朝女侠聂隐娘的传奇故事。聂隐娘为魏博大将聂峰之女，10 岁时被一尼姑掠去并教以剑术，5 年后武功高强的她被送归其家。聂隐娘身怀绝技，成

鞭

为一个女刺客。聂父死后，魏博主帅与陈许节度使刘昌裔不和，欲令聂隐娘暗杀之，聂却转而投刘。主帅另派精精儿与妙手空空儿前往暗杀，隐娘又以法术破之。后刘昌裔入觐，聂告别而去。刘昌裔死后，聂隐娘又至京师刘柩前恸哭。小说中描写聂隐娘被尼姑挟走后的学武经历颇为神奇：

  尼与我药一粒，兼令执宝剑一口，长一二尺许，锋利吹毛可断。遂令二女教某攀缘，渐觉身轻如风。一年后，刺猿猱百无一失。后刺虎豹，皆决其首而归。三年后，能使刺鹰隼，无不中。剑之刃渐减五寸，飞禽遇之，不知其来也。

  尼姑先给了她一粒药，又给了她一把一二尺长的宝剑，剑刃特别锋利，毛发放在刃上，一吹就断。隐娘跟两个女孩学攀岩，渐渐感觉自己身轻如风。一年后，学刺猿猴，百发百中。后又刺虎豹，都是割掉脑袋拿回来。三年后能飞了，学刺老鹰，没有刺不中的。剑刃渐渐磨减到只剩五寸长，飞禽遇到，有来无回。

  文中提到聂隐娘最初使用的兵器是宝剑。在十八般传统冷兵器中，剑被称作"百刃之君""百兵之帅"，在武行中，剑多作为防身性兵器。由于易携、美观，所以名士贵族多佩剑，久而久之，剑被视作集智慧、内涵、身份于一体的兵器，也就成了豪侠之士的象征。聂隐娘最初得到的这把宝剑极其锋利，"锋利吹毛可断""刺猿猱百无一失""后刺虎豹，皆决其首而归""能使刺鹰隼"，这样的描写将剑的锋利、神奇刻画得入木三分，不仅写出了剑之独到，更衬托出聂隐娘的天赋异禀，这为她习得高强武艺作了铺垫。

  聂隐娘武功大成之后，尼姑便令其开始刺杀

剑

行动，小说中多有描写：

  至四年，留二女守穴。挈我于都市，不知何处也。指某人者，一一数其过，曰："为我刺其首来，无使知觉。定其胆，若飞鸟之容易也。"授以羊角匕首，刃广三寸，遂白日刺其人于都市中，人莫能见。以首入囊，返主人舍，以药化之为水。五年，又曰："某大僚有罪，无故害人若干，夜可入其室，决其首来。"又携匕首入室，度其门隙无有障碍，伏之梁上。至瞑时，得其首而归。尼大怒曰："何太晚如是？"某云："见前人戏弄一儿，可爱，未忍便下手。"尼叱曰："已后遇此辈，先断其所爱，然后决之。"某拜谢。尼曰："吾为汝开脑后，藏匕首而无所伤。用即抽之。"曰："汝术已成，可归家。"遂送还，云："后二十年，方可一见。"

  女尼指着一个人，历数其恶行败德，吩咐隐娘要在神不知鬼不觉中，速速取其首级，并给她一把羊角匕首，3 寸长。隐娘像鸟飞那般容易，在大白天将其刺死，旁人绝无察觉。隐娘把他的头装在囊中，带回石穴，用药将那头化为水。5 年后，尼姑又说，某个大官有罪，无辜害死很多人，晚间可到他的房中，把他的头割来。于是，隐娘就带着匕首到那人房中，从门缝中进去，一点障碍没有，她爬到房梁上，直到天亮，才把那人的头拿回来。后来尼姑把匕首藏到了隐娘的后脑中，以便其使用。

  聂隐娘后来行刺时使用的兵器都是匕首。匕首为短兵器的一种，双刃，用于近距离作战。《说文解字》："相与比叙也。从反人。匕，亦所以用比取饭。"意思就是说，"匕"即"比"，比较、并列之意，又说"匕"是盛饭的勺子。段玉裁在注释"剑"时写道："此今之匕首也。"匕首类似一种短剑或者狭长的短刀，长约 8 尺。古代刺客在刺杀目标时一般都使用匕首。作为一个武功高强的女刺客，聂隐娘行刺的兵器同样也是匕首，此匕首藏于其后脑，可见其短小；而顷刻间取人首级，又见其锋利异常，同时又凸显了隐娘矫捷的身姿和出手的利落。

  《南柯太守传》，作者为唐代李公佐，共一卷。小说讲述的是东平人淳于棼有一天在一株老槐树下醉倒，恍惚之中梦到自己变成了大槐国国王的驸马，任职南柯太守 12 年之久，与金枝公主生育了五男二女，名噪一时，享尽荣华富贵。后来与檀萝国交战，战败，金枝公主因病去世。淳于棼被遣返回家，沿途破车惛卒，梦突惊醒。醒来后发现"槐安国"和"檀萝国"竟然是两个巨型的蚁穴，梦中场景还历历在目，然而到最后，荣华富贵终究不过是黄粱一梦。

当淳于棼刚来到槐安国，初到富丽堂皇的宫殿时，小说写道：

矛戟斧钺，布列左右，军吏数百，辟易道侧。生有平生酒徒周弁者，亦趋其中。生私心悦之，不敢前问。右相引生升广殿，御卫严肃，若至尊之所。……是岁，有檀萝国者，来伐是郡。王命生练将训师以征之，乃表周弁将兵三万，以拒贼之众于瑶台城。弁刚勇轻进，师徒败绩；弁单骑裸身潜遁，夜归城。贼亦收辎重铠甲而还。

其中提到的兵器有矛、戟、斧、钺。

矛是长兵器的一种，用于直刺、扎挑和投掷，往往饰以红缨，所以至今仍被称作红缨枪。《说文解字》："酋矛也。建于兵车，长二丈。象形。凡矛之属皆从矛。……古文矛从戈。"从"古文矛从戈"来看，矛是一种兵器。段玉裁引徐锴注释："钩兵也。"《传》："矛长，故立之于地。"从这里来看，矛是一种比较长的兵器，因此在持矛时将矛立在地上。在周代，矛按照用途可以分为酋矛和夷矛两种。酋矛主要是步卒使用，而夷矛则是兵车上使用的。矛的缺点是刃部较长，刺杀远不如枪那般灵便，因此到了晋朝，枪兴起以后，矛就逐渐衰落了。

戟是一种分支状兵器，它是将矛、戈合成一体，既能直刺，又能横击的兵器，兼有钩、啄、撞、刺四种功能。在战国和汉代，戟还经常用为武装力量强大的标志。因为戟的功能

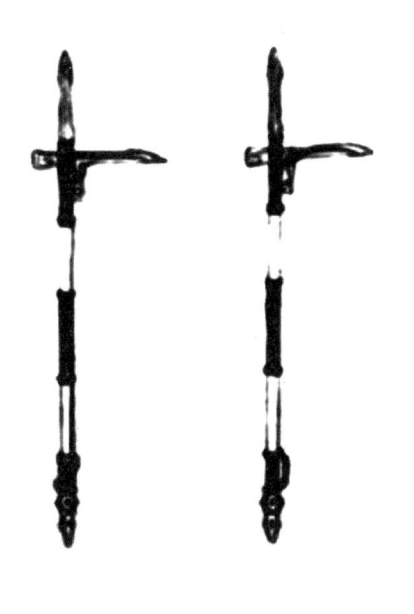

戟

比戈多，而且杀伤力也比戈大，因此，戟被广泛使用之后，就渐渐地取代了戈，成为战场上的主要兵器。在汉朝，将领重臣可以持戟立于皇帝身旁，棨戟是汉代流行的仪仗用戟，其主要功能是官员出行时的仪饰。在魏晋南北朝时期，戟退出了实战领域，但作为仪仗仍有重要的应用。此时的戟被称为门戟，宫庙殿前和官员府邸门前的门戟多少表示地位的尊卑、官爵的高低。到了唐代，戟退出了军用兵器的行列，成为一种表示身份等级的礼兵器，叫作"䂎戟"。皇帝派遣亲信大臣到外地巡查或统兵征伐，常常赐予䂎戟，能代表皇帝处决有罪官员。䂎戟成为官员表示崇高身份的仪仗物。

钺在外形上比斧大一些，除此之外没有任何区别。斧最早是一种生产工具与狩猎工具。文献记载，到了夏朝斧钺渐渐作为一种兵器被应用于战争。在商代和西周时期，钺是象征着专杀之威的重器，也是军队指挥权和国家统治权的象征。之后，斧钺在战场上出现的次数越来越少，渐渐变成了军权、刑罚与礼仪的象征。

因为矛、戟、斧、钺都是皇权与威严的象征，所以在《南柯太守传》中描写的"矛戟斧钺，布列左右，军吏数百，辟易道侧"，是国家统治权的象征，同时又具有仪仗之功用，彰显了皇家的威严与尊贵，也显示出淳于棼在当时的尊贵、显赫地位，为梦醒时的凄凉与无助铺垫，强化对比效果，从而加深读者对"南柯一梦"的深入思考。

《古镜记》据唐代顾况《戴氏广异记序》和《太平御览》记载，其作者为王度。小说主要记述了大业七年（611年），王度从汾阴侯生处得到一面古镜，能辟邪镇妖，携之外出，先后照出老狐与大蛇所化之精怪，并消除了疫病，随后便出现了一系列奇迹。后其弟王绩出外游历山水，借用古镜随身携带，一路上又消灭了许多妖怪。最后王绩回到长安，把古镜还给王度。大业十三年（617年），古镜在匣中发出悲鸣之后，突然失踪。整篇文章都在浓墨重彩地渲染宝镜之神奇与灵气。

小说中对于古镜的形制、特点和来源有非常细致的描写：

隋汾阴侯生，天下奇士也。王度常以师礼事之。临终，赠度以古镜，曰："持此则百邪远人。"度受而宝之。镜横径八寸，鼻作麒麟蹲伏之象，绕鼻列四方，龟龙凤虎，依方陈布。四方外又设八卦，卦外置十二辰位而具畜焉。辰畜之外，又置二十四字，周绕轮廓，文体似隶，点画无缺，而非字书所有也。侯生云："二十四气之象形。"承日照之，则背上文画，墨入影内，纤毫无失。举而叩之，清音徐引，竟日方绝。嗟乎！此则非凡镜之所同也。宜其见赏高贤，自称灵物。

侯生常云："昔者吾闻黄帝铸十五镜。其第一横径一尺五寸，法满月之数也。以其相差，各校一寸，此第八镜也。"

文中写到这面镜子直径有八寸，镜柄上雕刻着一只蹲伏的麒麟，镜身四角雕刻有龟龙凤虎，而与四角对应的是八卦，八卦之外设十二辰肖。最特别的是在辰肖外围镜子轮廓上写着24个字，像是隶书，点画分明，却没有一个是字典上能查到的。镜子要是放在太阳下一照，背面的图案和文字就显露在影子里，纤毫毕露，一丝不差。用手敲它，清脆的声音徐徐飘散，余音袅袅，竟然小半天才完全消失。如此宝镜，定有更为神奇不凡的来历。作者紧接着写到黄帝当年铸过15面镜子，第一面直径一尺五寸，那是效法十五月圆而作的；其后，每面镜子都小一寸，而这就是第八面镜子。

宝镜，也叫异样镜，它事实上并不是用于照面的镜子，严格地说它们并不是镜，而是具有更复杂功能的兵器。按古人的说法，这些器具有特别的魔力。它们有的可以令妖魔鬼怪现身，有的可以照出人的内脏骨骼从而诊治疾病，有的可以探寻地下的宝物……总之都拥有种种奇异之功能。《古镜记》中作者从古镜的渊源、形制及法术三方面，惟妙惟肖地刻画出了一面具有灵气的奇异宝镜，它辟邪镇妖、祛除瘟疫、造福百姓的神奇力量被赋予了古代人民对美好生活的希冀与渴望。所以宝镜本身虽然带有强烈的宗教色彩，却也淋漓尽致地反映出了世俗百姓的生活愿望：

其年八月十五日，友人薛侠者获一铜剑，长四尺。剑连于靶。靶盘龙凤之状，左文如火焰，右文如水波。光彩灼烁，非常物也。侠持过度曰："此剑侠常试之，每月十五日天地清朗。置之暗室，自然有光，傍照数丈，侠持之有日月矣。明公好奇爱古，如饥如渴。愿与君今夕一试。"度喜甚。其夜，果遇天地清霁。密闭一室，无复脱隙，与侠同宿。度亦出宝镜，置于座侧，俄而，镜上吐光，明照一室，相视如昼。剑横其侧，无复光彩。侠大惊，曰："请内镜于匣。"度从其言，然后剑乃吐光，不过一二尺耳。侠抚剑，叹曰："天下神物，已有相伏之理也。"是后，每至月望。则出镜于暗室，光尝照数丈。若月影入室，则无光也。岂太阳、太阴之耀，不可敌也乎？

这段文字同样选自《古镜记》，《古镜记》中除了描写一面神奇的宝镜之外，还提及了一把宝剑。这把铜剑一看就非凡物，剑长四尺，剑身与柄连为一体，柄上刻有龙凤，左边纹路如火焰，右边纹路似水波，光彩夺目。据作者的友人介绍，每月十五天朗气清之时，它能发出夜光，可以照好几丈远。于是在八月十五月圆之夜，王度拿出宝镜放在屋中，不一会儿镜子就亮了起来，能把整个屋子照得像白天一样。铜剑横放在边上，则一点光彩都看不出来了。随后又收起镜子，然后剑亮了起来，不过光照才一两尺远。友人抚摸着铜剑叹息道："天底下的神物，也有互相降服的啊！"虽然文中描写了铜剑的神奇之处，但它的出现不过是一个插曲，主要用来反衬宝镜的奇异非凡，起到编织叙事线索的作用。

《昆仑奴传》主要讲述了昆仑奴磨勒的传奇故事。唐大历年间，有一位崔生奉父亲命令，去一品官员府第探病，遇到了一位貌美如花的红绡姬。在崔生辞别时，红绡姬伸出三个手指，又连续翻了三掌，然后又指了指胸前的小镜子，说：记住。没有再说其他话语。昆仑奴磨勒帮崔生解出姬女的谜语，是约他在十五月圆之日会面。磨勒帮助崔生杀死了一品官员安置在歌姬门前的凶猛大狗，并把崔生背到红绡姬面前。红绡姬这才诉说起自己被一品官员用武力掳来做歌姬的悲惨命运。于是崔生便让磨勒救出红绡姬，并藏在了自己府上。后来一品官员发现，下令围捕磨勒，却被磨勒逃脱。小说中写道：一品官员命令50名士兵，持兵器包围崔生的院子，叫他们抓捕磨勒。磨勒则手持匕首，飞出高墙，轻如羽毛，快如鹰隼。尽管箭矢如雨，却没能射中他，顷刻之间，不知去向。十多年后，崔家有人看见磨勒在洛阳集市卖药，面貌还和从前一样。

  及旦，一品家方觉。又见犬已毙。一品大骇曰："我家门垣，从来邃密，扃甚严，势似飞腾，寂无形迹，此必是一大侠矣。无更声闻，徒为患祸耳。"姬隐崔生家二载。因花时驾小车而游曲江，为一品家人潜志认。遂白一品。一品异之，召崔生而诘之。生惧而不敢隐，遂细言端由，皆因奴磨勒负荷而去。一品曰："是姬大罪过。但郎君驱使年，即不能问是非。某须为天下人除害。"命甲士五十人，严持兵仗，围崔生院，使擒磨勒。磨勒遂持匕首，飞出高垣，瞥若翅翎，疾同鹰隼，攒矢如雨，莫能中之。顷刻之间，不知所向。然崔家大惊愕。后一品悔惧，每夕多以家童持剑戟自卫。如此周岁方止。十余年，崔家有人见磨勒卖药于洛阳市，容发如旧耳。

匕首

  小说中提到磨勒使用的兵器是匕首。磨勒手持匕首像长了翅膀一样飞出去，速度快如鹰隼，即使箭矢密集如雨也不能击中他，如此比喻生动形象地表现了磨勒的武功高强，使人物形象更加充实鲜明。

  《游仙窟》是唐代著名的传奇小说，张鷟所著。文章采用自叙体的形式，描写作者奉使河源，夜宿大神仙窟，与两女子五嫂与十娘调笑戏谑、宴饮歌舞、无所不至的场景。其中写道：

  其时，园中忽有一雉，下官命弓箭射之，应弦而倒。五嫂笑曰："张郎才器，乃是曹植天然。今见武功，又复子南夫也。今共娘子相配，天下唯有两人耳。"十娘因见射雉，咏曰："大夫巡麦陇，处子习桑间。若非由一箭，谁能为解颜？"

  其中所提到的武器弓是抛射兵器中最古老的一种弹射武器。它由富有弹性的弓臂和柔韧的弓弦构成，当把拉弦张弓过程中积聚的力量在瞬间释放时，便可将扣在弓弦上的箭或弹丸射向远处的目标。其为古代兵器之一，激弦发矢，可以及远，考此法之由来最古，黄帝战蚩尤于涿鹿，纯用弓矢以制胜，此为有弓矢之最早者。弓在春秋战国时期已经得到了相当普遍的使用。在《游仙窟》中，张郎用弓箭射雉，雉应弦而倒，如此描写凸显了张郎弓射技艺的精湛和非凡的武功，使得人物形象平添了虎虎生威的气势和魄力。

第三节 《聊斋志异》中的兵器

"姑妄言之姑听之，豆棚瓜架雨如丝。料应厌作人间语，爱听秋坟鬼唱诗。"王士祯一语，道出了《聊斋志异》乃空前绝后之作，偶叙所闻，耳目一新。《聊斋志异》为清代短篇小说集，作者蒲松龄，小说题材非常广泛，内容极其丰富。多数作品通过谈狐说鬼的手法，对当时社会的腐败、黑暗进行了有力批判，在一定程度上揭露了社会矛盾，表达了人民的愿望。《聊斋志异》具有很高的艺术成就，它成功地塑造了众多的艺术典型，人物形象鲜明生动，故事情节曲折离奇，结构布局严谨巧妙，文笔简练，描写细腻，堪称中国古典短篇小说之巅峰。书中提到的花妖狐媚、鬼魅异人多武功高强且精通异术，因而兵器的种类名目繁多，有的兵器的功用也异于常态，其中主要包括黄绦、黄盖、拂尘、葫芦、木剑、绳索、锤子、瓶、塔、鞭、叉、镜、针、符箓、杖、星星、刀等等。

《寒月芙蕖》主要讲了一位道士运用法术惩治无赖的故事：

济南道人者，不知何许人，亦不详其姓氏。冬夏着一单袷衣，系黄绦，别无袴襦……俄见黄绦化为蛇，围可数握，绕其身六七匝，怒目昂首，吐舌相向。某大愕，长跪，色青气促，惟言乞命。

这段描写了这位身世隐秘的济南道人身着夹衣、腰系黄绦，有个地痞无赖趁他洗澡的时候偷走了他的衣服，道士发觉，恳请无赖将衣服奉还，无赖不允。突然之间，黄绦幻化为一条巨蛇，把无赖紧紧地缠住，怒目而视，无赖惊吓跪地。道士拿过黄绦，大蛇便消失了，另有一条蛇，蜿蜒地爬进城去。

这个能幻化为蛇的黄绦便是道士的兵器。它闲时即为道士的腰带，当遇到紧急情况时，道士便可取出黄绦运用法术，变成大蛇来威胁、恐吓别人。

黄绦即黄丝带，它具有哀悼、思念、祈福、希望、盼望亲人平安的含义。目前，黄丝带已经成了亲人离散后的求助标志。黄是一种安全的祝福，黄丝带代表的则是平安归来。在清朝，黄丝带就是指代宗室所系的金黄色带子，亦指清代宗室。《二十年目睹之怪现状》第27回："凡是神机营当兵的，都是黄带子、红带子的宗室。"晚清邹容所作的《革命军》第二章："我同胞不见夫彼所谓八旗子弟、宗室人员、红带子、黄带子、贝子、贝勒者乎？甫经成人，即有自然之禄俸。"在小说中，黄绦作为一种法器，一经施法，便幻化为蛇，既体现了浓重的道家思想，又渲染出一种奇异的宗教氛围，增加了文章的神秘色彩，极大地调动了小说读者阅读探奇的心理。

《颠道人》的思想内容与《寒月芙蕖》相仿，主要描写了一位疯癫的道人运用法术惩治恶人的故事，反映了劳动人民惩恶扬善的强烈愿望：

会重阳，有邑贵载酒登临，舆盖而往，宴毕过寺，甫及门，则道人赤足着破衲，自张黄盖，作謷踤声而出，意近玩弄。邑贵乃惭怒，挥仆辈逐骂之。道人笑而却走。逐急，弃盖，共毁裂之，片片化为鹰隼，四散群飞。众始骇。盖柄转成巨蟒，赤鳞耀目。众哗欲奔，有同游者止之曰："此不过瞖眼之幻术耳，乌能噬人！"遂操刃直前。蟒张吻怒逆，吞客咽之。众骇，拥贵人急奔，息于三里之外。使数人逡巡往探，渐入寺，则人蟒俱无。

小说这段文字描写了适逢重阳节，邑中一户富贵人家乘着华丽的车子登山饮酒，途经颠道人居住的寺庙，颠道人撑开黄盖嘲笑他们，由此激怒了贵人，贵人命随从驱逐辱骂道士并撕碎了他的伞。突然被撕裂的片片伞布化为鹰隼，四散而飞，旋转伞柄又变为一条红鳞巨蟒，吞下了前来挑衅的人，众人惊骇狼狈而逃，后来再返回寺庙时人与蟒都不在了。

文中颠道人的兵器是黄盖，即伞。伞是汉族劳动人民一个重要的创造，当时被人们称为"簦"。上至皇帝出行的黄色罗伞，下至百姓的避雨工具，

可以说伞与人们的生活息息相关。受汉族文化影响，亚洲许多国家很早就有使用伞的传统，而欧洲至 16 世纪才开始风靡中国伞。伞的其他用途包括作为装饰物、拐杖甚至兵器，香港的老字号梁苏记伞就有可作兵器的伞。在我们平时阅读的古代文言小说中，很少有鬼神方士拿伞来作为自己的武器，而在《颠道士》中，这个赤足的道士"自张黄盖"，拿起一把大黄伞来作为法器，发出警跸声来威慑邑贵。黄伞平常普通而多见，而道士随手取材便可用来防身，真是妙用，这样描写不仅突出了道士的武艺超凡、技艺精湛，更增加了一种神秘气息，既神化了伞也神化了道士。

拂尘

《画皮》主要讲述了太原王生外出时，遇到一位貌美如花、无家可归的女子，便不听妻子劝阻把她带回了家。后来听闻道士说自己周身充斥邪气，定为妖怪所蛊。王生回到家，发现那女子果真为一个面目狰狞的女鬼，便恳请道士收服女鬼救自己性命，道士赐给王生一柄拂尘，令他挂在门前，"道士曰：'请遣除之。此物亦良苦，甫能觅代者，予亦不忍伤其生。'乃以蝇拂授生，令挂寝门。临别，约会于青帝庙。生归，不敢入斋，乃寝内室，悬拂焉"。夜半，女鬼看到拂尘大怒，不敢进入屋内，但又不愿意放弃嘴边的美食，便撕碎拂尘闯入屋子，杀死王生剖心而去。王生的妻子悲痛欲绝，请求道士救活王生。道士降伏女鬼后，为王生妻子指了一条路，最终在王生妻子的努力下，王生死而复生。

上文中提到的兵器便是道士授给王生的蝇拂。蝇拂即驱蝇除尘的用具，也称拂尘。在道教文化中，拂尘是道士常用的器物，一些武术流派更视拂尘为一种武器。俗话说："手拿拂尘，不是凡人。"拂尘在道门中有拂去尘缘、超凡脱俗之意，故常是道门中人外出云游时随身携带之物。而在《画皮》中，拂尘不但是道士驱蝇除尘、暗示身份的用具，还是一种驱魔辟邪的武器。故事中王生苦苦哀求道士救命，道士动了恻隐之心，遂将自己的拂尘交给他，让他悬挂在卧室门上，以驱赶女鬼，保全性命。然而，这拂尘并没有保全王生的性命，女鬼先是被拂尘震慑了一下，悻悻而走，却实在不想放弃垂涎已久的猎物——王生，于是怒而摘下拂尘，弄得粉碎，继而进了屋子，剖心离去。

道士以拂尘壮其神威，仙风道骨油然而生。至于传说中的威慑鬼怪，或许和道士自身的德行、法力有关。由此可见，拂尘的法力较弱，对鬼怪的威慑力比较小。

另有桃木宝剑，亦是道家法宝：

仗木剑，立庭心，呼曰："孽魅！偿我拂子来！"妪在室，惶遽无色，出门欲遁。道士逐击之。妪仆，人皮划然而脱；化为厉鬼，卧嗥如猪。道士以木剑枭其首；身变作浓烟，匝地作堆。

这段话也是选自《画皮》，描绘了道士降伏女鬼时惊心动魄的画面。其中写到道士手持木剑立于庭中，女鬼仓皇而逃，道士持剑追击，并用木剑砍下她的头，女鬼随之变幻成一团浓烟。

文中写到道士使用的兵器是桃木剑。它是古时神棍们表演、道士们驱鬼的重要道具。桃木剑是道教的一种法器，是道士施法时的必备利器，在中国传统习俗中也被认为有镇宅、纳福、辟邪等作用。在中国的很多小说中，道家方士们用的都是桃木剑。《画皮》中，道士"仗木剑，立庭心"，用木剑逐击鬼怪。那鬼怪的"人皮划然而脱；化为厉鬼，卧嗥如猪。道士以木剑枭其首；身变作浓烟"，足可看出木剑对鬼怪有着很强的威慑力。桃木辟邪，源于后羿的传说。古书记载，后羿是被桃木棒击杀，死后被封为宗布神，这种神经常在一棵桃树下，牵着一只老虎，每个鬼都要前去接受检验。宗布神一闻，如果是恶鬼的话，就会被虎吃掉，所以鬼会害怕桃木。又如：

身变作浓烟，匝地作堆。道士出一葫芦，拔其塞，置烟中，飗飗然如

口吸气，瞬息烟尽。

这段描写承接上文，写女鬼化为浓烟后，道士取出一个葫芦，把浓烟吸了进去，最终降伏了女鬼。其中运用的兵器是葫芦。葫芦是中华民族最原始的吉祥物之一，人们常将其挂在门口用来辟邪、招宝。葫芦还作除病之用，只需将其挂在病者的床尾或摆放在病者的睡侧，就可以吸取病人身上的病气，使其快速好起来。如果是健康人，则可以吸取人身上的晦气，提升运势。葫芦挂在大门外，则有保屋内人平安的作用。道教中，葫芦里应该装的是仙丹或者妙药，因为道教的鼻祖是太上老君，太上老君的葫芦里装的就是仙丹。"不知你葫芦里卖的什么药"，其中的"药"，本指的就是道教的葫芦里装的仙丹妙药。

葫芦

同时，葫芦也是道教的重要法器之一。在很多古代小说中，葫芦被道士们用来收妖、灭妖。在上文《聊斋志异之画皮》中，"道士出一葫芦，拔其塞，置烟中，飕飕然如口吸气，瞬息烟尽"，淋漓尽致地体现了葫芦的神奇之处，把传统文化意蕴与道家法器结合在一起，既传递出宗教思想，又体现了葫芦蕴含的中国传统文化。

符箓也是道教重要的"兵器"，如《胡四姐》就有以下描写：

四姐因言："阿姊狠毒，业杀三人矣。惑之无不毙者。妾幸承溺爱，不忍见灭亡，当早绝之。"生惧，求所以处。四姐曰："妾虽狐，得仙人正法，当书一符粘寝门，可以却之。"遂书之。既晓，三姐来，见符却退，曰："婢子负心，倾意新郎，不忆引线人矣。汝两人合有夙分，余亦不相仇，但何必尔？"乃径去。

《胡四姐》主要讲述了泰山人氏尚生一晚遇到了一位貌美如花的姑娘胡三姐，两人情投意合、如胶似漆。胡三姐说自己的妹妹四姐比自己更漂亮，尚生就恳求三姐把四姐带来令自己一赏。三姐应允，当晚就把四姐带了来。只见她嫣然含笑、妩媚动人，尚生不觉动心，四姐也爱上了尚生。

后来四姐对尚生说她们胡氏姊妹都是狐女，尚生贪恋美貌并未在意。一日一位陕西人来尚家捉妖，就把胡氏姊妹收进了捉妖瓶。四姐在瓶中抱怨尚生见死不救，尚生心软，

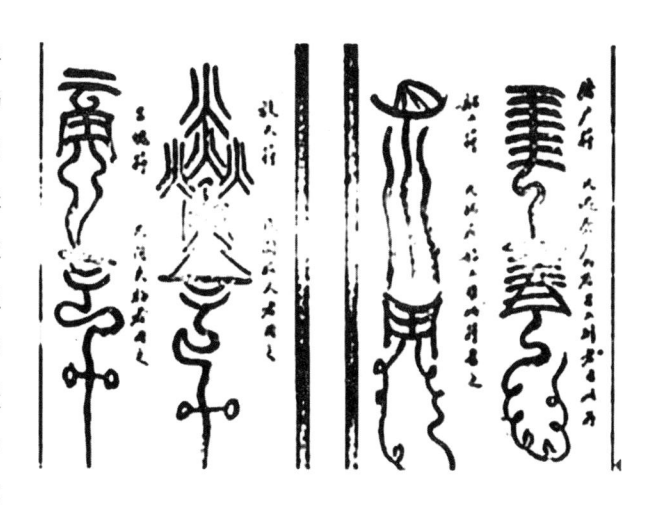

符箓

便放了四姐。后来四姐成仙，为报当年救命之恩，下凡告知尚生他的去世之期，便离去了。选段中描写的是尚生得知胡三姐凶狠毒辣，请求四姐救自己一命。四姐心软，写了一张符，令尚生贴在门上，三姐见到符之后，怨恨四姐负心，倾爱新郎却忘了引线之人。

其中，四姐用来镇服三姐的"兵器"是符箓。符箓是道教中的一种法术，亦称"符字""墨箓""丹书"。符箓是符和箓的合称。符指书写于黄色纸、帛上的笔画屈曲、似字非字、似图非图的符号、图形；箓指记录于诸符间的天神名讳秘文，一般也书写于黄色纸、帛上。道教声称，符箓是天神的文字，是传达天神意旨的符信，用它可以召神劾鬼，降妖镇魔，治病除灾。道家认为，符咒作为山、医、卜、命、相五术的根本，是修道者与上天对话的媒介和渠道。道家的咒语每句结尾一般都有"急急如律令"一语。《说文解字》："符，信也。汉制以竹，长六寸，分而相合。"《释名》："符，付也。书所敕命于上，付使传行之也。"《玉篇》："符，符节也。分为两边，各持一以为信。"《篇海》："符者，辅也，所以辅信。又验也，证也，合也。"《六书音义》："符之为言扶也，两相符合而不差也。"古人迷信，若家中出现某些无法解释的灵异事件，便常常寄托于求符或者请法师来做法事。

在《胡四姐》中，心地善良的狐女四姐由于不忍看着尚生被三姐杀害，遂写了一张符给尚生，让其贴在门上，以此驱退三姐，让她远离尚生。符咒让尚生暂时免去灾难，躲开被三姐杀害的危险。故事表现了四姐虽为狐女，却心地善良，能够明辨是非曲直。又如：

出二瓶，列地上，符咒良久。有黑雾四团，分投瓶中。客喜曰："全家都到矣。"遂以猪脬裹瓶口，缄封甚固。生父亦喜，坚留客饭。

生心恻然，近瓶窃听，闻四姐在瓶中言曰："坐视不救，君何负心？"生意感动。急启所封，而结不可解。四姐又曰："勿须尔！但放倒坛上旗，以针刺脬作空，予即出矣。"

上文选自《胡四姐》，描写的是陕西人收服胡三姐与胡四姐时的情景。陕西人收妖用到的兵器是瓶，即收妖瓶。瓶身上通常镶满白银符文，黄铜瓶盖上刻有法印、刻符、符咒和特别记号。当打开收妖瓶盖，妖物会被缩小、变成原形吸入，同时妖物的法力会被削弱。《胡四姐》中，三姐和四姐被陕西人用收妖瓶收住，并用猪膀胱蒙住瓶口，捆封得严严实实。尚生心觉可怜，顿生怜意，又听到四姐说"坐视不救，真是负心人"，更是动心，于是急忙去开瓶封。但是结子很牢固，解不开。尚生按照四姐的说法，刺破猪膀胱，救出了四姐。这种描写既凸显了宝瓶的神奇，又表现了尚生尚存的善良，深化了人物形象。

《鸦头》主要讲述了狐精鸦头与秀才王文的故事。王文在友人赵东楼的介绍下结识了青楼女子鸦头，两人一见钟情并私订终身，私奔到汉口过了几年平静幸福的日子，后来鸦头的狐精母亲把鸦头抓了回去并搬了家，又过了几年，王文在育婴堂发现了一个叫王孜的小孩，与自己长得非常相像，便收养了他。王孜18岁时，王文遇到老友赵东楼，才知道他就是自己与鸦头的儿子，并且得知鸦头整日被她的母亲欺辱毒打，于是就令王孜解救自己的母亲。王孜一怒之下，杀了鸦头的母亲与阿姐，

针

救出母亲。后来，他的执拗与残暴引起了父母的埋怨，鸦头便用巨针挑除了他的拗筋，王孜从此不再残暴不堪，而是像个女孩儿一样温柔了，并得到了邻里颂扬。王文与鸦头私奔时，鸦头掬出两张符，系在仆人背后和驴耳朵上，就放开辔头让驴子奔驰起来，快得让人睁不开眼，只听见身后风声呼呼。

鸦头在这里使用的兵器也是符。鸦头把符贴在车具上，使得驴子奔驰飞快，从而躲避了老鸨的追赶，过了几年清静的日子。符的神奇功用促成了一段好姻缘，使得故事的叙述极具浪漫主义色彩。除了符外，针也是鸦头使用的兵器，文中说："女以巨针刺踝骨侧，深三四分许，用刀掘断，崩然有声。"这句话也是选自《鸦头》，描写鸦头为了治王孜的拗病，用一枚巨针挑断了他的拗筋，从此王孜便像女孩子一样温柔了。

其中鸦头使用的兵器是针。针，古作"鍼"。《说文解字》："所以缝也。从金咸声。职深切。"徐铉注："今俗作针，非是。"可见针的本意是缝缀衣物的用具，为女红之物。但是由于针本身短小易隐藏，通常作为暗器使用，是兵器的一种。《广雅》记载："针，刺也。"《物类相感志》记载："针之立死。"在小说人物东方不败、李莫愁等手中，一枚小小的绣花针变为了杀人利器。把针作为兵器的一般是女人，而且由于针虽小却有很大的杀伤力，所以使用针做兵器一般体现了使用者的凶狠毒辣。

不过在《鸦头》中，这里的针不是细小的绣花针，而是一枚"巨针"，并且它不是用来杀人，而是用来救人的。为了治王孜的凶狠，令他不再肆意害人，鸦头用巨针刺他的脚踝骨侧，深三四分左右，"用刀掘断，崩然有声"，又在肘间、脑际都照样刺了，之后王孜痛改前非，温和如处女。在这里，针不是杀人暗器，而变为救人之物。虽然故事充满奇幻色彩，但是我们也可以看出兵器在不同人手中就会产生不同的功用，它除了血腥的一面，也可以变得温情有爱。

《荷花三娘子》讲述的是浙江湖州的宗湘若外出偶遇一位貌美如花的女子，女子每晚去寻宗生幽会。宗生不知不觉生了病，于是他便向一西域僧人寻求帮助。僧人说宗生妖气缠身，定是遇到了狐妖，便嘱咐宗生家人如何捉住妖怪。一日晚上狐妖再次找宗生时，被宗生的家人捉住，宗生念及旧情，把狐妖放走了。狐妖动容，不仅帮助宗生治好了病，还帮他寻了一位楚楚动人的妻子，唤作荷花三娘子。荷花三娘子为宗生诞下一子，幸福地生活了几年。后来有一天，荷花三娘子对宗生说两人的缘分已尽，便离开了，宗生望着她留下的衣服睹物思人。

宗生家人按照僧人嘱托捉拿狐妖，僧人写了两道符交给其家人，并嘱咐说："回去找一个洁净的坛子，放在床前，用一道符贴住坛口；当狐狸一窜进击，就赶快在上面盖上一个盆，再把另一道符贴到盆上，然后把坛子放进开水锅用烈火猛煮，不多时它就会死去的。"夜深了，女子才来到。她从袖子里摸出一些金橘，刚要到床前探问宗生的病情，忽然坛子口飕飕一声风响，就把女子吸到坛子里边去了。宗生家人突然跳出来，迅速盖上盆并贴上符，想放进锅内去煮。

文中僧人用来降伏狐妖的兵器又是符。一道符让狐妖显出原形并被吸入坛子，另一道符封印坛子，令它无法脱身。虽然捉住了狐妖，但是宗生望到她带着金橘来探望自己，又想起以前无数个美好的夜晚，他心软了，不顾自己日益严重的病痛放走了她，而狐妖也深受感动，决定报恩。作者为原本灵异的故事蒙上了一层浪漫的色彩，凸显了生命之间的真善美，这也是当时的劳动人们简单而朴素的愿望。

《小谢》讲述了渭南书生陶三望与两个善良美丽的女鬼秋容与小谢之间的故事。从一开始的陌生到后来的生死相交，陶生教秋容与小谢读书习字，秋容与小谢在陶生入狱后奋不顾身地相救，最后陶生帮助两鬼还阳，恢复了人身，幸福地生活在了一起。文中云："道士曰：'此鬼大好，不拟负他。'因书二符付生。"描述的是一个道士觉得两个女鬼品性较好，便画了一道符助其还阳。其中用到的兵器还是符，符在此处又多了一个神奇的功用——帮助阴间的小鬼还阳。符咒一般用来驱鬼，可是作者却安排了符咒救鬼的情节，这是为了突出一句"此鬼大好，不拟负他"。作者想要展现给我们的是，只要心存善念，不管是人是鬼都应得到庇护与救赎，同样借此讽刺那些身为人却作恶多端，连鬼都不如的贪官污吏、骄横权贵。

在《番僧》中，塔也是一样战无不胜的"兵器"：

其一䩄然笑，出手于袖，掌中托小塔，高裁盈尺，玲珑可爱。壁上最高处，有小龛，僧掷塔其中，矗然端立，无少偏倚。视塔上有舍利放光，照耀一室。少间，以手招之，仍落掌中。其一僧乃袒臂，伸左肱，长可六七尺，而右肱缩无有矣；转伸右肱，亦如左状。

《番僧》篇幅很短，主要描述了两个来自西域的和尚。其中写到了和尚的一件宝器——塔。塔是佛教的象征，一般的寺院都有塔，是佛门安置经文、佛物和舍利子（得道高僧圆寂后火化的遗留物）的地方。"救人一命胜造七级浮屠"的"浮屠"就是指塔。在东方修行世界中，达到了一定程度的人士就会炼制自己的法宝，每个人炼制的法宝都会带有个人的喜好。就好像玩游戏，玩家收集材料制作法杖、宝剑，这类东西往往能起到增强攻击力、加强防御等作用。

在《番僧》中，西域和尚掌中托塔，高不过一尺，玲珑可爱。和尚顺手一扔，小塔就稳稳当当地落在小龛的正中间。小塔上还有舍利子放着光芒，照耀满屋。稍过一会儿，和尚又抬手招塔，塔仍落在他的掌中。小说中，塔充满了灵性，与和尚配合得相得益彰。而这玲珑小巧的塔既是佛门弟子身份的象征、高洁品质的彰显，又是护身、降妖的法宝。

与《番僧》不同，《白莲教》中出现了"镜"这样的兵器："因出一镜，言能鉴人终身。悬于庭，令人自照。"《白莲教》讲述了白莲教首领徐鸿儒能够召唤鬼兵为他做事，于是萌生了造反的念头，拿出一个铜镜，宣称凡是在铜镜中照出文武高官的人都应进入他麾下。后来徐鸿儒兵败，经过拷问才知道，徐鸿儒的士兵用的是木刀、骑的是木马，却在战场上杀死了真将军。徐鸿儒把铜镜悬在院子里，让人们自照，镜子里的人有的戴着头巾，有的戴着纱帽，锦绣华服，貂蝉美饰，形象不一。

铜镜

文中出现的奇异兵器是铜镜。铜镜在古代中国具有十分美好的寓意。如果送人铜镜，则寓意着认同对方具有正直、直率、刚正不阿等高尚品格。在古代，铜镜一般是用含锡量较高的青铜铸造。最早的铜镜出现于商代，是用来祭祀的礼器，在春秋战国至秦一般都是王公贵族才能享用，到西汉末期铜镜才慢慢地走向民间，成为人们不可缺少的生活用具。它制作精良，形态美观，图纹华丽，铭文丰富，是中国古代青铜艺术文化遗产中的瑰宝。同时，铜镜与人们的日常生活有着密切关系，是人们不可缺少的生活用具。铜镜又是精美的工艺品。上古的镜，就是大盆的意思，它的名字叫"监"。

　　而《白莲教》中的铜镜就像照妖镜一样具有法力，可以照出人一生的祸福，预测人的一生。主人公取出一面铜镜，说能够照出人的一生祸福。他把铜镜悬在院子里，让人们自照。这种描写增加了文章的奇幻色彩，与徐鸿儒召唤鬼兵的奇功一起，为文章营造出一种奇异氛围。

　　而在《仙人岛》中，杖也是一种颇具神异色彩的兵器：

　　遂以杖夹股间，即以一头授生，令如己状。嘱合眼，呵曰："起！"觉杖粗如五斗囊，凌空翕飞，潜扪之，鳞甲齿齿焉。骇惧，不敢复动。移时，又呵曰："止！"即抽杖去，落巨宅中，重楼延阁，类帝王居。

　　《仙人岛》讲述了灵山王勉因为一次偶然的机缘来到了仙人岛，与地仙芳云等发生了一系列的故事，在一定程度上讥讽了王勉这种徒有虚名，并无才学的伪君子。这段话中讲到道人带王勉去见真正的仙人，于是把手上的木杖夹在腿间，把另一头交给王生，叫他学自己的样子，嘱咐他闭上眼，叫声"起"，王勉就觉得木杖忽然粗得像能盛五斗粮食的布袋，腾空飞起。王勉悄悄一摸，一片片的鳞甲刺手，吓坏了，动也不敢动。一会儿，道士又叫一声"止"，就把木杖抽去，落到一所大宅院里。

　　其中提到的兵器是杖。这里的"杖"指的是属棒的短兵械之一。杖的种类很多，如挑杖、竹节杖、九节杖、二龙戏珠杖、盘龙杖等。宋代《杨家将》里的佘赛花老太君擅使龙头杖，朝中奸臣贼子皆惧之，其武功也天下俱闻。《仙人岛》中的杖更具神秘色彩，它可以变化大小、载人飞行，并且"鳞甲齿齿焉"，比起一般的宗教兵器，这里的"杖"似乎是一种可变化的坐骑，全身布满鳞甲，具有非凡的能力。另外，此文中亦提到鞭：

已，乃以鞭驱石。石飞起，风声灌耳，不知所行几许。

这段话描绘的是道人以鞭驱石，送王勉离开的画面。其中出现的兵器是鞭。鞭为古代短兵器械的一种，其由来与锏相同，唯锏必双用，鞭则有单双软硬之分。一般来说，无论硬鞭与软鞭，起初多为单鞭，后来汲取双锏技法，出现双鞭共用的现象。鞭法因其材质不同，技法也门户杂出，各立门派，其中唐大将尉迟恭鞭法最为世人推崇，可惜失传已久。

在《仙人岛》中，道士让王勉坐在石阶上，用鞭子把石头一抽，石头飞起来，王生耳边呼呼有风，不知飞了多远。不知这是怎样一种神鞭，居然可以令人御风而飞。当然作为道家的法器，鞭有这样的奇异法术也是不容置疑的，这一点也正是宗教神秘性质的体现。

在《珠儿》中，"铁杖子"首次出现：

二鬼坐床头，一执铁杖子，一挽苴麻绳，长四五尺许。

《珠儿》讲述的是江苏李化与他死去到阴间的女儿小惠、借尸还魂的儿子珠儿之间的故事。上述选文写的是李化病入膏肓、行将就木，两个鬼坐在他的床头，一个手执铁杖，一个拿着一条四五尺长的麻绳，一旦李化断气，就把他带到阴间。其中一个鬼手中的兵器是铁杖子。《珠儿》中的"铁杖子"属于一般的宗教兵器，由鬼手执，类似于棍。当一个方向的尺寸远远大于另一个方向的尺寸时称之为棍，为武术长器械。棍有木制和金属制两种。木制的棍有齐眉棍、三节棍、二节棍等。金属制的棍有铁头棍、浑铁棍、浑铜棍等。还有铁制的带齿带钩棍，如爪子棍、狼牙棒、钩棒等。棍也被称作"棒"，古代多称棍为"梃"，名称虽异，实为一物。棍为无刃的兵器，是中国武术中的一种打击兵器，素有"百兵之首"之称。棍的历史悠久，是原始社会主要生产工具之一，也是最早用于战争的武器之一，还是原始人类最普遍使用的兵械之一。各朝各代无论是军中武术还是民间武艺，都对棍尤为重视。

除铁杖子外，钢叉也是一样重要的兵器，如《阎罗薨》云："即有牛首阿旁，执公父至，即以利叉刺入油鼎。"此文讲述了某巡抚的父亲因为在人间做错了事，在阴间要受到严厉惩罚，便托梦给儿子，让他为自己说情，并说阎王就是魏经历。巡抚应允，找到魏经历，苦苦哀求他宽恕自己的父亲，魏经历说在阴间司法公正分明，不像人间那样昏暗不明，可以上下联手，串通作弊。可是在巡抚的哀求下，魏经历便答应了他，并提醒他，审判他父亲时不管发生什么事都不要出声。魏经历为了平息众鬼的怨恨，把巡抚的父亲扔到油锅里炸，巡抚惊吓得叫了起来，然后眼前的一切都消失了。天亮之后发现魏经历已经死了。这句话描绘的是两个恶鬼把巡抚的父亲捉来，用锋利的钢叉刺入油锅的画面。

其中两个恶鬼使用的兵器是利叉。叉属于十八般兵器之列，和枪一样是以刺为主，不同的是叉的杀伤范围大，有制约敌方武器的效果。它由叉尖和叉把两部分组成，长约五六尺，在叉座间镶有铁片或系有彩绸之类。叉尖为钢制，有三股叉，俗名"三叉戟"。叉的主要击法有转、滚、捣、搓、刺、截、拦、横、拍等。叉本是一种生产工具，人们打猎、捕鱼大多离不开它，所以使叉的好汉大都是劳动人民出身。在神话传说中，阴曹地府里的那些牛鬼蛇神常常以钢叉作为武器来押解犯人或者鬼神，一方面，钢叉可以起到防御和杀伤的作用，具有实战性能；另一方面，钢叉外形简约大方、尖锐慑人，可以起到一定的威慑作用。所以，在这篇文章当中，牛首用钢叉作为自己的武器。

《妖术》讲的是在明朝崇祯年间有一个于公，一天一个算卦的人

三叉戟

告诉于公，说他三日之内就会死，如果给10两银子，他便可帮于公消灾。于公并不在意便回家了。到了晚上，突然有一个人破窗而入，刺杀于公，于公砍向他，发现那只是一个纸人。不久又来了一个面目狰狞的怪物，于公杀死了他，发现是一个泥偶。后来又来了一个与屋檐齐高的鬼，于公打败它，发现是一个木头人。事后，于公认为是那算卦的人捣鬼，便找到他，扭送到了官府。文中有一段描绘的是于公和那个与屋檐齐高的鬼打斗的画面：

　　鬼怒甚，拔佩刀，挥如风，望公力劈。公猱进，刀中庭石，石立断。公出其股间，削鬼中踝，铿然有声。鬼益怒，吼如雷，转身复剁。公又伏身入，刀落，断公裙。

　　其中鬼使用的兵器是刀。刀是古代一种用于劈砍的单面侧刃格斗类兵器，中国古代刀源于新石器时代，主要是石刀，商代开始转换为青铜刀，西汉时期发展为钢铁刀，比如环首刀。

　　《说文解字》："刀，兵也。象形。"即是说刀是兵器的一种，段玉裁注："刀者，兵之一也。"《释名》："刀，到也。以斩伐到其所乃击之也。"刀被称为"冷兵器之王"，刀者力求一击必杀之，因为刀不如枪或者其他兵器灵活自如，虽然如此，刀从远古战争到当代战争，从未退出历史舞台，一直发挥着重要的作用。君子佩剑、侠盗佩刀，刀的勇猛"性格"让人倾倒。比如商周时期，人们就喜欢以美玉饰刀，此后文人雅士也经常对刀表达喜爱之情，比如前文提到的以剑匣相伴的李白也同样喜欢刀，其诗"酒后竞风采，三杯弄宝刀"即表达出了其所爱。同时还有李商隐"徙倚三层阁，摩挲七宝刀"、岑参"谒帝向金殿，随身唯宝刀"。此外，刀是古代将领们的首选武器，使用刀的人一般都孔武有力，高大威猛。

　　《妖术》的鬼"高与檐齐；昏月中，见其面黑如煤，眼闪烁有黄光；上无衣，下无履，手弓而腰矢"，可谓身形健硕高大，面目狰狞丑陋，以刀作其兵器，正突出了它的威猛凶恶，使鬼的形象栩栩如生，此外更能反衬出于公的临危不惧、勇猛无畏。

无独有偶,《考弊司》中也有刀的使用。此文描写了河南人闻人生在阴间的三天经历。他无法容忍鬼王从人们腿上割肉的做法,便把鬼王告到了阎王处,阎王查明了实情,便严厉惩罚了鬼王。鬼卒遵照阎王的命令处罚鬼王时,一个鬼卒上前,将鬼王一锤子打翻在地,连门牙也碰掉了。鬼卒又用刀割破鬼王的指尖,抽出一条又白又亮、像丝线一样的筋来,鬼王痛得杀猪般地大声嗥叫。直到把他手上、脚上的筋都抽完,才由两个鬼卒押着他走了。其中鬼卒使用的兵器也是刀。在此处,刀凸显了鬼的凶恶残忍,即使是鬼王犯了错,也要受到严酷的惩罚。作者通过这种描写,讽刺社会上的一些贪官污吏,凭借位高权重而胡作非为,甚至逃避责罚,同样也流露出了对于理想世界的向往。除了刀外,该文也提到了其他兵器:

王召诉已,立命诸鬼绾绁提锤而去。少顷,鬼王及秀才并至,审其情确,大怒曰:"怜尔凤世攻苦,暂委此任,候生贵家,今乃敢尔!其去若善筋,增若恶骨,罚今生生世世不得发迹也!"鬼乃棰之,仆地,颠落一齿。

阎王命鬼拿着绳索、提着锤子去捉鬼王来,过了不久,鬼王和秀才一起被拿来,阎王审知闻人生说的都是实情,大怒,斥骂鬼王说:"我可怜你生前一生苦读,所以暂时委给你这个重任,等候让你投生到富贵大家去。你现在却敢如此无法无天!我要剔去你身上的'善筋',再给你添上'恶骨',罚你生生世世永远不得做官!"

其中提到的兵器是绳索和锤子。绳索(或称绳子),是通过扭或编等

刀

方式加强后，连成一定长度的纤维。其拉伸强度很好但没有压缩强度，可用来做连接、牵引的工具。公元前 2800 年，中国人已经掌握了制造麻绳的技术，并开始用大麻纤维制绳。到公元纪年开始时，大麻纤维已成为世界上大多数地区的主要制绳材料。1775 年，英国发明家马虚发明制绳机，结束了手工制绳的时代。1950 年开始用人造纤维制造绳索。

锤子是敲打物体使其移动或变形的工具。最常用来敲钉子、矫正或是将物件敲开。锤子有着各式各样的形式，常见的形式是一柄把手以及顶部。顶部的一面平坦以便敲击，另一面则是锤头。锤头的形状可以像羊角，也可以是楔形，其功能为拔出钉子，另外也有着圆头形的锤头。

在《考弊司》中，阎王令小鬼拿着绳索与锤子把鬼王与秀才带来，这里的绳索与锤子和黑白无常手中的铁链功能有些相似，无常的铁链用来捉拿过世的灵魂，而原文中小鬼用绳索把秀才带到阎王面前，锤子则象征了一种冥界的威严与神秘。

《聂小倩》讲了浙江书生宁采臣与鬼媳妇聂小倩的故事。宁采臣是一位赶考的书生，一次偶然的机会，他认识了聂小倩。聂小倩 18 岁就死了，常被妖魔驱使做一些下贱的事情，害人性命，虽然小倩毫不情愿但是没有办法。她向宁采臣诉说了自己的遭遇，宁采臣见她楚楚可怜，便把她带回了家，小倩悉心照顾宁采臣与婆婆。后来两人用剑仙赐的锦囊捉住了妖魔，过着平静又幸福的生活。小倩取人心肝，用到的兵器是锥子与罗刹鬼骨：

（小倩）曰："狎昵我者，隐以锥刺其足，彼即茫若迷，因摄血以供妖饮；又惑以金，非金也，乃罗刹鬼骨，留之能截取人心肝。二者，凡以投时好耳。"

锥子，尖端锐利的用来钻孔的工具。成语"锥处囊中"，即是指锥子放在口袋里，锥尖就会露出。在《聂小倩》中，女鬼小倩利用自己的美貌，夜间引诱借宿的旅客。凡是和她亲热，她就偷偷用锥子刺旅人的脚，等他昏迷过去不知人事，小倩就摄取他的血，供妖物饮用。又或者用黄金引诱，但那不是金子，是罗刹鬼骨，人如留下它，就会被截取出心肝。这两种办法，都是投人们所好，或诱以色相，或诱以钱财，利用人们的贪欲,从而满足鬼怪们的需求。而锥子,携带简单,易于小倩在和旅人亲热时趁其不备,进行袭击。同时,这样伤口较小,比较方便妖物们取用。

罗刹是一种恶鬼的名字,男罗刹为黑身、朱发、绿眼,女罗刹则如绝美妇人,富有魅人之力,都喜食人之血肉。同时,罗刹亦为地狱之狱卒,职司是呵责罪人。所以,也就不奇怪《聂小倩》中,小倩将用罗刹鬼骨幻化成的金锭来迷惑旅人,继而截取出心肝,以供妖物们食用。在此文中,还出现了"剑"这样的兵器:

宁惧,方欲呼燕,忽有物裂箧而出,耀若匹练,触折窗上石棂,飙然一射,即遽敛入,宛如电灭。燕觉而起,宁伪睡以觇之。燕捧箧检征,取一物,对月嗅视,白光晶莹,长可二寸,径韭叶许。已而数重包固,仍置破箧中。自语曰:"何物老魅,直尔大胆,致坏箧子。"遂复卧。

宁大奇之,因起问之,且告以所见告。燕曰:"既相知爱,何敢深隐。我,剑客也。若非石棂,妖当立毙;虽然,亦伤。"问:"所缄何物?"曰:"剑也。适嗅之,有妖气。"宁欲观之。慨出相示,荧荧然一小剑也。

文中描绘了宁采臣夜晚看到剑客燕生捉拿妖怪的场景。只见有个东西冲破了燕生的箱子,直飞出去,像一匹耀眼的白练,撞断了窗上的石棂,倏然一射又马上返回箱中,像闪电似的熄灭了。燕生后来拿给宁采臣看,那是把莹莹闪光的小剑。

文中提到的兵器是宝剑。剑是古代兵器之一,属于短兵,素有"百兵之君"的美称。古代的剑由金属制成,长条形,前端尖,后端安有短柄,两边有刃。现在作为击剑运动用的剑,剑身为细长的钢条,顶端为一小圆球,无刃。剑,早期是匕首式短剑,来源于北方的草原地区,既是吃肉的餐具,也是护身的武器。剑和刀区别只在于单刃和双刃。剑又称"轻吕""径路"。春秋末年,开始流行长剑。质地精良的宝剑出自南方,主要是吴、越、楚。长剑出,短剑也不废,所以剑的整个历史是源远流长的。长剑便于战斗,短剑利于护身,还可以用于刺杀,荆轲刺秦王,东汉末年侠客王越、史阿就是较为典型的例子。

在《聂小倩》中,对于剑的刻画使剑客燕生这一形象更加丰富完整,使人自然而然地联想到了剑仙，一副风度翩翩、仗义凛然的模样。同时，作者又把剑进行了神秘化的描写，"耀若匹练""宛如电灭"，更加增添了一种奇异之感。

《聊斋志异》中写到刀与剑的篇章有很多，其中包括"有一兵佩刀甚利，杀辄导窾"（《聊斋志异·好快刀》）、"乃一手启罗衿，解佩刀，刃薄于纸，把钏握刃，轻轻附根而割"（《聊斋志异·娇娜》）、"儿宵分隐刀于怀"（《聊斋志异·贾儿》）、"一短刀，铦利如霜"（《聊斋志异·红玉》）、"生闻而住，自出白刃"（《聊斋志异·连城》）、"庚娘撤器烛，托言溲溺；出房，以刀入"（《聊斋志异·庚娘》）、"忽于肉架下夺一屠刀，奔入城隍庙"（《聊斋志异·李司鉴》）、"而水中利刃如麻，刺胁穿胫，坚难动摇，痛彻骨脑"（《聊斋志异·酒狂》）、"石不听，急觅佩刀"（《聊斋志异·武孝廉》）、"唯有小刀不盈寸，遂割破狼爪下皮"（《聊斋志异·狼三则》）、"以利刃割胁肉"（《聊斋志异·孝子》）、"俄又有数人入，各执利刃"（《聊斋志异·马介甫》）、"常使匠人铸一大杆刀，阔盈尺，重百钧"（《聊斋志异·王司马》）、"一商操刀伏壁下"（《聊斋志异·小髻》）、"忽一巨人，自天而降，高丈余，身横数尺；挥大刀如门，逐人而杀。群操矢石乱击之"（《聊斋志异·胡氏》）、"公闻，仗剑而入"（《聊斋志异·鬼哭》）、"大愕，按剑呼诸仆"（《聊斋志异·江中鬼》）、"成在门外，以剑击之，断其肩臂"（《聊斋志异·成仙》）、"与主人饮而醉，把剑起舞"（《聊斋志异·罗刹海市》）等等。

对于古代文言小说来说，不管是现实生活中的兵器，还是想象的兵器乃至带有宗教性质的兵器，它们自身与其想象形式在文学创作中都占据着重要的地位，发挥着重要的作用，或是塑造人物形象，或是推动故事情节发展，或是反映当时社会发展状况。古代文言小说中的兵器种类繁多，功用复杂，兵器的产生和发展与当时的社会、政治、经济、军事、信仰、审美趣味密不可分。我们从文学的视角考查古代兵器的发展及其文化意义，既能够从一个侧面了解中国兵器的发展历程，又能再现传统文学的辉煌。

第六章

白话小说中的兵器

兵器是中国古典白话小说中的重要物件。兵器不仅是人物性格、命运、人生际遇的重要隐喻，也是推动情节发展的重要工具，它在塑造人物、故事情节乃至小说的艺术境界方面都有不可低估的作用与意义。本章主要从兵器的角度为我们展现《三国演义》、《三侠五义》与《水浒传》的另类魅力，着重介绍这些小说中出现的重要兵器以及探究兵器在小说中的价值与意义。

第一节 《三国演义》中的兵器

《三国演义》是我国最早的历史演义小说,同时也是一部描写战争与战争谋略的小说,它为我们塑造了一批鲜活的英雄形象,其中兵器是成就英雄事迹不可或缺的一部分。《三国演义》中共出现了51件著名兵器,大致可以分为四种类型,分别是:(1)长兵器类,有青龙偃月刀、丈八点钢矛、铁脊蛇矛、涯角枪、诸葛枪、方天画戟、长柄铁锤、铁蒺藜骨朵、大斧、蘸金斧、三尖刀、截头大刀、马岱宝刀、古锭刀、衡钢槊、丈八长标、王双大刀;(2)短兵器类,吕虔刀、龙泉剑、倚天剑、青釭剑、七宝刀、双股剑、松纹厢宝剑、孟德剑、思召剑、飞景三剑、文士剑、蜀八剑、镇山剑、吴六剑、皇帝吴王剑、日月刀、百辟宝刀、龙鳞刀、百辟匕首二、铁鞭、钢鞭、四楞铁简、双铁戟;(3)弓弩类,诸葛连弩、宝雕弓、鹊画弓、虎筋弦弓、两石力之弓;(4)投掷器类,手戟、短戟、飞石、流星锤、飞刀、铜挝。在小说中,英雄因兵器而如虎添翼,一展雄风;兵器亦因英雄而熠熠生辉,有了灵性,有了鲜活的生命。可以说,兵器是《三国演义》中不可或缺的物象,它不仅是文学形象的重要组成部分,而且对人物塑造、情节推进以及主题的形成都具有特殊的意义。

在《三国演义》中,武将使用的兵器种类很多,几乎每个武将的兵器都独具特色,在这些兵器中,刀的使用是非常普遍与频繁的。刀是十八般兵器之一,其种类达65种之多,《三国演义》中出现的刀有青龙偃月刀、

青龙偃月刀

截头刀、古锭刀、日月刀、双刀、大刀、百辟宝刀、龙鳞刀等。

小说中纪灵使用的是三尖刀，重50斤，又称三尖两刃刀，呈"山"形，中间像剑而略高，两边稍低，两面开刃，锋利无比，其用法以扎、绞为主，打法分为支、拿、架、别、削、刺等。曹丕使用的百辟宝刀，在《剑铭》中有记载："魏太子丕造百辟宝刀三：其一长四尺三寸六分，重三斤六两，文似灵龟，名曰灵宝；其二采似丹霞，名曰含章，长四尺三寸三分，重三斤十两；其三锋似霜，刀身剑挟，名曰素质，长四尺三寸，重二斤九两。"[①]

大刀是刀类中的重要兵器，古代使用大刀的武将不计其数，《三国演义》中，使用大刀的就有关羽、颜良、华雄、关平、韩当、魏延、王双、严颜、凌统、曹洪等数名武将，其中关羽的青龙偃月刀最为出名。青龙偃月刀是大刀的一种，其刀背如锯齿，又名"冷艳锯"，重82斤，刀刃部分为半月形，刀上铸刻有龙。《三才图会·器用》卷六说："关王偃月刀，刀势即大，其三十六刀法，兵仗遇之，无不屈者。刀类中以此为第一。"三十六刀法，主要有砍、斩、劈、刺、挂、挑、绞、拦、扫等，其用法之多令人难以想象，不愧为刀类之首。青龙偃月刀是偃月刀的一种，根据文献记载及出土文物，偃月刀在宋朝开始出现，因重量关系，主要用于练习臂力，而非实战武器。在《三国演义》中关羽用其斩杀了不少武将，关羽与青龙偃月刀一起名声大噪，在关羽被杀后，青龙偃月刀被东吴将领潘璋夺走。后来，关羽的儿子关兴杀潘璋为父报仇，夺回青龙偃月刀。在某种意义上，二者已经成为不可分割的整体。青龙偃月刀为镔铁所造，《三国演义》第1回就写到关羽打造此刀，"云长造青龙偃月刀，又名'冷艳锯'，重八十二斤"[②]。此后，偃月刀便成为关羽的标志，只要在关羽出现的场景中，青龙偃月刀必然成为其形象的一部分。青龙偃月刀一再凸显作为武将的关羽的个人魅力，小说在第5回"破关兵三英战吕布"中写道："酣战未能分胜败，阵前恼起关云长。青龙宝刀灿霜雪，鹦鹉战袍飞蛱

[①] 张溥辑评《三曹集》，岳麓出版社1992年版，第222页。
[②] 〔明〕罗贯中《三国演义》，齐鲁书社2014年版，第3页。

蝶。"在第94回"诸葛亮乘雪破羌兵"中写道:"只见云雾之中,隐隐有一大将,面如重枣,眉若卧蚕,绿袍金铠,提青龙刀,骑赤兔马,手绰美髯。"①可见,青龙偃月刀已经成为关羽形象的一部分,他的英雄形象离不开青龙偃月刀的烘托,可以说,没有青龙偃月刀,关羽的形象就不完整,要打折扣。更为重要的是,关羽作为武将的战斗力是借助青龙偃月刀不断建构起来的,如"关公奋然上马,倒提青龙刀,跑下山来,凤目圆睁,蚕眉直竖,直冲彼阵。河北军如波开浪裂,关公径奔颜良。……颜良措手不及,被云长手起一刀,刺于马下。忽地下马,割了颜良首级,拴于马项之下,飞身上马,提刀出阵,如入无人之境"②。在这段中,我们可以看到青龙偃月刀的用法之一,即"刺"。一般而言,刀的用法以砍、截、斩等为主,这里展现了青龙偃月刀刺的用法,极为轻巧灵活。颜良是河北名将,然而关羽单刀匹马闯入敌阵,极为轻松地割下了颜良的首级,如入无人之境,在这里,"刺"凸显、强化出了关羽的世之虎将的风范,可见,刀与关羽的武将形象的密切关系,以至于有论者说:"《三国演义》中,关云长手执青龙偃月刀,过五关斩六将,威风八面,如果给他把宝剑,可能就不是这样了。"③另外,刀不仅是人物形象的一部分,也是关羽故事的一部分,关羽故事的展开离不开青龙偃月刀,比如"单刀赴会""刀挑锦袍"等情节,没有青龙偃月刀,关羽的故事必然要丧失一部分传奇性。"中国刀术,出于汉代,晋已有术,唐代东传,宋代民间大发展,明代实用化到高峰,清代有较长的安定时期而花法复萌,晚清乱世,刀法又重现实战,抗日战争之初有大刀队给日寇以极大杀伤,今日刀作为兵器退出历史舞台,刀术随之消亡。"④在当今社会,作为冷兵器的刀已经退出

---

① 〔明〕罗贯中《三国演义》,齐鲁书社2014年版,第462页。
② 〔明〕罗贯中《三国演义》,齐鲁书社2014年版,第113页。
③ 薛玉佩《浅析〈三国演义〉著作中武将实用兵器的艺术》,载《时代文学》2011年第8期。转引自何敬东等《古代兵器文化在现代武术发展中的创新思考》,载《武术科学》(武术文化研究)2004年第5期。
④ 于志钧《中国传统武术史》,中国人民大学出版社2006年版,第396页。

了历史的舞台，只作为一种传统文化在传播，"刀术已经作为全国及世界武术比赛中的规定项目，其中对于刀的要求更加科学化与美观化。国际武术联合会审定的刀术竞赛套路包括起势、虚步抱刀、穿掌提膝接刀、弓步下扎刀、跳步歇步劈刀等技法招式。大刀也已经列为传统器械的一类，在比赛中大多使用的是朴刀，并没有关羽使用的青龙偃月刀那么重，在整个套路对整个刀术套路的要求越来越高，刀尖及刀刃的路线都有严格要求，这些技法特点不只是体现它们的技法，更多的是动作看起来更美观，更舒服"[1]。

除了刀之外，枪也是《三国演义》中的重要兵器，如赵云、方悦、文丑、孙策、乐进、程普、李蒙、张郃、太史慈等人都使用枪。张郃在第41回出现，"张郃挺枪来刺"[2]，刺是枪最主要的用法。太史慈以箭法出名，是著名的神射手，但是对铁枪也是十分在行，小说第15回写道："策一枪搠去，慈闪过，挟住枪；慈也一枪搠去，策亦闪过，挟住枪。策手快，掣了太史慈背上的短戟，慈亦掣了策头上的兜鍪。策把戟来刺慈，慈把兜鍪遮架。"[3]枪为"百兵之王"，由古代的兵器矛演变而来，属于长柄的刺击兵器，枪的用法以拦、拿、扎为主，其长而锋利，用法灵活，杀伤力较强，其他兵器难以与之匹敌。《三国演义》中使用枪的赵云是历史上唯一一位常胜将军，赵云的梨花枪与关公的青龙偃月刀、张飞的丈八蛇矛享有同样的声誉。梨花枪在明代受到推崇，《三国演义》第71回非常富有诗意地描绘赵云的梨花枪法："大喝一声，挺枪骤马，杀入重围，左冲右突，如入无人之境。那枪浑身上下，若舞梨花；遍体纷纷，如飘瑞雪。"[4]于此可见梨花枪的枪法之妙，正如戚继光所言："夫长枪之法始于杨氏，谓之曰'梨花'，天下咸尚之。其妙在于熟之而已。熟则心能忘手，手能忘枪，圆神而不滞；又贵于静也，静则心不妄动而处之裕如，变幻莫测，神化无

---

[1] 薛玉佩《浅析〈三国演义〉著作中武将实用兵器的艺术》，载《时代文学》2011年8期。
[2] 〔明〕罗贯中《三国演义》，齐鲁书社2014版，第166页。
[3] 〔明〕罗贯中《三国演义》，齐鲁书社2014版，第87页。
[4] 〔明〕罗贯中《三国演义》，齐鲁书社2014版，第370页。

穷。后世鲜有得其奥者。"[1]赵云作为五虎上将之一,一生没有打过败仗,常胜将军的威名自然有他的兵器梨花枪的功劳。小说中赵云是在公孙瓒被文丑逼得万分危急的时刻出场的:"忽见草坡左侧转出个少年将军,飞马挺枪,直取文丑……与文丑大战五六十合,胜负未分。瓒部下救军到,文丑拨回马去了。那少年也不追赶。"[2]赵云的出场是"飞马挺枪",枪充分彰显了其英雄形象。真正让赵云声名鹊起的是小说41回的长坂坡之战,在这场战争中,作者为赵云设计的是匹马单枪冲进曹营中,七进七出,如入无人之境,"赵云怀抱后主,直透重围,砍倒大旗两面,夺槊三条;前后枪刺剑砍,杀死曹营名将五十余员"[3]。单枪匹马的赵云杀得曹军闻风丧胆。再如小说第92回,赵云一连刺杀西凉大将韩德父子五员大将,特别是不到三个回合便刺杀了韩德。小说描写这场交战时,充分将赵云的枪法展现出来,他虽然已经70岁,仍然枪法不乱,用不同的枪法同五员大将交战,既表现出了梨花枪枪法的变换之妙,又再一次展现了五虎上将赵云的英雄风采,突出其宝刀未老。应该说,在小说中,赵云英勇形象的建构离不开梨花枪,赵云从出场到战死,使用的兵器都是梨花枪,也说明枪的确是"百兵之王",它能战百兵,最终成就赵云的个人风采与魅力。

　　《三国演义》中的兵器是塑造人物形象的重要物象,若是离开了兵器,人物即无法给人留下深刻的印象,人物虽然是从属于不同的政治集团,但是兵器作为一种工具却没有集团性,而是更多表现了一种个人特质。我们提及某个人时,脑海中会自然浮现出一幅图像,他手中的兵器越被关注或者说对我们越有刺激,那么二者之间形成的对应就越加明显,符号化的特征就更加强烈。比如说赵云、周瑜和曹操也有某种相似点,如俊朗和某种程度的儒雅;而属于同一集团的张飞和关羽所使用的兵器截然不同,因为作者所要塑造出的性格是不同的,因此他为他们量身定作了不同的兵

---

[1] 转引自王永胜《赵云梨花枪及其他》,载《书屋》2017年第3期。
[2] 〔明〕罗贯中《三国演义》,齐鲁书社2014版,第34页。
[3] 〔明〕罗贯中《三国演义》,齐鲁书社2014版,第170页。

器；还比如同属吴国的陆逊和韩当，他们本来就是不同性格的人，所以一个用剑象征儒雅，一个用了很特别的铁鞭（只此一鞭，其余没有人用过）代表一种粗壮和威猛。

第二节 《三侠五义》中的兵器

　　侠义小说和公案小说合称"侠义公案小说"。侠义小说是指以侠客、义士的人生经历故事为题材的作品，最先出现在唐传奇以及宋元期间的话本中，慢慢在清朝中叶走向成熟。公案小说是古典白话小说的一种，在明清时期开始流行，是由宋代公案类话本演变而来的。同时，公案小说在中国小说史上具有不可忽视的地位与价值，如强烈的现实主义色彩、初步的民主思想火花和比较重视小说的社会作用等等。剧情内容方面，侠义小说和公案小说往往相似，它们惩恶扬善的主旨思想也极其相似。直到清朝中期，侠义小说与公案小说才逐渐合流，并且开始走进了民众的生活中，被人们所熟悉。其原因为自清代中期以来，它紧追民众步伐，从而逐步繁荣起来。侠义公案小说不仅对后来武侠小说的发展奠定了基础，而且对后世的侦探推理小说也有相当的影响。总之，侠义公案小说在中国小说史上起着承上启下的作用，同时也是其重要的组成部分。在明清时期最为民众喜欢的侠义公案小说中，最具有代表性的当属《三侠五义》及其续书《小五义》《续小五义》等。在这些小说中，出现了很多我们耳熟能详的兵器，比如巨阙剑、湛卢剑、龟灵七宝刀、金丝大环刀等等，它们与其持有者共同演绎着一个个惊心动魄的故事，同时也让我们领略到了其持有者身上行侠仗义、报效国家的侠士精神和爱国精神。除此之外，书中关于兵器的描写，对人物塑造和情节发展都起到了至关重要的作用，加之个别兵器独有的文化内涵，更加体现出兵器在侠义公案小说中的作用，从而透视出其中的兵器文化。

《三侠五义》及其续书中涉及的兵器还是比较多的，并且种类多样化。刀为九短之首，单面长刃，其套路有单刀和双刀两种，都是以劈和砍为主，素有"百兵之胆"的美称，在文中出现1744次，是出现次数最多的一种兵器，如朴刀、钢刀、犁刀、窝刀、鬼头刀、万胜刀、滚堂刀、短刀、腰刀、绣绒刀、大砍刀、牛耳尖刀、三尖两刃刀、龟灵七宝刀、金丝大环刀等。

剑是古代又一重要的短兵器，双刃，素有"百兵之君"的美称，它主要由剑身和剑柄两部分组成，根据剑柄是否有剑穗，分为"文剑""武剑"。在文本中共出现683次，仅次于刀，如巨阙剑、湛卢剑、诛龙剑、青龙剑、紫电剑、蟠虹剑、鱼肠剑、短剑等。

锤，素有"百兵之猛"的美称，主要分为长柄、短柄和带铁链的三种。在文本中共出现164次，如皮锤、大铁锤、流星锤、链子锤、镔铁轧油锤、八楞渗金锤、八楞紫金锤等。

鞭是短兵器的一种，有软鞭和硬鞭之分，素有"百兵之勇"的美称。在文本中共出现129次，如九节鞭、十三节鞭、狐狸鞭、四条鞭、水磨钢鞭、竹节钢鞭、虎眼金鞭、豹尾金鞭、水浇竹节鞭、枯骨鞭等。

棍棒是一种无刃兵器，棍也被称作"棒"，素有"百兵之首"的美称，在文本中共出现了306次，如镔铁大铁棍、三节棍、木棍、齐眉棍、锁子棍、铜棍、浑铁棍、虎尾三节棍等。

弩在文本中共出现了445次，如弹弓、弩弓、铁靶弓、弩箭、袖箭、弓箭、药箭、毒弩、花装弩、冲天弩等。

枪素有"百兵之王"的美称。由古代兵器矛演变而来，是一种长柄的刺击兵器，在文本中共出现了156次，如长枪、大枪、梅花枪、花枪、钩镰枪、五钩神飞枪、银枪将王保等。

锏属于短兵器，长而无刃，一般双锏合用，它在文本中出现次数较少，只有16次，如熟铜双锏、鞭锏、单鞭双锏。

槊是一种长兵器，由槊柄和槊头两部分组成，在文本中共出现45次，如链子槊、巨齿金钉狼牙槊等。

叉是古代作战时常见的刺击类兵器，简单方便，容易操作，在文本中共出现198次，如三股叉、三股托天叉等。刺是一种两端不均衡的短兵器，中间比两头来说，相对粗一些，在文本中共出现328次，如三棱刺、峨眉刺、三棱青铜节肘刺等。

《三侠五义》中重点描绘了剑，小说中展昭的兵器是巨阙剑，它是古代著名的宝剑之一，被称为"天下至尊"，该剑钝而厚重，却坚硬无比，相传为春秋时期铸剑名师欧冶子所铸。它是一把不折不扣的大剑，拿剑之人只要轻轻一挥，就会看到剑气纵横。在《三侠五义》及其续书中，巨阙剑乃是"御猫"展昭的兵器。当初在展昭被皇帝分封之后，陷空岛五鼠之一的锦毛鼠白玉堂心高气傲，好事逞强，认为自己的本领很大，不服气，非要与展昭较量一番，最终引得剩下的几人也一同"出世"。后来，经过了几番较量，邪不胜正，最终在展昭及包拯众人的感化下，陷空岛五鼠归顺朝廷，并且被分封六品校尉之职，供职开封府。在这场较量中，展昭用的还是号称"天下至尊"的巨阙大剑，此剑连其他宝剑都要退避三分，更不用说五鼠所用的普通兵器了。

除了巨阙剑之外，展昭还有一把湛卢剑，是春秋时期铸剑名匠欧冶子所铸名剑之一，乃是采用"五山之精，六气之英"炼成的神器，可以"断金切玉，削铁如泥"。湛卢剑是一把"仁道之剑"，代表着正义与仁德。在《三侠五义》[①]中，湛卢剑乃是丁月华的兵器。后来由于和展昭比剑定亲，就把湛卢剑作为信物，与展昭的巨阙剑做了交换。从此，湛卢剑就成为展昭的兵器，不论是后来的安定军山、群雄战襄阳，还是最终的拿获襄阳王，这把剑都起到了巨大的作用。襄阳王谋反之心早已有之，对国家来说是一大祸害，必须予以严惩。虽然不断遭到襄阳王及其手下偷袭、刁难以至抢夺官印，但是众位英雄好汉并没有退缩，而是自始至终坚持正义，坚定立场，最终齐心协力，成功剿杀了叛乱的襄阳王。湛卢剑本来就代表正义与仁德，所以携带它的人也常常代表着正义。

---

① 〔清〕石玉昆《三侠五义》，中华书局2005年版，第157页。

另外，鱼肠剑也是小说中的重要兵器，专诸将匕首藏于鱼腹中以刺杀吴王僚，最后成功，助光复位，自己却重伤身亡。因而这把匕首也被世人称为"鱼肠剑"，代表着坚定的决心和勇气。在《续小五义》中，该剑本来为"九头鸟"东方保赤所有。他家内有一楼，名曰藏珍楼，楼里就有第一宝物鱼肠剑。为了防止宝物被盗，东方保赤在楼内设置了许多的机关。"山西雁"徐良得知后，便想要去夺取鱼肠剑。其他的人也知道了这个秘密，欲要夺取。于是便有了第63回的一幕：徐良首先得到了鱼肠剑。一大群人为了鱼肠剑，几番前去藏珍楼打探，正所谓"明知山有虎，偏向虎山行"，表现出众人勇敢向前、不怕困难的精神。而鱼肠剑为"勇绝之剑"，所代表的就是一种拼搏的勇气、坚定的信念和不屈的精神。

《三侠五义》中的兵器与人物塑造密切相关，人物在兵器的衬托下栩栩如生。"御猫"展昭在受封之时，受天子之命舞剑，起初身随剑转，众人还可以注目留神，到后来就使人眼花缭乱了，其中的削砍劈剁、钩挑拨刺，无一不精。在得知他的袖箭也很精准时，天子便在木牌上糊上白纸，随意点上几点，试他袖箭之功。展昭也并不慌张，顺利地将袖箭打了出去，众人见到三枝八寸长短的袖箭，俱各钉在朱红点上，最后一枝甚至将木牌钉透。天子见状，连声称赞；旁边的大臣看到这番景象，也是无一不称赞拍手。在这里，展昭高超的武艺、矫捷的身法都通过舞剑和打袖箭表现了出来。其次，还有他所使用的巨阙剑，可称无价之宝，切金断玉、吹毛断发根本就不在话下。正所谓宝剑配英雄，更突显了他的侠之风范、成熟稳重、果断勇敢。再如《小五义》中军山的寨主钟雄，十八般兵器样样皆能，上阵则全凭一条枪。他与人动手时，穿戴盔铠，背后有八柄小叉，上面缚着红绸子。等到交手时，枪还没到，飞叉却已先到，敌人应声落马，因此人称"飞叉太保"[①]。他在没事的时候，永远都是一副文官的打扮，是个文武全才。通过他使用的兵器，就很好地体现了"飞叉太保"的来历，可见，兵器对于人物形象塑造的意义。

---

① 〔清〕石玉昆《小五义》，华夏出版社2009年版，第50页。

兵器不但对人物塑造具有积极的意义，而且能推动故事情节的发展。《三侠五义》第31回中，"展昭在茉花村巧遇丁兆兰、丁兆蕙，三人志趣相投，于是便交友结拜。而且展昭与丁月华可谓是不打不相识，两人通过比剑，加上家中老母的促成，从而成就了一桩美好姻缘。两人还将巨阙、湛卢二剑彼此交换，作为定礼"。有了这层关系，展昭与丁家双侠的关系更进了一步，所以便有了后来的丁家双侠与展昭共破君山、群雄战襄阳等故事。《三侠五义》第92回中，小侠艾虎与山贼葛瑶明在渔村撞见，正巧山贼等人正在向渔民收纳鱼虾。艾虎见状，便不顾一切地与山贼开始了战斗。小侠非常勇敢，不大工夫，就把山贼打得落花流水。山贼见势不妙，便开始逃跑。初生牛犊不怕虎，小侠紧紧追赶，不巧遭到了山贼的暗算，被捆绑拿住。后来这一行人遇见了凤仙、秋葵二人，因为一只雉鸡的原因，二人与山贼葛瑶明起了冲突。凤仙用弹弓发射铁丸，打中山贼，山贼应声倒地，其他小喽啰见状一拥而上，一个个被秋葵打得龇牙咧嘴。最后，山贼知道厉害，便一溜烟全跑了，留下了被捆绑的艾虎，二人赶忙上前为其松绑。几人寒暄了几句，才得知正是自己要找的人，真是"踏破铁鞋无觅处，得来全不费工夫"。后来到达卧虎沟，见到沙龙。之前因为黑妖狐和北侠转托丁二爷，向其求亲，今日亲眼见到艾虎年少英雄，所以就答应了，从而成就了凤仙与艾虎的美好姻缘。可以说，正因为凤仙用弹弓击退山贼，解救艾虎，所以才有了后来的姻缘故事。

此外，还有蒋平得刺的故事。话说翻江鼠蒋平在洪泽湖丢刺之后，便没有了称心的兵器。《小五义》[①]第107回"蒋泽长误入黑水湖，白面判被捉蟠龙岭"写到一人，"此人身高丈一，臂力惊人，使一双三棱青铜节肘刺，天真烂漫，人事不通，名叫吴源，外号人称闹湖蛟"。蒋平从一见到他就爱上了，可不是爱上他这个人，是爱上他那一对青铜刺。吴源为了报兄仇，与蒋平在水里展开了激烈的打斗，一开始，由于对方实力很强，蒋平并未占到上风。后来，蒋平发现吴源只是个有勇无谋的猛汉，便用了一

---

① 〔清〕石玉昆《小五义》，华夏出版社2009年版，第401页。

些计谋，最终杀死了吴源，取得了胜利。与此同时，也得到了对方的一对青铜刺，从而有了一件称心如意的兵器，为后来蒋平与群雄战襄阳提供了巨大帮助。可见，兵器之于小说情节发展的推动作用。

第三节　《水浒传》中的兵器

《水浒传》是中国古代著名的英雄传奇小说，它为我们塑造了一系列栩栩如生的英雄形象，也为我们描述了千奇百怪的兵刃器械。这些描述不仅增强了作品的可读性，还起到了一些超越其自身文本价值的功用，在人物性格的展示、故事情节的推动、对作品内容的增色与环境的渲染上，都涉及许多精彩的兵器描写。有时从一件令人印象深刻的兵器背后，就能窜出一个活生生的人物形象，这也就是历代评点大家所说的"人刀俱活"或"人枪合一"。

《水浒传》全书实际描写的兵器有 30 多类，如刀、剑、板斧、戒刀、朴刀、禅杖、钢叉、铁链、钢鞭、铁锤、杆棒、挠钩、飞镖、袖箭、狼牙棒、钩镰枪、枣木槊、留客住、红绵金钩套索等。

由于形状和作用的不同，每类兵器又被细分为很多种，如刀就细分为 17 种之多：大杆刀、八环刀、朴刀、腰刀、戒刀、尖刀、衮刀、火刀、短刀、蓼叶刀、麻扎刀、劈风刀、飞刀、日月双刀、青龙刀、偃月刀、雁翎刀；枪有白点钢枪、钩镰枪、苦竹枪、笔管枪、铁枪、飞枪、绿沉枪、鸦角枪、黑杆枪；棍有杆棍、齐眉棍、水火棍、狼牙棍、哨棒等。

这些兵器有长有短、有轻有重，有主战兵器，有暗器，有的适于远攻，有的适于近守，有的适于进攻厮杀，有的适于护身偷袭。总之，式样不同，用途各异。另外，从它的制作原料上看，仅刀又分为钢刀、白铁刀、镔铁刀、熟铜刀等，反映出当时冶炼技术的先进和制作工艺的精良。

值得注意的是，《水浒传》除写到以上冷兵器外，还写到了火器，出现了"轰天雷"凌振的子母炮、风火炮、金轮炮,它标志着从冷兵器时代向火器时代的飞跃。它们已不仅仅是行军打仗时制造声响效果以壮军威的号炮,而且是可用于实战并具有巨大杀伤力的重要武器。在第55回"高太尉大兴三路兵",高俅企图一举剿灭梁山泊。这时,呼延灼向高俅推荐凌振出征,"此人善造火炮,能去十四五里远近,石炮落处,天崩地陷。若得此人,可以攻打贼巢"[①]。凌振果然名不虚传,他绰号"轰天雷",善于制造火炮,他的火炮对梁山泊的防御工事构成了极大威胁。起初,当吴用听到凌振要用火炮攻打梁山营寨的消息时,根本未把凌振的火炮放在眼里,认为山寨四面皆是水泊,港汊甚多,宛子城离水又远,但凌振发了三炮,其中就有一炮打到鸭嘴滩边小寨上,使得宋江、吴用及梁山众头领无不大惊失色。凌振的火炮威力大大超出了宋江、吴用等人的想象,的确是当时最为先进的兵器。幸好,宋江略施小计便使其归顺了梁山,专为梁山制造火炮,不仅帮助宋江打败呼延灼,而且在攻打大名府和东昌府、三败高俅等战役中发挥了重要的作用。可以说,没有凌振的火炮,梁山的威风就要大打折扣,虽然他在梁山位列第52位,但是他的火炮是非常重要的兵器,他的作用是无可替代的。

《水浒传》中的兵器,往往与英雄本人有着密切联系,是英雄人物性格、命运的隐喻与象征。霹雳火秦明的狼牙棒,棒的头部有铁钉,像狼牙。它是一种打击兵器,秦明用其砸碎了不少人的脑袋,带刺的狼牙棒很好地渲染了秦明的火爆性格。豹子头林冲使长枪,长枪直来直去,与林冲耿直而善良的性格交相呼应。黑旋风李逵的板斧,既是他的劳动工具,又是他的武器。他出身贫寒,父亲早逝,为了生计,他早早地挑起家庭的重担,用板斧砍柴换取粮食养活母亲,用板斧作为武器是他社会身份的象征,也是一种必然。他在长期的劳动中,与板斧建立了深厚的情感,也摸透了它的特点,能够轻松自如地驾驭。板斧坚硬无比,宽而厚,硬度极

[①] 〔明〕施耐庵《水浒传》,吉林出版集团2010年版,第153页。

强,也是李逵"硬汉"性格的象征,"我家阿逵只是直性,别无回头转脑心肠,也无口是心非说话,如殷天锡横行,一拳打死便了,何必誓书铁券"。[1]李逵性情暴躁,行为随性,大板斧与他的性格非常契合。在营救宋江的战斗中,李逵冲锋陷阵,奋不顾身,"又见十字路口茶坊楼上一个彪形黑大汉,脱得赤条条的,两只手握两把板斧,大吼一声,却似半天起个霹雳,从半空中跳将下来","赤条条的"彪形大汉只适合拿板斧,板斧亦突显了李逵勇猛、一往无前的真性情。而且,板斧已经成为其个人身份的象征,如李逵初遇焦挺时,焦挺并不相信他就是李逵,李逵说:"你不信,只看我这两把板斧。"此外,板斧的坚硬折射出李逵身上的反抗精神,在宋江决定受招安时,李逵大骂:"招安,招安,招甚鸟安!"一脚踢碎了桌子,表现出了他性格中叛逆的一面。可以说,"李逵与板斧的契合是双向选择的结果,是自然与社会的完美统一。李逵率直的性格适合板斧的直来直去,而板斧的形状、质量与李逵的铮铮铁骨相得益彰,两者的价值在配合中得到肯定、升华"[2]。金圣叹则评论道:"人闻李逵,乃至闻其板斧;李逵自信,乃至自信板斧,写得妙绝。"[3]

鲁智深的武器是一条水磨禅杖,重达62斤,陪伴了他的一生,反映出了他的外貌、性格与人生遭遇。首先,这条水磨禅杖大而重,鲁智深开始想打造一条100斤重的禅杖,打铁的为难地说:"便是关王刀,也只有八十一斤。"鲁智深便焦躁道:"俺便不及关王!他也只是个人。"[4]最后铁匠才答应打一条62斤重的水磨禅杖,这里非常形象地表现出了鲁智深的心高气傲与英雄气概,小说第7回写道:"便去房内取出浑铁禅杖,头尾长五尺,重六十二斤。众人看了,尽皆吃惊,都道:'两臂膊没水牛大小气力,怎使得动?'智深接过来,飕飕的使动,浑身上下没半点儿参差。

---

[1] 冯文楼《义:价值主体的建构与解构》,载《陕西师范大学学报》1993年第4期。
[2] 李国新《解读板斧和李逵人格的重构》,载《重庆三峡学院学报》,2004年第6期。
[3] 〔明〕施耐庵《水浒全传 评注本 三》,金圣叹评注,上海古籍出版社2015年版,第933页。
[4] 〔明〕施耐庵《水浒全传 评注本 一》,金圣叹评注,上海古籍出版社2015年版,第67页。

众人看了，一齐喝彩。"①鲁智深的外形是面圆耳大，鼻直口方，身长八尺，腰阔十围，这样的外形与水磨禅杖相得益彰。其次，禅杖凸显出他的僧人身份，是智慧的象征。他在拳打镇关西之前，先让金氏父女离开，再去挑衅镇关西，打死镇关西之后，称他诈死，借机逃离了现场，显示了他的智慧。最后，禅杖也是他英雄形象与战斗力的体现，他用禅杖制服小霸王、高衙内，营救林冲，行刺贺太守，活捉方腊，禅杖贯穿了他的战斗生涯，展现了他的英雄风采。

武松的哨棒是《水浒传》中描写得最为精彩的兵器，其精彩之处不在于兵器本身的风采与威力，而是哨棒这一兵器对于人物塑造与小说情节推进等方面的重要意义。关于武松的哨棒，有各种各样的说法，一说哨棒是空心的，可以吹响，其用途包括驱狼、挑行李等说法；又有论者做了详细的考证，认为哨棒是人们出行时用于防身的短棒，"《水浒》中的'哨棒'是人们'出行时用于防身的短棒'，而非'细长的木棒'，'哨棒'并不会发声"②。武松从沧州回家探望哥哥，随身携带的哨棒可用于防身，可见，哨棒并不是著名的兵器，武松作为草莽英雄，选择哨棒防身也符合他的社会身份。首先，哨棒突显了武松的英雄形象，《水浒传》中对这条哨棒的描写可谓是匠心独具，非常巧妙地突显出武松的草莽英雄形象。在景阳冈打虎一节中，哨棒出现的次数高达19次，如"把哨棒倚了""手提哨棒要走""将哨棒放在一边""将哨棒提在手里""双手抡起哨棒""将半截哨棒一丢"等，作者不厌其烦地描写哨棒，其目的在于干扰读者的阅读期待，对哨棒的多次描写，在一般的读者看来，这可能是一个伏笔，武松可能用这个哨棒打死老虎，然而当老虎扑来时，作者却笔锋一转，写武松用力过猛，将哨棒打在了树枝上，将哨棒折作两截，只拿得一半在手里，最终，武松徒手打死了老虎。这样情节上巨大的突然转折，一方面让读者获得阅读快感，另一方面衬托出武松的勇猛。的确，景阳冈打虎之后，

---

① 〔明〕施耐庵《水浒全传 评注本 一》，金圣叹评注，上海古籍出版社2015年版，第120页。
② 胡嘉辰《"哨棒"辩讹》，载《内江师范学院学报》2009年第5期。

武松由平民蜕变成为盖世英雄。其次,哨棒成为推动情节发展的重要工具,武松打虎一节能够一波三折、跌宕起伏,全靠一根哨棒,从哨棒不离身,到哨棒折断,再到拾起哨棒又打了一回老虎,使得武松打虎这一情节有起有伏,有头有尾,极具艺术性与可读性。

  此外,在《水浒传》中,很多精彩的篇章都离不开兵器,兵器是推动情节展开的重要工具,从而形成紧张、生动、诱人的水浒英雄故事。正如金圣叹所说的那样:"今观《水浒传》之写林武师也,忽以宝刀结成奇彩;及写杨制使也,又复以宝刀结成奇彩。"[1]金圣叹所言即杨志卖刀。杨志,为武侯杨令公之后人,原为殿司制使官,因押送花石纲失事,避难江湖,后遇恩赦,谁知盘缠用尽,只得变卖祖传宝刀,没想到遇到破落户泼皮牛二的纠缠,杨志只得说宝刀的厉害:"第一件,砍铜剁铁,刀口不卷;第二件,吹毛得过;第三件,杀人刀上没血。"牛二百般刁难,要杨志一一验证,最后要强抢宝刀,杨志无奈,将其杀死,没有杨志卖刀这一情节,杨志的人生轨迹应该是官复原职,不可能上梁山,只因卖刀导致杨志的人生转变,才有后来的刺配大名府、押送生辰纲,最终归顺梁山等事件,可见,刀是推动情节展开的重要工具,同时又突显了杨志的个性特征。同样林冲买刀也是如此,林冲和鲁智深一起到阅武坊巷口,碰到大汉卖宝刀,谁知这是高俅陷害他的计谋,大汉用激将法让他发现了宝刀,进而相中并买下宝刀,最后高俅借着要看宝刀,将他骗到了白虎堂,林冲挟刀闯入军事重地,因而被发配到沧州。买刀是小说情节展开的关键,因为这次的买刀,才有林冲后来的"林冲棒打洪教头""林教头风雪山神庙"等一系列事件与情节的出现,买刀是影响林冲人生转变的重要事件,而刀则保证了情节的连贯性,有力地推动了林冲故事的展开。再如时迁盗甲,时迁如果没有去东京盗取雁翎甲,就不会有后来的徐宁上梁山、用钩镰枪法大破呼延灼的连环马等故事。可见,兵器作为物件,对于故事情节的勾连与推动的重要意义。

---

[1]〔明〕施耐庵《水浒全传 评注本 一》,金圣叹评注,上海古籍出版社2015年版,第164页。

第七章

戏曲与兵器

在中国古典戏曲中，冷兵器不仅仅是舞台表演的道具，同时也是戏剧人物精神品格的象征，再者，演员对冷兵器的使用完全是以国术为基础的舞台呈现。然而，自西洋火器传入中国，冷兵器的使用及练习随着国术的式微而日渐颓靡，唯独在戏曲中还留存着冷兵器的使用方法，故此戏剧研究家齐如山先生有言：如今欲知中国兵器之精利、武术之神妙，要须于戏剧中求之。概言之，戏曲中的兵器不仅仅是器物的呈现，同时也是精神文化的象征，例如元代关汉卿的剧作《单刀会》中的青龙偃月刀，它所彰显的是关汉卿对于关云长忠义无双的独特品质的赞赏；明代李开先的剧作《宝剑记》中的宝剑，它所承载的是李开先对于忠君诛奸的无限渴求的政治无意识心理；至于元杂剧《尉迟恭单鞭夺槊》中的鞭和槊两种武器的较量，突显的是大唐一代名将的精湛武艺，后人从此剧中当能想见中华兵器之精良和武术的神妙。

第一节　忠义与勇猛的化身：
《单刀会》中的兵器文化

元代大剧作家关汉卿的英雄颂剧《单刀会》全名叫《关大王独赴单刀会》，现收录于中华书局《元曲选外编》。这部剧成功地塑造了老年关云长稳重而威武的英雄形象。全本共四折，没有楔子，取材于陈寿《三国志·吴书·周瑜鲁肃吕蒙传》：

后备诣京见权，求都督荆州，唯肃劝权借之，共拒曹公……备既定益州，权求长沙、零、桂，备不承旨，权遣吕蒙率众进取。备闻，自还公安，遣羽争三郡。肃住益阳，与羽相拒。肃邀羽相见，各驻兵马百步上，但请将军单刀俱会。肃因责数羽曰："国家区区本以土地借卿家者，卿家军败远来，无以为资故也。今已得益州，既无奉还之意，但求三郡，又不从命。"语未究竟，坐有一人曰："夫土地者，惟德所在耳，何常之有！"肃厉声呵之，辞色甚切。羽操刀起谓曰："此自国家事，是人何知！"目使之去。备遂割湘水为界，于是罢军。[①]

《单刀会》缘起鲁肃为讨回荆州，想了三个计谋：

第一计：趁今日孙、刘结亲，唇齿相依，就江下排宴设乐，修书以贺：关羽近退曹兵，刘备称主汉中，赞美他们的功业，并请关羽来江下，参加宴会。此人必无所疑，若渡江赴宴，就在酒席间以礼索取荆州。

第二计：（上计不成）将江上所有战船尽行拘收，扣留关羽。淹留日久，自知中计，默然有悔，必然会诚心献还荆州。

第三计：（上计不成）在壁衣内暗藏甲士，酒酣之际，击金钟为号，

[①]〔晋〕陈寿《三国志》（简体字版），中华书局1999年版，第939—940页。

伏兵尽出，擒住关羽，囚于江下，作为人质。此人是刘备股肱之臣，若能将荆州交还，就放关羽回益州。

定下计后，为稳妥计，他先后向乔公和道士司马徽问计，却被他们否定，原因在于关云长非与一般人等量齐观，而是有着过人的武艺、胆识与智谋，鲁肃远非其对手。通过他们的口，烘云托月地反衬出关羽威武无敌、智勇双全的英雄形象。乔公以关公收西川、诛文丑、刺颜良，那种万夫不当之勇来反驳鲁肃认为关羽已是年迈、虽勇无能之说，认为计划不能实施：

【鹊踏枝】他诛文丑逞粗躁，刺颜良显英豪。他去那百万军中，他将那首级轻枭。（鲁云）想赤壁之战，我与刘备有恩来。（末唱）那时间相看的是好，他可便喜孜孜笑里藏刀。

【金盏儿】他上阵处赤力力三绺美髯飘，雄赳赳一丈虎躯摇，恰便似六丁神簇捧定一个活神道。那敌军若是见了，唬得他七魄散、五魂消。（云）你若和他厮杀呵。（唱）你则索多披上几副甲，胜穿上几层袍。便有百万军挡不住他不剌剌千里追风骑；你便有千员将，闪不过明明偃月三停刀。（第一折）

关羽的形象是一个不断被再创造、再建构的过程，《单刀会》中关羽所骑为"千里追风骑"，与《三国演义》里的"赤兔马"有所区别。

在第二折，关羽的勇猛也借曾与其相识的道士司马徽之口得以表现。司马徽虽然与关公是"旧相识""故交"，但一听说去见关羽，连忙表示："若有关公，贫道风疾举发，去不的！去不的！"如果"坚意要请关云长"，那就得依自己所说行事："你与我躬着身将他来问候。（云）你依的么？（鲁云）关云长下的马来，我躬着身问候。不打紧，也依的。（末唱）大夫，你与我跪着膝连忙的劝酒；饮则饮、吃则吃、受则受。道东呵随着东去，说西呵顺着西流。（云）这一桩儿最要紧也！（唱）他醉了呵你索与我便走。"司马徽这段唱词烘云托月地表现出关羽的忠义勇武、威风逼人的形象。

在前两折里，关羽虽未出场，但通过间接描写，充分显示了关羽不仅勇猛，且智慧、胆识过人，在第三折里写关羽虽然识破了鲁肃的计谋，却依然坚持要"单刀赴会"：

【斗鹌鹑】安排下打凤牢龙，准备着天罗地网；也不是待客筵席，则是个杀人、杀人的战场。若说那重意诚心更休想，全不怕后人讲。既然谨谨相邀，我则索亲身便往。

在宴会上，面对鲁肃指责关羽"仁义礼智"兼备，却独缺个"信"字。关羽以刘备蜀汉继承提汉朝正统，合应继承汉室江山，使得鲁肃理屈词穷，站到了不义的一面。他反问鲁肃了一句：

"鲁子敬，你听的这剑界么？我这剑界，头一遭诛了文丑，第二遭斩了蔡阳，鲁肃呵，莫不是第三遭到你也？"之后还不罢休，立即又第二次亮出自己的宝剑说道："这剑按天地之灵，金火之精，阴阳之气，日月之形；藏之则鬼神遁迹，出之则魑魅潜踪；喜则恋鞘沉沉而不动，怒则跃匣铮铮而有声。今朝席上，倘有争锋，恐君不信，拔剑施呈。吾当摄到，鲁肃休惊。这剑果有神威不可当，庙堂之器岂寻常。今朝索取荆州事，一剑先交鲁肃亡。"第三次，在鲁肃就要让伏兵动手的时候，关羽拔剑击案怒道："若有埋伏，一剑挥之两段。"

在本剧中，关羽突出的是剑，而在京剧《单刀会》中，则表现的是青龙偃月刀，这个矛盾也反映出关羽当时并非使用青龙偃月刀，而是后代演绎的结果。剑佩君子，也突出地显示了关羽大丈夫的形象。

鲁肃惊慌地说："你击碎菱花。"关羽回答："我特来破镜！"关汉卿在这里艺术化地构思出了一段巧妙的文本台词，"镜"既上承"菱花"，又与鲁子敬的"敬"谐音双关，关羽说"破

关羽

镜"也是在告诉鲁肃,自己明知有诈却能打破他的阴谋。

关羽将鲁肃挟作人质,从而成功地从宴会脱身,却不忘让鲁肃送到船上,避免了被暗箭伤害的危险,充分显示了关羽智勇双全的性格特征:

【搅筝琶】却怎生闹炒炒军兵列,上来的休遮当,莫拦截。(云)当着我的,呵呵!(唱)我着他剑下身亡,目前流血!便有那张仪口、蒯通舌,休那里躲闪藏遮。好生的送我到船上者,我和你慢慢的相别。(鲁云)你去了倒是一场伶俐。(黄文云)将军,有埋伏哩。(鲁云)迟了我的也。(关平领众将上,云)请父亲上船,孩儿每来迎接哩。(正末云)鲁肃,休惜殿后。

剧中的情节达到高潮,关羽以胜利者的姿态戏谑着鲁肃,富于戏剧意味,观众也从中得到了快慰与欢乐。最终以"百忙里称不了老兄心,急切里倒不了俺汉家节"结束全剧。

《单刀会》获得了巨大的成功,不仅一直活跃在戏剧舞台上,而且在民间祀神活动、庙会村社活动中都是主要剧目,一直流传至今,成为戏剧中红生戏的代表,现代京剧、昆剧及其他剧种均有表演。

《单刀会》中提到的兵器不下10种,每种兵器都有其文化内蕴和精神内涵。

1. 大刀:智慧勇猛精神的体现

刀被称为"百兵之胆",在漫长的冷兵器时代,刀具有十分重要的地位。刀与剑的双面开刃、剑身挺拔轻薄相比,单面有刃而刀背厚实,制作锻造工艺较为简单,有利于实战而不利于作修饰性的佩带。因为对材质硬度要求较高,刀在以青铜武器为主的先秦时期并不是重要的兵器,随着汉代冶铁技术的成熟,刀开始普遍使用。入汉以后,铁器逐渐淘汰青铜器,开始出现了以钢铁合金制作的短柄长刀,这种刀直而窄长,长度一般在1米左右,宽约3厘米;刀身单侧有刃,刀背厚实;没有护格,柄首均做成椭圆的环形(与刀茎连锻在一起),一般称其为"环首刀"或"环刀"。

刀在实战中劈砍较剑更为有力，合乎步兵、骑兵战场格斗需要，加之制作较为简单，功能更加实用，适合于批量制造、装备军队，因此以剑为主要装备的军队开始了刀与剑并重。从文献可见，东汉时期刀已普遍流行，东汉《释名·释兵》说："刀，到也。以斩伐到其所乃击之也。其末曰锋，言若蜂刺之毒利也；其本曰环，形似环也。"这就是流行于东汉的"环刀"。《释名·释兵》又说："狭而长者曰步盾，步兵所持，与刀相配者也。"从这里可以看出，在东汉时，刀已是军队中与盾牌配合使用的主要短兵装备，这一情景从出土的东汉画像石也可看出。剑则逐渐突出装饰性功能，实用性则大大下降，从南朝梁陶弘景所著《刀剑录》中东吴孙权于黄武五年（226年）造"十口剑，万口刀"、刘备命造"五千口"等，可见刀在战场成了主要的实用武器。

刀的种类繁多，以大刀最为有名，而大刀的代表则是关羽的青龙偃月刀，刀与人实现了完美的结合，成为大刀的代表性形象。据明嘉靖、万历年间的王析、王思义父子所辑类书《三才图绘》所记载：关王偃月刀，刀势既大，其三十六刀法，兵仗遇之，无不屈者，刀类中此为第一。陈寿的《三国志》中记载："关王刀，重八十二斤，长一丈二尺。"虽经历史考证，偃月刀最早出现于宋代，到了明清时期开始广泛使用，《三国演义》成书于明代，正是偃月刀开始流行之时，不过由于《三国演义》的巨大影响与渲染，青龙偃月刀总是与关羽的英雄形象密切相伴，甚至成了关羽的代表，因此又叫"关王刀"。偃月刀突出的特点是力大势沉，具备剑所不具备的劈、砍、撩、挑、拍、挂、削、抹、拘、豁、截、刺等功用，其精华技法则是豁、砍、撩、刺，常能出其不意，制敌取胜。明代何良臣《阵纪》卷二云："偃月刀，头大且重，使有力者用之，而更能精熟三十六正刀、二十四闪伏，则诸兵仗当之者无不屈也。"明、清武举考核刀法用的就是青龙偃月刀，重量从几十斤到一百斤不等。

《单刀会》成功表现了关羽与青龙偃月刀这一完美的结合，青龙偃月刀突出地表现了关羽过人的胆识。青龙偃月刀刀身厚重，重达82斤，刀身狭长，形如弯月；刀头有回钩，钩尖似枪，锐利无比；刀背有锯齿状的刺刃,故又名"冷艳锯";其刀盘上有青龙旋绕,大刀从龙口中吐出,配合刀柄形成雄浑霸气、威武修长的造型,与关云长义薄云天、伟岸英武的形象得到了完美的结合。刀盘上没有青龙的叫春秋大刀,与关公的青龙偃月刀有区别,"青龙偃月刀的刃上有红缨,即球形的红缨飘丝,此又名为吹风;刀杆的末端是刀座,又名刀钻,刀座三棱齐备,亦为杀人之利器,使用方法如枪、刀之各部位名称,本《春秋》之精义,有天地君亲师之称谓,即刀背为天,刀刃为地,刀尖为君,刀盘为亲,刀杆为师"[①]。青龙偃月刀构造奇特,巧夺天工,其刀身之上无处不利,均为置敌于死地之锋锐,故其临阵对敌时,不但能劈砍扫挡,且能提拿搅刺,更能反锯、回刺,故古人曰:刀为百兵之师。

2. 青龙偃月刀:忠义精神的化身

千古以来,关羽是忠义精神的化身,是忠义仁勇的实践者和典范。他早年被封为"汉寿亭侯",始终坚持蜀汉正统思想,这是他受到从官方到民间一致推崇的最主要原因。正如剧中鲁肃所言,作为兄弟朋友,他坚持"义"字;作为刘备的臣子,他坚持"忠"字。他拒绝了曹操上马拜金、下马赐银的荣华富贵的利诱与拉拢,坚持忠于刘备,但在曹操败走华容道时,他又甘冒违反军令的风险放走了曹操,以报答往日的恩情。

"[尾声]曹丞相将送路酒手中擎,饯行礼盘中托,没乱煞侄儿和嫂嫂。曹孟德心多能做小,关云长善与人交。早来到灞陵桥,险唬杀许褚、张辽;他勒着追风骑,轻轮动偃月刀。曹操有千般计较,则落的一场谈笑。(云)关云长道:'丞相勿罪!某不下马了也。'(唱)他把那刀尖儿斜挑锦征袍。"(第一折)

在《单刀会》中,也突出表现了关羽的忠义。关汉卿笔下的关羽,一上场就表明了自己的汉家情结,并且在与鲁肃的对峙中,不止一次地提

[①] 史明《关公青龙偃月刀》,载《器械》2010年第7期。

到"汉家节",也以此作为拒还荆州的理由,包括三次拔刀都是为了肯定他的"汉家节",甚至关羽在脱险返回时,也是在作品的最后,仍然不忘唱道:

【离亭宴带歇拍煞】我则见紫袍银带公人列,晚天凉风冷芦花谢。我心中喜悦……说与你两件事先生记者:百忙里趁不了老兄心,急且里倒不了俺汉家节。

蜀汉正统思想在关汉卿和关羽的心中都是十分重要的,正是这种信念,才使其赴会时无所畏惧。在剧末曲子结束时他仍然不忘高唱"俺汉家节"。可见,关羽对自己坚持的这份正统思想非常的自信和骄傲。《三国志平话》及《三国演义》都没有过多抬高"汉家节",关汉卿如此刻意地强调"汉家节"原因何在呢?这与当时作者的创作时代有着密切关系。元代连年战乱和错综复杂的民族斗争、阶级斗争环境,激发了关汉卿的民族意识和反抗情结,并在戏剧艺术中予以表现。

毛宗岗评三国时说:"历稽载籍,名将如云,而绝伦超群者,莫如云长。青史对青灯,则极其儒雅;赤心如赤面,则极其英灵。秉烛达旦,人传其大节;单刀赴会,世服其神威。独行千里,报主之志坚;义释华容,酬恩之谊重。做事如青天白日,待人如霁月光风……是古往今来名将中第一人。"

关羽去世后,蜀后主封其为"壮缪侯",带有明显的贬义,"武而不遂、死于原野曰壮,名与实爽曰缪",可以看出,由于关羽兵败被杀,当时蜀汉朝廷对他评价不高。但由于关羽的忠义精神,后来的君王为笼络人心和设神道以教化万民,都给予关羽很高的封号。一般认为,对关羽的大规模神化始于隋唐,当时佛教天台宗的创始人天台大师将关羽拉入佛门,尊其为伽蓝守护神。在宋、元、明、清诸朝,关羽又被封为"忠惠公"、"崇宁真君"、"昭烈武安王"、"义勇武安王"、"协天大帝"、"关圣帝君"以及"关圣大帝",关公信仰达到一个高潮。他在民间受到广泛祭祀,"其英灵义烈遍天下,故所在庙祀,福善祸恶,神威赫然。人咸畏而敬之,而燕、赵、荆、楚为尤笃,郡国州县乡邑间井皆有庙"(郝经《汉义勇武安王庙碑》,《陵川文集》卷三十三,《北京图书馆古籍珍本丛刊》本)。元朝政府尊崇关公,在城隍庙会时,由军人"抬舁监坛汉关羽神轿车"(《元史》卷七十七),关公成了城隍庙会的监坛神,清世宗封其为"忠义神武关圣大帝",因此后世民间又称之为"关帝"。由于关羽的形象符合中国人崇尚忠诚、信义、智仁、勇武和神灵的民族心理,因此关羽在民间成了神一样的存在,被称为"武王""武圣人",与作为"文圣"的孔子比肩而立,庙宇祭祀遍布全国,甚至影响到周边儒家文化圈的国家。当今,"关公文化"也被列入国家级非物质文化遗产名录。

3. 剑:凛然正气之喻

剑在中国兵器史上居于重要的地位,素有"百兵之君"的美誉。剑的历史早于刀,最早可追溯至轩辕黄帝时。在两汉时,由于骑兵的出现,剑在实战中逐渐被刀所取代,但仍然是贴身格斗最适合的武器,许慎《说文解字》:"剑,人所带兵也,从刃,佥声。"东汉刘熙也说:"剑,检也,所以防检非常也。"[①]在著名的"鸿门宴"中,项庄所用的是剑,保护刘邦的樊哙所用的也是剑,可以看出,剑是当时近战主要的武器。剑较刀更富于文化意蕴,除了格斗,还有健身、娱情、装饰等多种功能。剑代表的是正义,在《单刀会》里,关羽也表现了剑的威力和正气凛然的气势。在筵席上,关羽以蜀汉正统自居,指出刘备乃汉室正统,拥有荆州理所应当,而孙权和鲁肃则成了不义之人,关羽唱道:"(正末云)这剑按天地之灵,金火之精,阴阳之气,日月之形;藏之则鬼神遁迹,出之则魑魅潜踪;喜则恋鞘沉沉而不动,怒则跃匣铮铮而有声。今朝席上,倘有争锋,恐君不信,拔剑施呈。吾当摄到,鲁肃休惊。这剑果有神威不可当,庙堂之器岂寻常。今朝索取荆州事,一剑先交鲁肃亡。"这里以剑的无比威力显示了关羽威猛无比又刚直不阿、正气凛然的形象。

[①] 刘熙《释名》,中华书局 1985 年版,第 113 页。

4.《单刀会》中的其他兵器

在战争中，武器的精良与否直接决定着战争的胜负，尤其是冷兵器时代，除了青龙偃月刀与剑外，剧中第三折结束时，还提到了许多其他武器：

（关兴云）哥哥，父亲赴单刀会去了，我和你接应一遭去。大小三军，跟着我接应父亲去。到那里古剌剌绣彩磨征旗，扑冬冬画鼓凯征鼙，齐臻臻枪刀如流水，密匝匝人似朔风疾。直杀的苦淹淹尸骸遍郊野，哭啼啼父子两分离。恁时节喜孜孜鞭敲金镫响，笑吟吟齐和凯歌回。（下）（关平云）父亲兄弟都去也，我随后接应，走一遭去。大小三军，听吾将令：甲马不许驰骤，金鼓不许乱鸣，不许交头接耳，不许语笑喧哗；弓弩上弦，刀剑出鞘，人人敢勇，个个威风。我到那里：一刃刀，两刃剑，齐排雁翅；三股叉，四楞铜，耀日争光；五方旗，六沉枪，遮天映日；七稍弓，八楞棒，打碎天灵；九股索，红绵套，漫头便起；十分战，十分杀，显耀高强。俺这里雄兵浩浩渡长江，汉阳两岸列刀枪。水军不怕江心浪，旱军岂惧铁衣郎！关公杀入单刀会，显耀英雄战一场。匹马横枪诛鲁肃，胜如亲父刺颜良。大小三军，跟着我接应父亲，走一遭去。（下）

这里既有步兵武器，也有骑兵和水军武器，通过对各种兵器的描述，充分表现了蜀军的威武和单刀赴会准备的充分。

战争是残酷的，与战争伴随着的是生灵涂炭、人民流离失所及生产的凋敝。"白骨露于野，千里无鸡鸣。生民百遗一，念之断人肠"（曹操《蒿里行》），这是当时战乱场景的真实写照，因此古人早就明白"兵者，凶器也，圣人不得已而为之"的道理。老子《道德经》中说："兵者，不祥之器，非君子之器，不得已而用之。"西汉桓宽在《盐铁论·论灾》中说："兵者，凶器也。甲坚兵利，为天下殃。以母制子，故能长久。圣人法之，厌而不阳。"

关汉卿与剧中人物关羽一样久经战乱，对战争的残酷性有着深刻的认识，《单刀会》里也表达了对战争的反感和对河清海晏大一统局面的向往：

【混江龙】止留下孙、刘、曹操,平分一国作三朝。不付能河清海晏,雨顺风调;兵器改为农器用,征旗不动酒旗摇。

第四折中通过关羽在江上赏景的感受,深刻表达了对战争与生命的反思:

【驻马听】水涌山叠,年少周郎何处也?不觉的灰飞烟灭,可怜黄盖转伤嗟。破曹的樯橹一时绝,鏖兵的江水犹然热,好教我情惨切!(云)这也不是江水,(唱)二十年流不尽的英雄血!

想当年风流倜傥的周瑜如今又在何方呢?滔滔江水无情逝去,正像那些在战争中牺牲的无以计数的兵士与将领们的鲜血流过,个人的生命被战争无情地毁灭,烟消云散、无影无踪,生命的意义和价值是什么呢?这里通过关羽之口反思战争的意义,充满了悲凉深切的情感,也从整体上提升了该剧的历史与哲理内涵。

第二节 论《宝剑记》改刀为剑之因由及剑的三重功能

明代李开先借鉴《水浒传》中林冲故事改编而成的传奇《新编林冲宝剑记》(以下简称《宝剑记》)被公认为是其在戏曲创作领域的代表作品,这部作品也属于明代传奇中的第一部"水浒戏",李开先有首创之功。《宝剑记》化用宋朝故事,借以揭露明朝的政治黑幕,是一部典型的借古喻今、抨击权奸之作。这在戏曲的第一出就说得非常明白,所谓"诛谗佞,表忠良,提真托假振纲常"[1]是也。李开先创作这部作品有其"政治无意识"的动机。公元1541年,进士出身、时年才40岁的李开先被罢官了,

---

[1] [明]李开先《李开先全集》(修订本)中,卜键笺校,上海古籍出版社2014年版,第1131页。

此后一直闲居，未能再回政治中心。开先被罢斥的主要原因是明朝廷内部的派系争斗，他因得罪内阁首辅夏言而被削职。功名是中国古代知识分子寒窗苦读的毕生追求，我们完全可以想见被削夺功名后的李开先内心的痛苦与愤怒。同时，报国胸怀高亢激越的他就像自己的作品《宝剑记》中的主人公林冲一般，虽然亲见边防松弛、外族入侵，却报国无门，只能老死林下。在这种极其压抑的心境之下，他于1547年创作了《宝剑记》这部作品。

在《水浒传》中，因为高太尉等人设下圈套，林冲带着刀进入白虎节堂而获罪。林冲的这把宝刀并非祖传而是花钱买来之物。至于这把宝刀的旧主人，小说只交代是一个穿着旧战袍的大汉，他因生计所迫而卖掉祖传宝刀，且对此也深以为辱。关于这把刀的具体情形，文中有一段精彩的描写：

> 清光夺目，冷气侵人。远看如玉沼春冰，近看似琼台瑞雪。花纹密布，鬼神见后心惊；气象纵横，奸党遇时胆裂。太阿巨阙应难比，干将莫邪亦等闲。①

太阿、巨阙、干将、莫邪均是上古名剑，其中巨阙剑还是春秋时代铸剑大师欧冶子的手笔，但是这些声震寰宇的利器在这把宝刀面前也黯然失色。李开先改编的《宝剑记》以宝剑为名，而不是"宝刀记"，可谓用心良苦。首先，这是一种文化价值的选择与转换。在中国文化传统中，刀和剑的文化内涵差别甚大，刀往

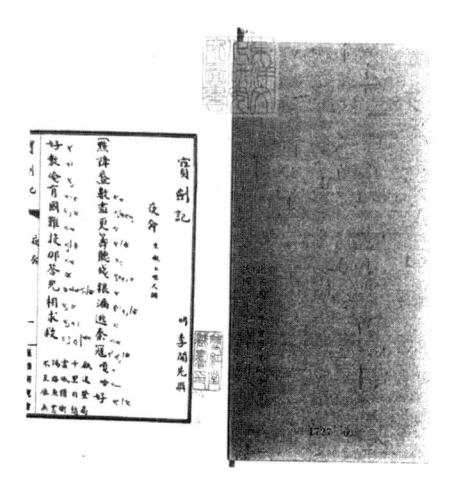

《宝剑记》

---

① 〔明〕施耐庵、罗贯中《水浒传》，人民文学出版社2002年版，第108页。

往给人以霸道凌厉之感，而剑作为"百兵之君"，承担着中国传统文化的主流精神。李开先弃刀而选择剑，既是一种选择，也是一种转换。

其次，《宝剑记》中的宝剑属于林家祖传之物，这是祖公公林和靖传留，乃朝廷赏赐的宝物。① 这样一来，《水浒传》中的购买行为就被转换成了传承行为，这一转换同样意义重大。购买行为具有偶然性，或者说，无名氏卖刀也许就是高太尉阴谋的一个环节，因为当时的情景确实可疑：林冲和鲁智深在街上边走边谈，根本无暇顾及路人的行为，而卖刀者接连三次用言语诱导林冲买刀，在第三次甚至用上了激将法："偌大一个东京，没一个识的军器！"② 说完便将宝刀掣出来引诱林冲。生意做成之后，当林冲追问宝刀来源时，大汉以辱没先人为由不愿告知名姓，拿了卖刀钱便消失得无影无踪。林冲这壁厢刚刚买了宝刀，高太尉那边第二天就让林冲带刀入了白虎节堂。这恐怕不是林冲"合当有事"，而是太尉指使人有意为之。无论是偶然性的购买行为，还是阴谋圈套中的必然环节，小说中的宝刀虽然锋利无比，但终究只是权奸诬陷忠良的一个工具，缺乏赋予其文化精神的正当理由。

当将小说中偶然购买的宝刀转换为祖传且是帝王赏赐的宝剑时，作者便有了赋予其文化及精神的合适理由。第一，祖传宝剑作为载体，可以借此歌咏"世德之骏烈"，吟诵"先人之清芬"③。李开先所在的山东章丘李氏家

林冲夜奔

---

① 〔明〕李开先《李开先全集》（修订本）中，卜键笺校，上海古籍出版社2014年版，第1139页。
② 〔明〕施耐庵、罗贯中《水浒传》，人民文学出版社2002年，第108页。
③ 〔晋〕陆机《文赋》，载郭绍虞主编《中国历代文论选》第一册，上海古籍出版社2001年版，第170页。

族在鼎盛时代，曾经有过"文为州牧，武作军师，富甲郡邑，名满华夷"的辉煌，"颂祖"情结素来是中国传统知识分子的一大特征，李开先在这一点上确也不逊于人，他甚至坚定不移地相信自己是李伯阳（即老子）的后人[①]。将《宝剑记》中的宝剑设置为"祖传"之物，可以说是李开先的"颂祖"情结在戏曲创作中的一种投射。第二，祖传宝剑来自于朝廷的赏赐。如果说，祖传之物还只是在家族的层面上考虑问题的话，那么朝廷赏赐就将宝剑上升到国家的层面，这其中的逻辑是按照忠孝合一来进行的，家族层面的孝道和国家层面的忠诚通过这把朝廷赏赐的祖传宝剑有效地统一在了一起。

关于剑的起源，从文献上看，至少有两种：一种说法是剑由黄帝所作，这在《孙膑兵法·势备》中有载："黄帝作剑，以阵象之。"另一种说法是剑由蚩尤所造，这在《管子·地数篇》有载："昔葛天卢之山，发而出金，蚩尤受而制之，以为剑、铠。"这两种说法都是论金属材质的剑，要真正追溯渊源，还得借助考古学的发现。剑的历史可以追溯到新石器时代，彼时甘青地区的马家窑人在骨质剑身上镶嵌石质锋刃，苏北鲁南的大汶口人已经开始用整块的石头或骨头制作短剑了。而在距离我们更加遥远的蛮荒时代，原始人的武器和工具是合而为一的，"最古老的工具是些什么东西呢？是打猎的工具和捕鱼的工具，而前者同时又是武器"[②]，可以说，剑和其他武器的最古老形态均是生产生活的工具。

宝剑，承载着中国文人的千古情怀，这种情怀倒不一定就是"侠客之梦"[③]，屈原"带长铗之陆离"是说贵族佩剑象征身份的习俗，像陶渊明"抚剑独行游"、鲍照"负剑远行游"就是一种漫游的心境。而李太白的"仗剑去国"和辛弃疾的"挑灯看剑"则具有英雄豪杰的"剑胆琴心"，因为李白早年熟习剑术，辛弃疾则是久经沙场，年轻时更曾经带领数十人

[①]〔明〕李开先《李开先全集》（修订本）中，卜键笺校，上海古籍出版社2014年版，第2页。
[②] 恩格斯《自然辩证法》，《马克思恩格斯选集》第三卷，人民出版社2012年版，第994页。
[③] 殷伟、殷斐然《剑：中华千古文人的侠客之梦》，中国文史出版社2008年版。该著作中将荆轲刺秦列入第二章"刺客与剑共舞"失当，荆轲刺秦用的是匕首，不是宝剑。

奔袭金人营地，生擒杀害抗金领袖耿京的叛徒张安国，其自身就有"倚天万里须长剑"纵横沙场的大侠风范。

有人认为，宋代以后的文人谈论剑的时候，主要是一种象征，没有实战的功能①，这恐怕并不从宋代以后才开始如此，如果作者本人深通剑术且饱读诗文，并且能创作文学作品，那么他谈论剑的时候未必就只是一种象征。《宝剑记》的作者李开先是典型的封建士大夫，科举正途出身，因而这部作品虽然以宝剑命名，但在全剧中，宝剑并未充当武器，的确只是象征的成分居多。并且，即便是在形而下的器用层面，我们看到的也只是林冲"仗剑"、"赏剑"、"弹剑"和"舞剑"，而并未看到他手握宝剑施展高超剑术击杀某人这样一种"实战"显现。

屈原

在中国传统文化中，"仗剑"是一种典型的意象，譬如说《史记·淮阴侯列传》记载项梁渡淮时，韩信"仗剑从之"，唐代诗人万齐融"仗剑遥叱路傍子"，晚唐五代诗人韩偓写自己"仗剑夜巡城，衣襟满霜霰"，都是凭借着宝剑的名义。《宝剑记》中，林冲自表身世时，提到"方腊入寇，黄榜招贤，吾乃仗剑投于军门"②。这种"仗剑"的行为中包含一种对于宝剑的仰仗和依赖心理。为什么一定要"仗剑"？这是因为宝剑不仅仅是形而下的杀人器具，同时因为宝剑在中国本土宗教——道教的传说中承担着辟邪驱鬼的功能③。至于说宝剑具有"阳刚之气"，则是从符号学角度

---

① 见陈平原《千古文人侠客梦》，新世界出版社，2002年，第235—236页。
②〔明〕李开先《李开先全集》（修订本）中，卜键笺校，上海古籍出版社2014年版，第1132页。
③ 见陈平原《千古文人侠客梦》，新世界出版社2002年版，第239—240页。

的考虑，因为宝剑的剑锋制式与男性气质大有关联。因此，仗剑就具有强化阳刚之气质、借以壮胆和辟邪的双重含义，这就是夜晚巡城或者从军时要仗剑的缘由，借此，我们不难想象空手巡城抑或是徒手进入沙场的尴尬和惶恐。

对于爱剑者来说，"赏剑"无疑是一种精神上的自我娱乐和消遣，林冲因权臣高俅一味诱导天子采办花岗石玩物丧志，耽溺于酒色，宠幸妓女李师师，荒废国家政事，致使百姓流离失所、边境不宁，而自己谏议常受阻挠，故此愁思深重，让家童将祖传宝剑拿来"饱玩一会，以遣愁怀"[1]。当然，赏剑不是纯粹的欣赏器物的材质，更重要的是"借剑抒情"。但见这把宝剑"香檀橺龙鳞密砌珠，沙鱼鞘虎口双吞玉，金错落盘花扣结，碧玲珑镂玉妆束"[2]，这是用香檀木、鲨鱼皮革、黄金美玉一类考究的材料以及龙鳞密砌珠的剑柄、虎口双吞玉的剑鞘一类精巧的工艺来表明剑的贵重。紧接着写"挂二尺壁上飞泉，响半夜床头骤雨。世无麟血倩谁磨？背有龙纹光自吐。五陵侠客袖中携，万乘高皇马上取"[3]，这就从现实中的宝剑联想到辽阔的历史空间，堪称对剑器之用的"神思"。最后又从宝剑堪当大用的诗意想象回到残酷现实："及到林冲之手，又不能指挥将士，扫除边疆，虚负此剑，今非一日。"[4]于是赏剑的"遣愁怀"不但没有淡化林冲的愁思，反倒是加深了他的罪责感。

就历史典故而言，"弹剑"的名头甚是响亮。据《战国策·齐策》记载，冯谖为试探孟尝君田文求贤养士的度量，三次弹长剑作歌，提出要求，先后均得到满足。冯谖先生的"弹剑"弹出了水准和风格，在宝剑剑身上弹出音乐的曲调，并且能配合歌词吟唱，古往今来，大概非冯谖莫属了。林冲在剧中也是"弹剑作歌，以泻心事"，但林冲弹剑的心境非常的沉郁。冯谖三次弹剑，先后实现了"愿望"，而林冲则被"国事"和"怀

---

[1] 〔明〕李开先《李开先全集》（修订本）中，卜键笺校，上海古籍出版社2014年版，第1139页。
[2][3][4] 〔明〕李开先《李开先全集》（修订本）中，卜键笺校，上海古籍出版社2014年版，第1139页。

才不遇"压得透不过气来。

如果说"弹剑"还只是"聊表情怀",那么"舞剑"就是情怀的直观呈现了。舞剑,从本源上讲不是舞蹈,而是剑术的一种表现形式。据《孔子家语》记载,孔子的弟子子路就曾经着军服在孔子面前舞剑。在广为人知的"鸿门宴"中,项庄以舞剑助兴为由,意欲刺杀刘邦。杜甫笔下的公孙大娘可算是舞剑高手,所谓"一舞剑器动四方",其舞剑兼具剑术与审美的双重属性,使得"观者如山色沮丧,天地为之久低昂"。林冲因为政治压抑沉重且日久,当妻子询问"常见官人弹剑,未见官人舞剑"时,林冲的回复是"勇剑敌一人,智剑敌万人",这其实也从侧面印证了舞剑的剑术属性,并且林冲在心中自动将宝剑进行了人格化,"勇剑"当然是"匹夫之勇",而"智剑"则可以"运筹帷幄、决胜千里"。所谓的"剑有用处,但不遇时"正式点题,人剑合一。

既然是人剑合一,如何用器具表现人的精神?最合适的莫过于"剑气"了。戏曲第二出的念白说:"脱却儒衣挂战袍,学文争似习龙韬,才冲霄汉星芒动,啸倚崆峒剑气高。"[1]"剑气"无疑就是林冲的人格气质。本剧中林冲的精神气质与《水浒传》中林冲的迥然有异,后者可谓英雄豪杰,而本剧中的林冲具有浓厚的忠臣气息,这必然也是李开先个人的精神气质在林冲身上的一种投射。有研究者认为《宝剑记》中的林冲是"儒侠"的身份[2],这一判断其实不太准确,在林冲的身上,"儒"的色彩很鲜明,虽然林冲口口声声"儒冠误我甚堪悲"或者"少年已被儒冠误",并且"弃文就武""笃志玩兵机",但当他被赚入白虎节堂时,又表明自己"曾读儒书,颇知礼法"。而"侠"的内涵并无根据可寻,可以说这部作品恰好就洗去了《水浒传》中林冲身上的侠义色彩,而涂抹以忠臣孝子的色调。如果用"儒将"来概括他的身份,倒是显得更加贴切。林冲并非英雄,而是忠臣,甚至是"武曲星转世",受到神灵的庇护,他的任务就是

---

[1] 〔明〕李开先《李开先全集》(修订本)中,卜键笺校,上海古籍出版社2014年版,第1132页。
[2] 刘铭《论〈宝剑记〉中的"宝剑意象"》,载《中国文学研究》2013年第1期。

"扶持宋明君，必斩佞臣头"，他最后被逼无奈借助梁山好汉的势力，并非是要叛乱，而是要帮助皇帝诛杀奸佞，可见其骨子里的忠君，这也难怪有人认为林冲被输入了太多"忠臣的血液"。其实这部戏曲从头到尾都暗含着一个前提：朝纲不振就是因为高俅等奸党的只手遮天，天子永远是贤明的，他只是暂时性地被奸臣遮蔽了耳目。只要诛杀了奸臣，圣天子就可以再度恢复人间的德政。故此，忠奸之争才是这部戏曲的主题，至于所谓的侠义精神，在这里是找不到的。

在本剧中，林冲俨然就是正气的化身。譬如说第四出的酹江月："晓风吹雨战新荷，可惜明珠迸碎。闲启宝匣看古剑，紫电照人睛碧。僭榻妖狸，渡河胡马，眼见的太平非昔。空怀忠义气，为君等闲流涕。"[1]这段唱词中，林冲以紫电古剑自居，权奸则被比喻成"僭榻妖狸"，金兵用"渡河胡马"指代。"剑气"其实是林冲身上"正气"的另一种说法，林冲的"正气"当然是渊源有自。在儒家先贤中，孟子以善养浩然之气著称于世，这种浩然之气究为何物？孟子的回答是："难言也。其为气也，至大至刚，以直养而无害，则塞于天地之间。其为气也，配义与道；无是，馁也。是集义所生者，非义袭而取之也。行有不慊于心，则馁矣。"[2]孟子所谈的"气"难以用语言形容，颇类似康德所讲的心中那神圣的道德律令。这是一种最为伟大和刚毅的精神之气，靠着正义的力量培养起来，充塞于天地之间，就像文天祥所讲的"天地有正气，杂然赋流形"一般，孟子反复强调这种"气"必须以正义和道德配合，否则就会失去力量（即"气馁"），因为这种"气"完全是靠着正义累积而成，不是偶然的义举就可以成就，一旦做了于心有愧的事情，"气"就会消失。故此，这充塞天地间的"气"也被称为"浩然正气"，而林冲身上所具备的就是这种"浩然正气"。

尽管林冲正气凛然，但奈何权奸当道、勾结金人，林冲只能是"空怀

---

[1]〔明〕李开先《李开先全集》（修订本）中，卜键笺校，上海古籍出版社2014年版，第1138页。
[2] 郭绍虞主编《中国历代文论选》第一册，上海古籍出版社2001年版，第31页。

忠义气",一腔忠诚和正气,报国无门。这即是剑气虽高,但宝剑始终不能出匣的困境。这种"匣中剑气高"的状态其实就是隐喻正气与奸邪的争斗,林冲本人的最高人生目标则是"拜将封侯",所谓"一身历尽千战苦,恨不得气吞胡羯",目的不过是"要图个身画麒麟"[①]。他念念不忘的是"匣中宝剑无尘障,知何日诛奸党"[②]。奸党是阻碍他实现人生抱负的巨大障碍,一句"有许多汗马功劳,岂不爱做大官"点明了林冲的人生追求,包括他被关进监牢时,仍旧不忘自己"一官仍在身"的身份。甚至鲁智深也说:"朝廷信用浮荡子弟高俅,天下豪杰,皆有不平之气。你我十载边关,千辛万苦,都是这几个奸党拨置,把汗马功劳,都做了一场春梦。"[③]从此处就可以看出,李开先将鲁智深改造成了和林冲同一类型的人物,都是想着建功立业报效朝廷,所谓"春梦"无非是封侯拜将罢了,但偏偏时运不济,"如冯唐善文,遇武帝好武;李广善武,遇文帝好文。二贤各不遇时",而林冲自认是"学的文武全才",无论文或武,本能借以在帝王家求得好功名,偏偏有奸佞从中作梗。

　　林冲之所以得罪童贯和高俅,最初的根源是林冲觉得不公正:政和二年(1112年),林冲从征西羌,战夺边城,穷追残寇,立下赫赫战功,但是这些功劳全被童贯独占,后者还凭此获封王爵,而这本应是林冲所得,愤怒之下,林冲具本上奏,因此结下仇怨。至于高俅,和童贯素来是同声相应、同气相求,他直接挡在了天子和忠良之间,因此,怒不可遏的林冲才唱道:"妖孽。燕雀掀帘,狐狸升榻。鬼魅昼游天阙。弄柄操权,任他每颠倒豪杰。虚设。朝廷衮服谁争补?近龙颜满目奸邪。数十年怀冤结愤,好教我一时难雪。"[④]

　　林冲的困境实则是李开先的困境,历代以来的贤良之士在"意有所郁结,不得通其道"的情况下,往往借助发愤著述来倾吐,真是"不愤则不

[①][③]〔明〕李开先《李开先全集》(修订本)中,卜键笺校,上海古籍出版社2014年版,第1146页。

[②]〔明〕李开先《李开先全集》(修订本)中,卜键笺校,上海古籍出版社2014年版,第1133页。

[④]〔明〕李开先《李开先全集》(修订本)中,卜键笺校,上海古籍出版社2014年版,第1147页。

作"。雪蓑渔者在《宝剑记序》中写道："夫既不得显施，譬之千里之马而困槽枥之下，其志常在奋报也，不得不啮足而悲鸣，是以古之豪贤俊伟之士，往往有所托焉，以发其悲涕慷慨、抑郁不平之衷。"[1]诚所谓"物不平则鸣"。

毫无疑问，忠奸之争构成了本剧最大的戏剧冲突。林冲"性如彪虎，素有诛奸之志"[2]，他的灾祸正是因为"朝廷内部的忠奸之争，带有鲜明的政治色彩"[3]，并且是林冲率先出击，高太尉的一句"人无害虎心，虎有伤人意……封王封侯，又不曾做着他家里官"就很能说明问题，林冲官卑职小，凭着一股正气上本弹劾高俅等人，当然就引发了高俅、童贯等人的反扑。与林冲的浩然正气形成鲜明对比的是高太尉的气焰熏天，太尉的"假旨令八座大臣拱手听，巧辞使九重天子笑颜开。当朝无不寒心，烈士为之屏息"[4]，他刚一出场，就对自己"独秉权衡镇帝都，蟒衣玉带挂金鱼"的人生甚是得意，虽然也遗憾"当时少读书"[5]，但那种官高势大、"恃威权，势压百僚"的气焰着实逼人。高俅的这股嚣张气焰就如同压住剑气的匣子，任你剑气再高，也只能在匣中悲鸣。

林冲被骗入白虎堂后，他的祖传宝剑就被高俅占为己有了。高俅对于林冲的宝剑是不会感兴趣的，因此这一本属于林冲"罪行"的"物证"便成了高朋的玩物。从第十一出林冲带剑入白虎节堂被抓，等到宝剑再次出现已经是在第四十五出，中间整整三十三出宝剑都没有出现。我们是否就能据此认为，宝剑除了作为一个道具之外，就没有承担其他的功能呢？其实不然，宝剑的隐伏是为最后的相遇提供信物证明的条件。

高朋处心积虑要将张真娘娶到手，幸亏张真娘得到使女锦儿和邻居王婆帮助，使用调包计逃出了高朋的魔爪，锦儿也在这一过程中牺牲了自己。

---

[1]〔明〕李开先《李开先全集》(修订本)中，卜键笺校，上海古籍出版社2014年版，第1128—1129页。
[2]〔明〕李开先《李开先全集》(修订本)中，卜键笺校，上海古籍出版社2014年版，第1155页。
[3]祝肇年《〈宝剑记〉述评》，载《戏剧》1997年第4期。
[4]〔明〕李开先《李开先全集》(修订本)中，卜键笺校，上海古籍出版社2014年版，第1134页。
[5]〔明〕李开先《李开先全集》(修订本)中，卜键笺校，上海古籍出版社2014年版，第1239页。

色心不死的高朋派遣虞侯王进前去追捕，行前，高朋将林冲的宝剑交给王进作为赏赐并下了死命令：若能追回真娘，宝剑归王进；若真娘不回来，就用宝剑诛杀。王进快马加鞭，追上了真娘和王婆，面对老弱妇孺的哀告，以及王婆甘愿替真娘一死的仁义之举，"堂堂丈夫"王进深感惭愧，惊觉自己还不如两个妇人，最后将宝剑交还给了真娘。高俅父子对于宝剑是不屑一顾的，王进得到宝剑之后，宝剑原主人的人格精神似乎唤醒了他，他看到了真娘和王婆的"节义"，若是"助桀为虐"，那实在是大节有亏，万代会骂他不仁不义，于是将领命时许下的"多情公子延颈待，管领佳人会画堂"①的"承诺"完全抛到一边，成全了张真娘。

张真娘和王婆在战乱中被冲散，张真娘孤身一人带着剑无路可走，正准备自尽的时候，被白云庵的尼姑所救，于是在尼姑庵出家三年。此时的林冲已经上了梁山，成了马军总领，"两赢童贯，三败高俅"，朝廷下旨招安，林冲兵围汴京，势要诛杀高家父子，终遂心意。奸臣既除，朝廷也加封了林冲等人官位。路经白云庵时，林冲看到悬挂在庵中禅堂的宝剑正是自家的祖传之物。正是凭着宝剑，林冲和张真娘才得以相认并团圆。

张真娘在尼姑庵出家三年，加上林冲收监、发配沧州的时间，两人不相见至少有四年之久。林冲和张真娘在这四年里历经磨难，兼之真娘削发为尼，变故如此之大而又无法鸿雁传书，因此当林冲再次见到已是尼姑的真娘时，并没有能当场就认出她，而是"一见此僧，恰似面熟，不由我心上惨伤"②，仅仅只是觉得面熟而已。待得真娘将家乡、出家缘故以及剑的缘由一一说明，林冲才知道眼前之人正是自己朝思暮想的妻子。此处需要注意的是，真娘一开始也没能认出眼前之人是林冲，待得林冲表明身份之后，才知道是"喜事从天降"。

毫无疑问，宝剑是林冲和张真娘再相逢的唯一的信物，如果缺失了宝剑，难以想象林冲和真娘能够再团圆，即便是两人对面相见，也会因为岁

---

① 〔明〕李开先《李开先全集》（修订本）中，卜键笺校，上海古籍出版社2014年版，第1136页。
② 〔明〕李开先《李开先全集》（修订本）中，卜键笺校，上海古籍出版社2014年版，第1253页。

月和磨难的侵蚀导致的容貌大改,而无缘相识。再者,真娘也认识到了宝剑作为信物的价值,否则何以要将这样一把名贵的宝剑挂在禅堂之中呢?此前林冲因为高俅要看其宝剑,曾经对着真娘说过"宝器玩物,不可示于权豪,古剑名琴,常要藏之柜椟"①的话,真娘禅堂挂剑这一举动,恐怕也是殷切期望着林冲能有缘看到吧。

  关于这把宝剑,林冲和张真娘的态度值得我们玩味。在林冲看来,"此剑非别物可比,高祖传留到今,如我之手足一般。数十年南征北战,何曾离他一时"②,如同"手足一般"充分说明了宝剑对于林冲的重要性。然而等到林冲在兵围汴京、高家父子被拘囚听候他区处时,他历数高俅的种种罪恶,"既叨相位,敢窃君权! 黩货殃民,嫉贤害政,倒颠国是,敢坏官箴"③,但就是没有追问自家宝剑的下落。按理说,既然宝剑如手足一般重要,且入了白虎堂后,宝剑定然是被高俅拿去了,但此时林冲专注于揭露奸臣"南山竹罄难书罪,东海波干臭不遗",然后是"割腹剜心,碎尸万段"④,完全没有想到或提到宝剑,这真是"也重此剑,也轻此剑"。

  张真娘对于宝剑的态度和林冲完全不一样,她一开始认为:"剑是身外之物,直甚么?"⑤她更看重的是"当以身家为念,休将微物爱惜",并且以"伍员笑解酬渔父,季札高悬重友生"的典故说明应该"也重此剑,也轻此剑",所谓"重此剑"是指认识到宝剑的价值,"轻此剑"是指不应让剑成为人的负累甚至为剑牺牲生命,这不禁让人联想到金庸在《倚天屠龙记》中的

剑

---

①② 〔明〕李开先《李开先全集》(修订本)中,卜键笺校,上海古籍出版社 2014 年版,第 1156 页。
③ 〔明〕李开先《李开先全集》(修订本)中,卜键笺校,上海古籍出版社 2014 年版,第 1248 页。
④ 〔明〕李开先《李开先全集》(修订本)中,卜键笺校,上海古籍出版社 2014 年版,第 1249 页。
⑤ 〔明〕李开先《李开先全集》(修订本)中,卜键笺校,上海古籍出版社 2014 年版,第 1152 页。

描写，无数江湖豪杰为了倚天剑和屠龙刀争得头破血流甚至因此丧命，有一位江湖末流甚至将屠龙刀切入自己的身体隐藏起来，似乎是想着生前拿不到，死后也要带走，当然这完全是痴心妄想了。能认识到"也重此剑，也轻此剑"的人实在太少，人终究是剑的主人，不是剑的奴隶，真娘的这一见解其实非常的理性，真娘最后靠着剑终于等到了林冲的到来并相认，她对剑的态度与林冲恰好形成对照，可谓是"也轻此剑，也重此剑"。

通过对《宝剑记》的研读，我们至少可以归纳出林冲祖传宝剑的三项功能。

首先，从形而下的器的层面来看，宝剑是一个道具，并且是一个必不可少的器具，因为它承担着形而上的精神品格。中国文化中素有"立象以尽意"的说法，当我们谈论形而上的事物时，必有一个形而下的事物作为载体，宝剑就是这样一个载体，林冲投军时需要"仗剑"，遭受政治压迫心中有不平之气时可以"赏剑"、"弹剑"甚至"舞剑"，以纾解心中的愤懑之情。

其次，宝剑与林冲的人格有着鲜明的对应关系。宝剑自身没有品格，但是涉及"剑气"这一抽象之物时，它可以被视为是林冲人格气质的一种直接显现，所谓"匣中剑气高"实则是林冲的最大困境，那强烈的忠君情怀和对朝内奸佞宵小把持国政的无比痛恨让他忧心如焚，但他对此又无可奈何。昔日做征西统制时，因为看不惯"圆情子弟封侯，刑余奴辈为主"，于是向天子上谏书，结果"坐小官毁谤大臣之罪"[①]，最后勉强做了禁军教头。此后又因见高俅误国误民、劳民伤财并致使边境不宁，又上本弹劾，结果引发高俅、童贯的联手迫害。林冲不顾个人安危，数次与奸佞做斗争，就是因为他本人具有孟子所讲的"浩然之气"，这是用正直所培养起来的精神品质，和"剑气"可谓是互为映照。

最后，宝剑承担着夫妻相聚之信物的功能。本剧以林冲的宝剑起始，因为带着宝剑入了白虎节堂，开始了他悲壮的人生之旅，收监、发配沧

[①]〔明〕李开先《李开先全集》（修订本）中，卜键笺校，上海古籍出版社2014年版，第1132页。

州、火烧草料场、夜奔梁山，结尾时则是凭借着宝剑的线索，找到了失散数年的妻子，为本剧的大团圆结局奠定了基础。无论是从形而下的器用层面还是形而上的精神层面，宝剑在整部戏曲中的功能都非常重要，缺少了宝剑，林冲的忠义情怀便失去了载体，夫妻团聚也缺失必要的环节，这应该也是李开先将这部戏曲取名为《宝剑记》的主要原因。

第三节 《尉迟恭单鞭夺槊》中的"鞭""槊"文化

元杂剧《尉迟恭单鞭夺槊》四折一楔子。现存明赵琦美《脉望馆钞校本古今杂剧》本和《古名家杂剧》本、《元曲选》本。后二本题尚仲贤撰。尚仲贤所作为《尉迟恭三夺槊》，现存《元刊杂剧三十种》本，故从赵琦美钞校本，定为关汉卿作。

此剧讲了一个君臣际遇的故事。尉迟恭是唐朝开国名将。他早先是刘武周的将领，曾带兵攻打唐都长安，所过之处，势如破竹。唐帝李渊的次子李世民见尉迟恭是一员猛将，非常喜爱，便与军师徐茂公设计，诱尉迟恭入介休城，迫其归顺。尉迟恭归降后，李世民三弟李元吉因记一鞭之仇，乘李世民不在，捏造罪名，企图杀害尉迟恭，被徐茂公阻止。后来李世民在攻打洛阳时，由于轻敌在御果园被单雄信追杀，差点丧命，李元吉和另一爱献殷勤的将官临阵怯敌不顾主帅各自逃命，在这千钧一发的时刻，尉迟恭赶到，救了李世民的性命，李世民更加敬重尉迟恭，从此，君臣团结一心，创立伟业。

这个剧本里边涉及两件古兵器：鞭和槊。

鞭，中国古代兵器之一，短兵器的一种。鞭起源较早，至春秋战国时期已很盛行。鞭有软硬之分，硬鞭多为铜制或铁制，软鞭多为皮革编制而成。常人所称之鞭，多指硬鞭。常用的鞭法有劈、扫、扎、抽、划、架、拉、截、摔、刺、撩等。

鞭有单、双、软、硬之分，其质有铜、铁、铁木、纯木之别，与用皮革制成用以驱赶牛马的鞭子是完全不同的器具。但软鞭类的七节鞭、九节鞭、十三节鞭等，与赶牛马的鞭子在来源上可能有一定的关系。还有一种木质鞭杆，其长度以人之一臂加肩宽度之，亦称"短鞭"。因其形短小，用时极方便。铁鞭为六角形，铁锏为四楞形，"大小短长，随人力所胜用之"。有的鞭首上联缀一条短铁链，上系两节铁棍，称作联珠双铁鞭。还有一种铁链夹棒，出自西北地区，是受农家打禾连枷启发创制而成的。

鞭适用于马战与步战。硬鞭一般用于马战，持鞭之将多持双鞭。硬鞭中的钢鞭沉重而无刃，以力伤人，故持鞭者均需气大力勇。

软鞭由镖头、握把、若干铁制鞭节和圆环相连而成。软鞭在晋代即已出现，被认为是猛烈暗器，不易抵御，有七节、九节、十三节之分，习称九节鞭。它携带方便，使用时可长可短，软硬兼施。其技法主要有缠、抡、扫、挂、抛、舞花及地趟鞭等。软鞭以圆运动为主，借助手臂摇动，身体转动，增加鞭的击打速度，改变鞭的运动方向。

软鞭分单鞭和双鞭，也可与其他器械配合。硬鞭有两种，一是竹节钢鞭，形如竹节；另一种是十三节水磨钢鞭，长约1米，鞭尾有坚木或铁制柄，头尾皆可握，能两头使。硬鞭击法有挡、摔、掉、点、截、盘、扫等。还有一种集硬、软二鞭功能于一身的方节鞭，由鞭身和握把组成。鞭身为11节方形铁疙瘩组成。鞭把为圆形铁制。用时可以鞭身击打，也可以用鞭尾之小鞭甩击。

除了上文提到的尉迟恭之外，文学作品中善于使用鞭的著名人物还有黄盖。黄盖（生卒不详），字公覆，零陵泉陵（今湖南永州零陵区）人。东汉末年名将，历仕孙坚、孙策、孙权三任君主。早年为郡吏，后追随孙坚走南闯北。孙权即位，诸山越不宾，黄盖活跃在镇抚山越的一线，前后九县，所在悉平，迁丹杨都尉。黄盖为人严肃，善于训练士卒，每每征讨，他的部队皆勇猛善战。公元208年赤壁之战时，黄盖前往曹营诈降，并趁机以火攻大破曹操的军队,是赤壁之战主要功臣之一,以功拜武锋中郎将,他也因为此事迹而被后人广为传颂,小说《三国演义》在刻画黄盖这一人物时,写了"苦肉计"的故事。不久武陵蛮夷反,攻打城邑,黄盖以500人,放其半入,拦腰截击,大破诸贼。春去夏来,寇乱尽平。后又平讨长沙益阳山贼,加偏将军,官至武陵太守。有一子黄柄。

此外,呼延灼也是一个善用鞭的著名将领。呼延灼是小说《水浒传》中的人物,宋朝开国名将铁鞭王呼延赞嫡系子孙,祖籍并州太原(今属山西太原),上梁山之前为汝宁郡都统制,武艺高强,杀伐骁勇,有万夫不当之勇。因其善使两条水磨八棱钢鞭,故人称"双鞭"呼延灼。在梁山排座次时,坐第八把交椅。呼延灼位列天罡星第八位,上应"天威星",为梁山第八名好汉,又被封为"马军五虎将"之第四员。梁山受招安后,随宋江征讨辽国、王庆、田虎、方腊,多建功勋。班师回朝后,呼延灼被封为御营兵马指挥使。后来率领大军,打败了金兀术四太子,大军一直杀至淮西,呼延灼阵亡。

槊,中国古代重型冷兵器,常为骑兵使用,是长矛的重型精品版。槊锋刃长达50~60厘米,远远长于普通的枪、矛的长度,骑兵既可持槊冲锋,又可舞槊横扫。槊出现于汉朝,在魏晋南北朝和隋唐时期发展为主要的骑兵武器。主要种类有:马槊、步槊、杂槊。

马槊主要为骑兵使用,尤其是重装骑兵。因此,马槊是槊的主要形式。马槊通常为4米左右,槊首锋刃长达60厘米。在奔驰颠簸的马背上,若不经过训练,很容易破绽百出。汉唐以来,武将往往以持槊为出身高贵世家的象征。

步槊不同于马槊,可见的记录很少,通常只是南北朝时期一种对步兵的长矛型长柄武器的习惯性叫法。它并不是按照马槊的繁复制作方法制成的武器,往往只是矛枪的一种称呼。

很多武器假称槊,其形制多稀奇古怪,使用方法也无法考证,演义等也会将一些奇怪兵刃称为某种槊,我们将其统称为杂槊。最著名的有两种:枣阳槊、禹王槊。枣阳槊的形象更像一把狼牙棒;而禹王槊基本形状是一根铁棒的前面铸有一只手，取"执掌权衡"的权杖的意思。

槊的结构很有特点：外形与枪矛一致，不过由考古可以看出，槊锋非常长，远非枪矛的头可以比；有时会装备"留情结"，防止冲锋时贯穿敌人无法拔出；马槊杆通常使用柘木，是细柘杆浸泡油晾干后，用鱼泡胶黏合而成；横向缠绕麻绳，勒入槊杆，使横向受力；再涂生漆，裹以葛布，最终成为一个整体。

在文学作品中，善于使用槊的大将很多。高敖曹，南北朝时期的北朝著名猛将，他出身世家，其父高翼，东冀州刺史。《北齐书·高敖曹传》记载："龙眉豹颈，姿体雄异。"《北史·高敖曹传》记载："昂马槊绝世，左右无不一当百，时人比之项籍。"程知节（演义称程咬金）为唐初猛将，出身世家，曾祖父程兴，北齐兖州司马。祖父程哲，晋州司马。父程娄，济州大中正。《旧唐书》记载程知节"少骁勇，善用马槊"。大唐猛将秦琼也善用马槊，《旧唐书》说："叔宝善用马槊，拔贼垒则以寡敌众，可谓勇矣。"唐末五代第一猛将李存孝为晋王李克用之义子，也善用槊，常持马槊冲阵，《旧五代史·唐书列传五·李存孝传》记载："存孝每临大敌，被重铠橐弓坐槊……万人辟易，盖古张辽、甘宁之比也。"

在《尉迟恭单鞭夺槊》这出杂剧里，兵器对塑造人物形象所起的作用十分巨大。作者对兵器和兵器的使用者反复交代、渲染，使人物塑造得更为立体、更为形象。在开场白中，唐元帅李世民就对尉迟恭有一个"人未出场笑先闻"式的介绍："今因山后定阳刘武周不顺俺大唐，刘武周不强，他手下有一员上将。复姓尉迟，名恭，字敬德，此人使一条水磨鞭，有万夫不当之勇。"主人公尉迟恭一出场，自己就有一个主动介绍："幼小曾将武艺攻，钢鞭乌马显英雄。到处争锋多得胜，则我万人无敌尉迟恭。某复姓尉迟，名恭，字敬德，朔州善阳人也，辅佐定阳刘武周麾下。某使一条水磨鞭，有万夫不当之勇。"当尉迟恭对自己曾经鞭打李元吉有顾虑、害怕报复时，李世民劝道："你道是赤瓜峪与咱家曾会垓，马蹄儿撞破连环寨，鞭梢儿早抹着天灵盖，也则为主人各占边疆界。这的是桀之犬吠了帝尧来，便三将军怎好把你尉迟怪？"

得到李世民的确切保证之后，尉迟恭终于弃暗投明，他说："我背暗投明离旧主，披肝沥胆佐新君。凭着我乌骓马扶持唐社稷，水磨鞭打就李乾坤。"但李元吉心胸狭隘，没有大局意识和全局观念，念念不忘的是自己曾经遭受的屈辱："兄弟也，想前此一日在赤瓜峪，我与尉迟交战时，他曾打了我一鞭，打的我吐血数里。"可尉迟恭真正得到谅解之后，焕发出无比的勇气和自信："三将军，别人不知，你可知我那水磨鞭来。我这一去遇着那单雄信呵，只着他鞭稍一指，头颅早粉碎也……则这水磨钢鞭一骑马，不杀无徒誓不还。"

富有戏剧性的是单雄信也不是一个善茬："某单雄信是也。幼习韬略之书，长而好武，无有不拈，无有不会。使一条狼牙枣槊，有万夫不当之勇，在俺主公洛阳王世充麾下。今有唐元帅无礼，要领兵前来偷观俺洛阳城，更待干罢！是俺奏知主公，就着俺统领十万雄兵，擒拿唐元帅走一遭去。"单雄信的骁勇善战连尉迟恭都不否认："元帅休小觑了单雄信。他人又强，马又肥，使一条狼牙枣木槊，有万夫不当之勇。若只是这等，恐怕有关。"后来果不其然，轻敌的李世民被单雄信追得到处跑："人似北极天蓬，马一似南方火龙；他那里纵马横枪，将咱来紧攻。他急似雷霆，我疾如火风；我这里走的慌，他可也赶的凶。似这般耀武扬威，争强奋勇！"后来还是及时赶到的尉迟恭救了李世民一命："这一个枪去疾，那一个鞭下的猛，半空中起了一个避乖龙。那一个雌，这一个雄，王吉玎珰鞭槊紧紧相从，好下手的也尉迟恭！""元帅，若不是我尉迟恭来的单呵，险些儿落在他彀中；被某一鞭打的那厮吐血而走，被我夺了那厮的枣木槊也！""我则见忽的战马交，出的枣槊起，飕的钢鞭重，把一个生硬汉打的来浑身尽肿。哎，则你个打单雄信的尉迟恭，不弱似喝娄烦他这个霸王勇！"

剧本为了表现尉迟恭、李世民、单雄信等人的神勇，刻画人物性格，最后借用徐茂公和校尉之口、之眼又一次还原了战时惊心动魄的情景："元来敬德手搭着竹节钢鞭，与单雄信交战。好钢鞭也！（诗云）军器多般分外别，层层叠叠攒霜雪。有如枯竹节攒成，浑似乌龙尾半截。千人队里生杀气，万众丛中损英杰。饶君披上铠三重，抹着鞭梢骨节折。敬德举鞭在手，喝声：'着！'单雄信丢了枣槊，口吐鲜血，伏鞍而走。好将军也！扶持宇宙，整顿江山。全凭着打将鞭，怎出的拿云手？鞭起处如乌龙摆尾，将落马似猛虎离巢。胡敬德世上无双，功劳簿堪书第一。""他只待抛翻狼牙箭，扯断宝雕弓；撞倒麒麟和獬豸，冲开猛虎与奔熊。好敬德也！他有那举鼎拔山力，超群出世雄。钢鞭悬铁塔，黑马似乌龙。杀人无对手，上阵有威风。壮哉唐敬德，归来拜鄂公。今若敬德不去，俺主唐元帅可不休了？"

这出戏剧的人物形象塑造颇有特色。其中有正面描写，比如尉迟恭自己对自己的介绍，校尉对尉迟恭的事后描述，李世民被单雄信追打的场面。同时也有侧面描写，比如尉迟恭对单雄信的介绍，校尉对李世民被困场面的描述。此外，还有对比描写，李世民与李元吉的对比，尉迟恭与单雄信的对比。以上所有人物的成功塑造，大多得益于将军们的武艺和兵器，兵器在其中所起到的作用怎么评价都不为过。

参考文献

［1］（宋）曾公亮、丁度编纂.《武经总要前集》.中华书局影印明刊前集20卷本，1959年版.

［2］周振甫.《诗经译注》.中华书局，2002年版.

［3］李梦生.《春秋左传集解》.凤凰出版社，2010年版.

［4］（清）阮元校刻.《周礼》.中华书局《十三经注疏》（清嘉庆刊本），2009年版.

［5］陈梦雷.《古今图书集成》.中华书局，1988年版.

［6］周纬.《中国兵器史》.中国友谊出版社，2010年版.

［7］李守义编著.《刀矛剑戟与战争》.山西人民出版社，2007年版.

［8］马明达.《说剑丛稿》.中华书局，2007年版.

［9］雷海宗.《中国文化与中国的兵》.岳麓书社，2010年版.

［10］皇甫江.《中国刀剑》.明天出版社，2007年版.

［11］陈植锷.《诗歌意象论——微观诗史初探》.中国社会科学出版，1990年版.

［12］夏之放.《文学意象论》.汕头大学出版社，1993年版.

［13］唐长孺.《唐书兵志笺正》.中华书局，2011年版.

［14］王立.《伟大的同情——侠文学的主题史研究》.学林出版社，1999年版.

［15］费振刚.《全汉赋》.广东教育出版社，2006年版.

［16］洪兴祖注.《楚辞补注》，凤凰出版社，2017年版.

［17］杨泓、于炳文、李力.《中国古代兵器与兵书》.新华出版社，1992年版.

［18］杨泓.《古代兵器史话》.上海科技出版社，1988年版.

［19］刘旭.《中国古代兵器图册》.书目文献出版社,1986年版.

［20］裴锡荣.《中华古今兵械图考》.人民体育出版社,1998年版.

［21］于志钧.《中国传统武术史》.中国人民大学出版社,2006年版.

［22］王兆春.《中国古代兵器》.商务印书馆,1996年版.

［23］刘旭.《中国古代兵器图册》.北京图书馆出版社,1986年版.

［24］刘秋霖.《中国古代兵器图说》.天津古籍出版社,2003年版.

［25］谢宇.《中国古代兵器鉴赏》.华龄出版社,2008年版.

［26］郑轶伟.《中国古代冷兵器》.上海文化出版社,2008年版.

［27］钟少异.《中国古代兵器的历史与传统》.解放军出版社,1999年版.

［28］唐圭璋编.《全宋词》.中华书局,2009年版.

［29］隋树森.《元曲选外编》.中华书局,1959年版.

［30］鲁迅校录.《唐宋传奇集全译》.上海古籍出版社,2014年版.

［31］汪辟疆.《唐人小说》.北京联合出版公司,2016年版.

［32］（清）蒲松龄.《聊斋志异》（共四册）.于天池,孙通海编.中华书局,2015年版.

［33］（日）小南一郎,伊藤令子.《唐代传奇小说论》.童岭译.北京大学出版社,2015年版.

［34］关四平.《唐代小说文化意蕴探微》.人民文学出版社,2012年版.

［35］汪玢玲.《蒲松龄与〈聊斋志异〉研究》.中华书局,2015年版.

［36］杨泓.《中国兵器论丛》.文物出版社,1985年版.

［37］周纬.《中国兵器史》.中国友谊出版公司,2015年版.

［38］鲁迅.《中国小说史略》.上海古籍出版社,2004年版.

［39］李剑国.《唐五代志怪传奇叙录》.南开大学出版社,1993年版.

［40］欧阳剑.《中国神怪小说通史》.江苏教育出版社,1997年版.

［41］陈平原.《中国小说叙事模式的转变》.上海人民出版社,1988年版.

［42］（明）李开先.《李开先全集》（修订本）中.卜键笺校,上海古籍出版社,2014年版.

[43]（明）施耐庵、罗贯中.《水浒传》.人民文学出版社，2002年版.

[44]《马克思恩格斯选集》第三卷.人民出版社，2012年版.

[45]杨泓.《中国古兵器论丛》（增订本）.文物出版社，1985年版.

[46]陆敬严.《中国古代兵器》.西安交通大学出版社，1993年版.

[47]钟少异.《金戈铁戟：中国古兵器的历史与传统》.解放军出版社，1999年版.

[48]陈平原.《千古文人侠客梦》.新世界出版社，2002年版.

[49]殷伟，殷斐然.《剑：中华千古文人的侠客之梦》.中国文史出版社，2008年版.

[50]（明）罗贯中.《三国演义》.中华书局，2006年版.

[51]（清）石玉昆.《三侠五义》.中华书局，2005年版.

[52]（清）石玉昆.《小五义》.华夏出版社，2009年版.

[53]徐扶明.《李开先和他的"林冲宝剑记"》.《文史哲》，1957年第10期.

[54]刘铭.《论〈宝剑记〉中的"宝剑意象"》.《中国文学研究》，2013年第1期.

[55]祝肇年.《〈宝剑记〉述评》.《戏剧》，1997年第4期.

[56]甘子超.《异类的忠臣——〈宝剑记〉之林冲形象简析》.《戏剧》，2004年第3期.

[57]李宣良，辛红玉.《倚天万里需长剑——中国古典诗词中剑意象》.《文史杂志》，1997年第6期.

[58]郑瑞侠.《中国古代文学中的道剑因缘》.社会科学辑刊，2002年第6期.

[59]王立，郝明.《剑术崇拜和唐诗中的剑意象》.中国韵文学刊，2003年第2期.

后　记

　　天地洪荒，岁月悠长，黾勉稼穑，秋获冬藏。亿万斯年，华夏先民在这片厚土创造了灿烂的文化。大约在原始社会晚期，兵器已从生产工具中分离出来，逐渐演变为具有杀伤力和防御功能的特殊用具。此后随着古代科技的不断进步，形状多样、功能丰富的兵器被大量制造出来，从冷兵器时代（约前21—10世纪）的刀、剑、戟、矛、斧到冷热兵器并用时代（10—19世纪中叶）的火药箭、火枪、霹雳炮、火铳，从进攻性的戈、钺、鞭、锏、锤到防御性的盾、甲胄、檑木、塞门刀车、木女头，从陆上的战车战马到水上的战舰楼船，从明刀明枪到暗箭暗器，从低于眉际、分量轻盈的短兵器到把柄较长、形制阔大的长兵器，再到弓、弩、礮、袖炮、喷筒等长距离兵器，类别富赡，功能齐备，形成了完整而严密的兵器体系，不仅具有鲜明的民族风格，而且是世界兵器史上极为重要的组成部分，对世界兵器的发展做出了卓越贡献。

　　与此同时，与兵器相关的"文化因子"也在生成：既有"三十六计"的奇谋巧略，又有《孙子兵法》《武经总要》的皇皇韬钤；既有兵器纹饰形制的审美价值，又有铭文铭刻的学术价值；既有与干将莫邪、龙渊鱼肠相关的历史掌故，又有与屠龙宝刀、倚天长剑相关联的文学想象……橐籥出中国古代辉煌璀璨的兵器文化。兵器文化是华夏民族哲学、文学、艺术、军事理想的钧陶，更是古代先进科学技术的结晶。

　　在炜烨耀目的中国古代文学星河中，各种各样的兵器与诗、词、赋、小说、散文、戏曲绾结在一起，相映生辉。从《诗经》到乐府，从先秦诸子散文到明清小说，从宋词到元曲，兵器与优美铿锵的汉字一起，或抒情言志，或塑造形象，或推进情节，或形成意象，可以说兵器已经成了中国古代文学的一部分。无论是刀光剑影还是金戈铁马，无论是弯弓射雕还是纵马扬鞭，无不传达着中华民族豪迈劲健的英雄气度，无不宣泄着华夏儿女刚猛坚韧的生命强力。由于古代文学浩瀚汪茫，若要尽言其中之兵器意象、挖掘其文化内蕴，恐难穷尽，故此仅选择诗、赋、词、诸子散文、文言与白话小说、戏曲等作品为观照对象，在文学与兵器相"淬火"后溅起的漫天火花中撷取几朵，与读者共赏。

  本书由西安工业大学人文学院中文系的文学博士团队共同完成。前言由王凌撰写，第一章至第四章分别由吴林、王鑫、程建虎、郄远春撰写，第五章由王昊、张悠哲共同完成，第六章由曹小娟撰写，第七章由徐振、李闯、李红岩撰述。程建虎负责统稿，最后由于孟晨统筹及编审。此外，刘婷、宋佳家、吴刚等也参与了编撰工作。参撰博士虽皆学养深厚，在各自领域佳作络绎，但因研究方向及关注重点不同，所负责的章节难免会有疏漏舛误，加之文出众手，不足之处在所难免，祈请方家海涵并不吝指点。

程建虎

2017 年 8 月